COMMUNITY SPORTS CLUB ACTIVITIES

運動部活動から
地域スポーツクラブ活動へ

新しいブカツのビジョンとミッション

友添秀則———編著
Hidenori Tomozoe

大修館書店

はじめに

　2023（令和5）年の4月から、学校運動部活動の休日の段階的地域移行が始まった。3年間の改革推進期間を経て、運動部活動の地域連携・地域移行が本格的に実施される。進展する少子化や多忙をきわめる教師の働き方改革を受けて、わが国の運動部活動の大改革が始まった。

　わが国の運動部活動は、イギリスのエリート層が学んだパブリックスクールでの課外活動をまねて行われたという。早くも明治20年代（19世紀後半）には、旧制高等学校や続いて中等学校でも部活が始まり、次第に全国に広がっていった。

　現在の甲子園野球の原型である全国中等学校野球大会は、1915（大正4）年に始まり、戦前にはすでに、ラジオ放送で大きな人気を博している。今では、甲子園野球はわが国の春と夏の風物詩となった。野球の他にも、戦前には柔道、剣道、テニス、バスケットボール、バレーボール、サッカー、陸上競技、水泳など、およそ30種目弱の競技が各種大会を伴って盛んに行われた。第二次世界大戦による中断があったとはいえ、戦後は比較的早く新制高校や中学校で運動部活動が復活している。他方で、中・高校の運動部活動は戦前・戦後を一貫して、わが国の競技力を支え、とくに戦後はオリンピックなどの国際競技力向上のための選手養成機関としても重要な役割を果たしてきた。

　インターハイや全国中学校体育大会（全中）、全国高校駅伝、高校選抜大会、全日本ジュニア選手権、JOCジュニアオリンピックなどで未来のトップアスリート候補の高校生や中学生たちが繰り広げる熱戦は、多くの人々の心に熱い感動をもたらしてきた。また他方で、誰もが自身の中・高校時代の運動部活動を振り返るとき、たとえ競技成績が振るわずとも、そこに青春の思い出をもつ人は少なくないだろう。

　わが国の運動部活動は、世界に類例をみない独特の日本型スポーツ教育システムであり、同時に、日本人のスポーツ観を醸成し、わが国のスポーツのあり方の範型（モデル）を提供してきた制度でもある。このようなわが国のスポーツ文化の根幹を形成してきた運動部活動も、先述した大きな変革期を迎え改革

が行われることになった。これから本格化する改革では、子供たちの自発的な参画を通して「楽しさ」「喜び」を感じることに本質を置く、新しい部活が創造されなければならないだろう。これまでの競技志向だけではなく、楽しみ志向により重点を置いた、子供たちのより豊かなスポーツ環境を保障したものへの変革が求められる。

　部活改革は単に運動部のあり方だけではなく、今後の地域におけるスポーツクラブのあり方、自治体や地域コミュニティのあり方、わが国のこれからのスポーツ振興体制のあり方、日本人のスポーツ観をも大きく変える契機になるだろう。

＊

　本書は上述の問題意識に立って、これから地域連携・地域移行を行っていく運動部活動をめぐって、さまざまな視点から論じられるが、最初に本書で用いられる用語について説明をしておきたい。本書では、国が用いる呼称に倣い、地域移行後の地域における中学校の運動部活動を『地域スポーツクラブ活動』という。また、地域に移行した後の中学校の運動部を『地域スポーツクラブ』という。なお、高校には学校における運動部活動と運動部が今後も、これまで通り存在し、他方、地域には中学校の『地域スポーツクラブ活動』と『地域スポーツクラブ』が存在するということとなる。

　加えて、本書では「第3章　運動部活動のこれまで」以外で用いられる『運動部活動』『運動部』という用語は、2023年度から始まった運動部活動の地域移行後（移行中）の、これからの高校における新しい『運動部活動』『運動部』を指し示している。なお、2023年度から始まった部活の地域移行開始後の中学生対象の地域スポーツクラブ活動や地域スポーツクラブ、高校生を対象とした学校での運動部活動や運動部を一括して表示する場合には、『地域スポーツクラブ〈運動部〉活動』『地域スポーツクラブ〈運動部〉』と表記する。地域移行前のこれまでの運動部を指す場合には「学校における運動部」や「学校運動部」のように、区別して表記している。なお、『地域スポーツクラブ〈運動部〉活動』と『地域スポーツクラブ〈運動部〉』を総称して『新しいブカツ』という場合がある。

　地域スポーツクラブで豊かなスポーツライフを経験した中学生が高校に進学すれば、高校の運動部に所属する生徒以上に、地域のスポーツクラブで活動を継続する者が多くなると予想される。豊かなスポーツライフを経験した中学生

が満足できるように高校の運動部活動もこれからは大きく変わっていく必要があろう。

　読者は、ここに記した聞きなれない用語使用に、最初は戸惑うかもしれないが、本書を読み進むうちに用語の意味がよく理解できるようになるだろう。

＊

　本書は、地域や学校で『地域スポーツクラブ〈運動部〉活動』に携わりたいと思っている体育・スポーツ科学を専攻する学部生や院生、さらに教育委員会をはじめとする行政担当者、スポーツ団体関係者、地域スポーツ指導者など、新しいブカツの専門的事項について包括的に学びたいと考えている方々が必要とする、知識やスキルを広く提供することを目的にしている。そのために、執筆者各位には、専門的な内容をできるだけわかりやすく平易な言葉で述べていただいた。執筆陣は、それぞれの分野の一線の研究者や実践者でラインナップを構成している。次に各章の概要について簡潔に述べておこう。

　第1章では、なぜ今、運動部活動改革なのか、改革の背景と地域移行に伴う課題やこれからの地域スポーツクラブ活動のあるべき姿、求められる指導者像について述べられる。そして、これからの地域スポーツクラブ〈運動部〉活動について、ダイバーシティの視点から配慮すべき事柄が詳述される。

　第2章では、地域移行後の地域のスポーツ体制の構築に際しての学校、行政、スポーツ団体などが果たすべき役割が述べられる。そして地域の受け皿（運営団体・実施主体）に焦点を当て、受け皿としての体育・スポーツ協会、総合型地域スポーツクラブ、民間スポーツクラブなどの役割が述べられる。

　第3章では、これまでのわが国の運動部活動の歴史的考察が行われる。運動部活動の変遷を勝利至上主義の視点から読み解いた後、運動部活動が学校教育や社会の中でどのような機能や意味をもってきたのかが考察される。さらに運動部活動の変遷について、教育制度の視点から検討される。

　第4章では、これからの地域スポーツクラブ〈運動部〉活動が抱えるリスクとその対応策が述べられる。スポーツ活動中のケガや病気への対応、今後のスポーツ事故をめぐっての法的責任と注意義務が解説される。また、地域移行に伴うガバナンスの徹底やコンプライアンス遵守の重要性が解説される。

　第5章では、ジュニア期のスポーツ指導に必要なスポーツ医科学の知見が述べられる。ジュニア期のトレーニング内容、コンディショニング、女子選手への配慮事項などが、科学的根拠を基礎に解説される。また、スポーツ活動とメ

ンタルヘルスとの関係が概説され、精神疾患に対する指導者のとるべき対応策が述べられる。さらに、スポーツ指導に際しての生徒の動機づけが自己決定理論から詳述される。

第6章では、今後の地域スポーツクラブ〈運動部〉活動の経営戦略について解説される。クラブのビジョンとミッションの持ち方、財源と収支の考え方などが述べられる。さらに、クラブ運営のマネジメントスキルなどが解説される。他方、クラブの他組織や他団体との協働関係の構築の仕方、また、新しいブカツでの教師の役割のあり方について考察される。

第7章では、先駆的な実践や活動が紹介される。学校運動部と総合型地域スポーツクラブを融合させた融合型部活動の実践。民間企業と行政の協働による部活動支援を行ったうるま市（沖縄県）や日野市（東京都）の実践。学校と行政、民間による連携で生み出された一般社団法人・渋谷ユナイテッドの先駆的実践。最後に、大阪体育大学の「運動部活動改革プラン」の活動内容が、それぞれ紹介される。

*

本書が新しいブカツのあり方やこれからについて、読者の参考になれば望外の喜びである。最後になったが、本書の企画から出版まで、編集部の川口修平氏には大変お世話になった。同氏のねばり強い後押しがなければ、本書は決して出版されることはなかった。記してお礼申し上げる。

編者　友添秀則

第1章
これからの地域スポーツクラブ〈運動部〉活動の
展望を拓く………1

第2章
新しい運営団体・実施主体に期待される役割………53

**4　大学との連携による
新しい地域スポーツクラブ〈運動部〉活動の試み**………305

藤本淳也

これからの
地域スポーツクラブ〈運動部〉活動の
展望を拓く

1-1

運動部活動改革とこれから求められる地域スポーツクラブ〈運動部〉活動

友添秀則

1. 学校における運動部活動と外部化をめぐって

　わが国の学校における運動部の歴史は古く、早くも19世紀後半の明治20年代には野球や柔術（柔道）・撃剣（剣道）などの武道が旧制中等学校（現在の中・高校に相当）で行われていた。他方、戦後の学制改革（1947年）以降、学校における運動部活動は、2008（平成20）年改訂の中学校学習指導要領（以下、「要領」と記す）総則で部活動の意義や留意事項の規定が設けられたものの、法的には明確な規定がないまま、教師のボランティアと生徒の自主的、自発的な参加により行われてきた。学校運動部活動は、これまでわが国のスポーツの普及や競技力向上等のスポーツ振興の基盤を支えてきた存在であり、わが国独自のスポーツ教育システムであるともいえる。

　このように運動部活動は戦前・戦後を通して学校と分かち難く結びついてきたが、その間、学校から地域に移譲すべきとの地域移譲論や部活単位、曜日単位、指導者レベルでの地域との連携・融合論等の議論や実践も行われてきた。とくに、1995年4月に経済同友会から提案された政策提言「学校から『合校』へ」で示された「学校スリム化」論は当時、社会全体に大きなインパクトを与えることになった。この政策提言のなかで学校での運動部活動よりも、地域のスポーツクラブの方が多様な人々とスポーツを一緒に楽しめ、多くの子供達も好むので、部活指導を地域社会が引き受けるべきとの地域移譲論が展開された。この政策提言の背景には、当時始まったばかりの学校5日制があったが、部活の地域移譲を含んだ「学校スリム化」論は学校の安上がり化という批判や、子供の全人教育の無視、さらに受け皿の不明確な役割分担拡散論ではないかという反論のなかで立ち消えになってしまった。

　結局これまでは、運動部活動が学校外に出ることはなかったが、他方、学校

における運動部活動を強く支持する見解がある。それらは、学校で実施されるからこそ、全ての生徒の部活への参加選択権が保障され、正課の保健体育科との連携が容易であり、正規の教師の責任の下で学校内スポーツ施設を用いて日常的な指導が可能であるというものである。また、運動部活動を通して養われる生徒の自主性や主体性、自治能力等の資質・能力の育成は、教育のカテゴリーでこそ考えられるべきで、部活を学校外に出すとこれらの資質・能力は養うことが難しいとの考えもある。このように、学校における運動部活動の論拠には根強い「教育の論理」があり、これはややもすると、「スポーツは躾、訓練の一環」という考え方に転化し、部活が生徒指導や生徒管理の重要な方法であるとの考えに容易に結びつく。

　スポーツがよい指導者によって適切に行われれば、大きな教育的成果をあげることは論を待たないが、運動部活動それ自体に必ずしも教育的機能があるのではなく、スポーツそれ自体に教育的機能が内在している点を確認しておきたい。運動部は学校に存在すべきとの考え方がある一方、現実にはいくつかの種目で学校の運動部には所属せず、地域におけるクラブに所属する生徒も増加してきた。

2. 持続可能性と運動部活動改革

　長らく学校で行われてきた運動部活動であるが、スポーツ庁の調査によれば、近年の中学生の部活の参加率は男女とも減少傾向にある。具体的には、2019年度は男子が72％、女子は54％、中学生全体では63％となっている。過去15年間の参加率をみれば、男子は75％〜76％、女子は54％、全体では65％ラインで推移してきたが、近年はとくに男子の減少が著しい。他方、2019年度の「地域のスポーツクラブのみ」に所属する生徒は中学校男子7.4％、女子が2.5％を占め、さらに「運動部と地域のスポーツクラブの両方に所属する生徒」は、中学校男子9.1％、女子が6.3％を占め、ここ数年をみても男女とも増加している（「運動部活動の地域移行に関する検討会議提言　参考資料集」、スポーツ庁、2022年）〈注1〉。

　ところで、運動部活動は現在、持続可能性の点から大きな問題を抱えるようになった。その原因には、第一に少子化のいっそうの進展による生徒数の減少と、第二に学校における教員の多忙化があげられる。周知のように、インターネットやAI（人工知能）などのテクノロジーの著しい進化は社会のあり方や経

済システムを大きく変え、それにともなって教育課題をいっそう複雑化・多様化させた。学校や教師だけで解決することが難しい課題も増えている。また、少子化が進展するなか、部活の運営体制は現状のままでは、維持が難しくなってきている。

　まず、少子化がもたらす問題からみてみよう。公立中学校の生徒数は、ここ50年で第2次ベビーブーム世代が中学生だった1986（昭和61）年の約589万人が最多であったが、2021（令和3）年には約296万人と概ね半減している。他方、教員の数も約28万人から、2021（令和3）年には約23万人に減少している（「提言」）。また、日本中学校体育連盟の調査等によれば、2001（平成18）年度の約263万人の入部者数が、2020（令和2）年度には約193万人となり、20年間弱で約70万人も減少した。将来予測では、中学生年代の人口は2018（平成30）年のおよそ328万人から2078年の168万人へと今後60年間でほぼ半減すると推計されている（「参考資料集」）。

　少子化による生徒数の減少は、部員数の著しい減少をもたらし、1運動部当たりの所属生徒数も減少させ、十分な練習ができない、学校単独では試合に出られない部も生まれてきた。早晩、学校における部活は合同部活動や拠点校方式でも維持できなくなるだろうし、これまでのように、学校運動部だけでは生徒のスポーツ環境を保障できない時代がもう目前に迫っている。

　次に教員の多忙化の実態を確認しておきたい。平成28（2016）年度と平成18（2006）年度の教員の学内勤務時間を比較した、文部科学省（以下、「文科省」という）の教員勤務実態調査によれば、管理職、教諭のいずれの職種でも、この10年間で勤務時間がかなり増えている。平均すると1週間当たりの学内勤務時間は、中学校の副校長・教頭・教諭では60時間を超えている。一般に公立学校の教員の場合、勤務時間は休憩を除いて1日当たり7時間45分、1週間当たり38時間45分とされるが、一週間当たり25時間程度の残業になっている。平日1日当たりに平均すると約4時間の残業を行っていることになる。また、土曜日や日曜日の中学校の部活で教員が部活に充てる時間は1時間3分から2時間9分へと10年前に比べて2倍に増えている。他方、子供が抱える教育的な課題も複雑になり、子供や保護者への対応、さらに増える事務作業にも忙殺される毎日である。こういう現実を眼前にすると、学校の働き方改革は喫緊の課題となってくる。

　図1からは中学校の運動部顧問の深刻な状況がうかがえる。中学校の顧問の

内、担当教科が保健体育ではなく、かつ顧問をしている当該の種目経験がない教員が45.9%を占め、保健体育の教員であっても、6.2%の教員が当該の種目経験がない。つまり、中学校の運動部顧問の約半数が経験のない種目の部を担っている状況である。また、保健体育以外でかつ当該種目の経験がない教員の内、約40％の教員が部活指導で専門的指導力の不足を感じ、さらに4分の1の教員が校務が多忙で思うように指導できず、約15％の教員が部活が授業研究等の妨げと感じている。加えて、先述したように、中学校教員の1週間当たりの時間外勤務は25時間近くに及んでおり、ここには部活指導の時間も大きく影響している。

このような少子化や教員の多忙化のなかでは、生徒のニーズに応じた部活自体が成り立たなくなりつつあり、やがて、地域によっては学校における部活が衰退、消滅していく可能性も否定できない。また、生徒の側からみれば、小学生時代に地域のスポーツ少年団で行った種目が進学した中学校の部にないため、スポーツ活動を断念したり、選択肢が少ないなかからやむなく一つの部に入部せざるを得ないなどの事態も生じる。さらに、部はあっても、当該のスポーツ種目を指導できる教員がいないため、十分な活動ができ

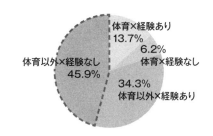

図1 中学校部活動顧問の現状

ないケースもある。将来においても、中学生の豊かなスポーツ環境を持続的に保障し、学校における働き方改革を推進していくためには、運動部活動を学校単位から地域単位での活動に変えていくことが求められる。加えて、運動部活動のあり方についての抜本的な改革に取り組むことが必要となる。

3. 運動部活動改革のこれまで

　これまでみてきたように、現状のままでは、今後運動部活動の持続可能性が維持できないことが明らかになった。文科省やスポーツ庁はこのような事態を予見し、運動部活動改革に取り組むようになった。そして2022年6月の「提言」や同年12月の「学校部活動及び新たな地域クラブ活動の在り方等に関する総合的なガイドライン」（以下、「ガイドライン」という）を受けて、2023（令和5）年度から2025（令和7）年度末までの3年間を目途に、この期間を改革推進期間と位置づけ中学校（義務教育学校後期課程、中等教育学校前期課程、特別支援学校中学部を含む）の部活の地域移行や地域連携に取り組むことになった。

　具体的には、2023（令和5）年度から、まずは休日の運動部活動から段階的に地域に移行し、平日についての地域移行は、地域の実情に応じてできるところから取り組むこととなった。休日の地域移行が先行する理由は、平日よりも生徒が移動や練習の時間を取りやすいこと、指導者の確保がより容易なこと、施設の確保等も比較的容易であることによる。また、直ちに、地域移行の体制が整備できない場合は、当面、拠点校方式による合同部活動を導入しながら、学校部活動の地域連携を行い、改革推進期間終了後であっても、できるだけ早期に地域移行の実現をめざすことになった。

　運動部活動の地域移行は、この「提言」や「ガイドライン」のなかで初めて提案されたものではなく、文科省やスポーツ庁のそれまでの部活改革へのさまざまな取り組みの帰結として位置づくものである。次に、「運動部活動の地域移行に関する検討会議」で地域移行が議論され、提案されるにいたるまでの国の運動部活動改革の経緯について簡潔に確認しておこう。

　表1に示すように、2018（平成30）年3月にはスポーツ庁から「運動部活動の在り方に関する総合的なガイドライン」（以下、「総合的なガイドライン」という）が出されたが、その「前文」では部活がこれまでと同様の運営体制での維持は難しくなってきており、学校や地域によっては存続の危機にあると述べられて

表1 運動部活動改革に向けた取組

	部活動改革に関して発出された文書・報告書等	発出・発行時期	備考
1	学校教育法施行規則の一部を改正する省令の施行について（通知）（文部科学省）	2017（平成29）年3月	部活動指導員の制度化 平成29（2017）年4月1日施行
2	運動部活動の在り方に関する総合的なガイドライン（スポーツ庁）	2018（平成30）年3月	少子化が進展するなか、今後の持続可能な運動部活動を実現するためのガイドライン
3	平成29年度運動部活動等に関する実態調査報告書（スポーツ庁）	2018（平成30）年3月	スポーツ庁委託事業
4	新しい時代の教育に向けた持続可能な学校指導・運営体制の構築のための学校における働き方改革に関する総合的な方策について（文部科学省）	2019（平成31）年1月	中央教育審議会答申
5	運動部活動改革プラン 学校体育大会の在り方に関する研究（スポーツ庁）	2020（令和2）年3月	スポーツ庁委託事業
6	学校の働き方改革を踏まえた部活動改革（文部科学省）	2020（令和2）年9月	「令和5年度以降の休日の部活動の段階的な地域移行」を決定
7	地域運動部活動推進事業（スポーツ庁）	2021（令和3）年度	休日の地域部活動の全国展開に向けた事業の実施（全国47都道府県を対象に114ヵ所の実施拠点）
8	運動部活動の地域移行に関する検討会議提言（スポーツ庁）	2022（令和4）年6月	公立の中学校等の運動部活動の地域移行に関する今後のスケジュールと課題
9	学校部活動及び新たな地域クラブ活動の在り方等に関する総合的なガイドライン（スポーツ庁及び文化庁）	2022（令和4）年12月	地域移行の目標達成時期を見直し、「可能な限り早期の実現を目指す」へ

いる。そして将来においても、部活を持続可能なものとするためには、部活の抜本的な改革の必要があることが示されている。「総合的なガイドライン」では、休養日や平日の練習時間の基準が設けられたり、学校、学校の設置者、地方公共団体、スポーツ団体が取り組む内容が具体的に示されている。なお、「終わりに」で今後の少子化の進展を考慮し、従来の学校単位での活動から一定規模の地域単位での活動も視野に入れた体制の構築が必要とされている。これに先立って、文科省は中・高校の部活動で教員に代わって、顧問として技術指導や大会の引率ができる部活動指導員制度を全国に導入している。なお、ガイドライン作成にあたって、スポーツ庁は全国の中・高校の教員、生徒、保護者、外部指導者等、総数およそ18万5千人を対象に大規模な運動部の実態調査を実施

している。

　この「総合的なガイドライン」が出された翌年（2019年）の中央教育審議会の答申では、持続可能な学校の指導・運営体制の観点から、部活動（文化部も含んで）は、学校の業務であっても、必ずしも教師が担う必要のないものとして位置づけられ、将来的には部活を学校単位から地域単位の取組にし、学校以外が担うことを積極的に進めるべきと示された。

　この中教審の答申を踏まえて、2020（令和2）年には、「学校の働き方改革を踏まえた部活動改革」が出され、これまで部活が教師の献身的な勤務で成り立ってきたが、長時間勤務の要因であることや、指導経験のない教師にとっては大きな負担であり、生徒にとっても望ましい指導を受けられない状況が生まれることが指摘された。そして、持続可能な部活動と教師の負担軽減を同時に実現できる改革の必要性が提起され、教師が休日に部活指導に携わる必要がないようにすること、休日に地域のスポーツ・文化活動を実施できる環境を整備する改革の方向性が示された。具体的な方策として、令和5年度以降の休日部活動の段階的な地域移行やICTの活用、大会参加資格の弾力化が提案された。この文書が出される少し前には、少子化と部員数の減少がもたらす今後の部活の未来予測と、中・高校の大会見直しのために、委託研究が実施されている。ここでは、早晩試合に必要な人数が担保できなくなる種目があることが具体的なエビデンスとともに指摘されている。

　さらに、2023（令和5）年度以降の休日の部活の段階的な地域移行に向けて、スポーツ庁は地域人材の確保や費用負担の問題、運営団体の確保の仕方といったさまざまな課題に取り組むために、全国各地の拠点校（地域）で実践研究を実施している。そしてこの研究成果を先行事例として、今後休日の地域スポーツクラブ活動の全国的な展開につなげるよう事業を実施してきた。

　このようなバックグラウンドを経て、「運動部活動の地域移行に関する検討会議」が設置され、「提言」が出されるに至った。そして、その半年後に「ガイドライン」が運動部、文化部共通で出され、地域移行の目標達成時期を見直し、地域の実情に応じて「可能な限り早期の実現を目指す」ことになった。

　しかし、わが国のスポーツのあり方を規定してきた学校運動部の地域移行に対する課題は次にみるように山積しているのが現状である。

4. 地域移行にともなう課題

　学校における運動部活動を地域移行することは容易なことではない。ここでは地域移行にともなう問題を、①地域での受け皿（運営団体・実施主体）、②指導者および人材確保、③施設、④大会のあり方、⑤会費、⑥安心安全と事故・保険、⑦地域スポーツクラブ活動の今後の位置づけにしぼって考えてみることにしよう。

①地域での受け皿（運営団体・実施主体）

　受け皿の問題とは、学校運動部が地域に移行するに際して、運動部を新たに受け入れる側の運営団体や実施主体の問題でもある。運営団体とは学校における部活動に代わって生徒を受け入れて、当該地域の地域スポーツクラブ活動を統括し運営する役割を担う団体であり、実施主体とは当該地域で地域スポーツクラブ活動を実際に行う組織のことである。地域によっては、運営団体が実施主体を兼ねるケースもあれば、異なる場合も想定される。運営団体・実施主体には市区町村（教育委員会を含む）、総合型地域スポーツクラブ（以下、「総合型クラブ」という）、スポーツ少年団、クラブチーム、プロスポーツチーム、競技団体、体育・スポーツ協会、民間事業者、フィットネスジム、大学、地域学校協働本部、PTA・保護者会、同窓会、複数の学校の運動部が統合して設立する団体等、多様なものが考えられる。これらのほかにも、今後新しい形の運営団体・実施主体が生まれてくることもある。運営団体・実施主体の問題では、地域における受け皿の地域間格差の問題があげられる。具体的には都市部と地方に在住する生徒の地域間の受益格差のことである。多様な運営団体・実施主体が当該地域に存在するか、あるいはそれらの選択肢が少ない、もしくはそもそも選択肢がない場合も考えられる。また、地方であっても、たとえば、県庁所在地や政令指定都市等と町村の格差も存在する。

　総合型クラブは、多種目、多世代参加、そして競技志向からレクリエーション志向までの多志向の地域住民の自主的・主体的運営によるスポーツクラブであるが、現在（2020年度）全国に約3600か所、全国市区町村の80.6％（2019年度）に設置されており（「参考資料集」）、運営団体や実施主体としてはもっとも期待される。しかし、法人格を有する総合型クラブは2割に満たず、自治体から指定管理者として指定された総合型クラブは4.6％で、総合型クラブのスポーツ

指導者で資格なしが54%を占める。加えて、自己財源率が50%以下のクラブが半数を占めている。（「総合型地域スポーツクラブの現状と課題」、文科省，2015年）。これでは地域移行後の運営団体・実施主体としては不安が残る。

　他方、民間事業者の参入も予想されるが、民間の企業体である以上経済効率が優先され、数年して地域スポーツクラブ経営で利益があがらなければ、地域から撤退していくであろう。また、移行過渡期の課題として平日指導と週末・休日指導の一貫性をどう保つかという問題もある。

　今後、都道府県や市区町村は、地域スポーツの担当部署や学校の設置・管理運営を担う教育委員会、福祉部局、スポーツ団体や学校の関係者等から構成される協議会の設置を行うとともに、これらの組織や関係者の連絡調整や指導助言を担う「総括コーディネーター」を早急に配置することが望まれる。総括コーディネーターは都道府県や市区町村等の行政と連携し、地域移行を総合的かつ円滑にマネジメントしながら、運営団体や実施主体と綿密に連携していくことが期待される。他方で、中学校区レベルの地域で、地域移行を円滑に進めるために、運営団体や実施主体と中学校との連絡調整に当たる「コーディネーター」の有効活用も求められる。とくに地域で総合型クラブ等の運営団体・実施主体と中学校との連絡調整（学校体育施設の利用を含む）や指導者等の派遣管理などを行うコーディネーターの役割は、地域スポーツクラブ活動がうまく地域に根づいていくための重要な鍵となるだろう。

②指導者および人材確保

　これまでとは異なり、教員に頼らない指導体制をどう作り、さらに地域の指導者をどのように確保し、必要であれば、指導者育成の体制をどのように整えるかが重要になってくる。指導者の質や教育者としてふさわしい資質をどう担保するのかも課題である。また、教育委員会は指導を希望する現職教員の兼職・兼業を許可する規程や運用の改善を行うことが急がれる。指導者資格の問題では、国の部活動指導員、スポーツ推進委員、日本スポーツ協会（JSPO）の公認資格を活用するか、地方自治体レベルで新しいスポーツ指導者資格を創設するかの検討も必要である。

③施設の問題

　地域スポーツクラブ活動の場の確保も大きな課題である。わが国の体育・ス

ポーツ施設全体のなかで、学校体育施設が約6割を占める状況では、これの有効活用が移行の成否を握る。今後も、放課後や休日に無料で、あるいは有料であっても廉価で使用できるようにすることが必要になる。また、たとえば地域スポーツクラブ活動を運営する民間事業体等が使用する場合であっても、営利団体に適用される使用料とは別の配慮が求められる。今後は行政、各関係組織や団体と学校の調整・連携のあり方が検討されなければならない。

④大会のあり方

　地域スポーツクラブ活動の参加者の大会参加のあり方にも課題がある。たとえば、地域スポーツクラブ活動参加者も全国中学校体育大会の都道府県予選から全国大会まで、個人・団体種目に関わらず自由に参加できるよう大会参加資格の改訂が必要であろう。また、各競技団体が主催する大会であっても、同様に予選から全国大会まで参加する権利が保障されなければならない。

⑤会費

　地域移行後には、地域スポーツクラブに所属し活動する生徒は、運営団体・実施主体に会費を払う必要が生じる。指導者の人件費、クラブの運営費等を賄う必要から会費は部費よりも高額になると考えられる。公平な会費負担の原則をどう確定するのかということも課題になる。たとえば、移行の過渡期では全校・全ての部の活動が一斉に地域に移行するわけではないので、移行した部だけが、受益者負担（保険料も含め）が発生する。また、会費や参加費用が高額で活動を断念することがないように、とくに経済的に困窮する家庭の生徒への支援のあり方も重要な検討課題である。

⑥安心安全と事故・保険

　地域スポーツクラブ活動では、参加者にはこれまでのように、日本スポーツ振興センター（JSC）の災害共済給付制度は適用されなくなる。そのため、民間ベースのスポーツ保険の加入が必要になる。また、教員はこれまで生徒にケガを負わせた場合でも国家賠償法の適用を受けたが、今後地域スポーツクラブ活動の指導者（教員も含んで）は自身のケガ等を補償する保険だけでなく、指導中に生徒にケガ等を負わせる場合に備えて、個人賠償責任保険にも加入することが求められる。活動中の事故やケガに係る責任は、基本的には自己責任とな

ること、保険料が発生することを確認しておかなければならない。

⑦地域スポーツクラブ活動の今後の位置づけ

　学校運動部活動は教育課程外の活動であっても、学校教育の一環として位置づいてきたが、今後地域スポーツクラブ活動はどのように位置づくのだろうか。学校を離れて、地域で行われる以上、それは社会教育の一環としてとらえることができるが、地域移行後の地域スポーツクラブ活動の位置づけについては、さらに明確にすることが必要である。また、次期の要領の改訂では、最終的に部活動の記述は削除されるのだろうか。位置づけが明確でないまま削除されれば、いっそうその位置づけが不明瞭になることも想定される。

　また、なによりも、地域スポーツクラブを支える運営団体・実施主体の経営が成立するのかという大きな課題も横たわる。指導者として、あるいはスタッフとして雇用する外部人材の人件費、地域スポーツクラブ活動の運営費、サッカーゴールなどの地域スポーツクラブ活動に必要なスポーツ用具や用品の維持・管理・更新費用、人材バンクによる人材募集・人材育成などの経費負担等々。これらの費用は果たして生徒からの会費だけで賄えるのか、それとも公的な補助金に依存するのだろうか。地域スポーツクラブ・運営団体・実施主体の財政に関わる課題は今後、国レベルでも早急に検討されなければならない重要な課題である。

5. これから求められる地域スポーツクラブ〈運動部〉活動

　さて、これらの課題を解決しながら、新たな地域スポーツクラブ〈運動部〉活動やそれを支える地域スポーツ環境を創造していくことが求められる。次に地域のスポーツ環境づくりに必要な手順や内容について考えてみたい。

　第一に、当該地域の子供達のためのスポーツ環境は、どのようなものが相応しいのか、そのあり方やラフスケッチを関係者やステークホルダー間で協議・検討し、合意を形成することが肝要である。同時に、合意形成のプロセスで、中学校に進学する子供達を含んで生徒や保護者の部活に対するニーズ調査を行い、その結果を合意形成に反映していくことは有効である。

　合意がなされ、地域でのスポーツ環境のあり方が決まれば、実際に地域スポーツクラブ活動を担う適切な運営団体・実施主体の確保が必要となる。地域の実

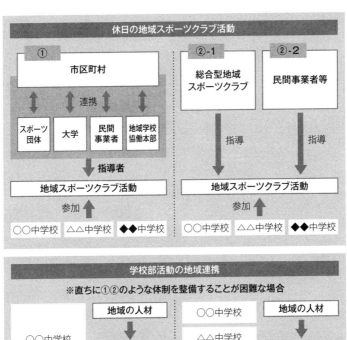

図2 休日の地域スポーツクラブ活動（中学校）（スポーツ庁の資料を一部改変）

情に応じて、ときには複数の運営団体・実施主体が連携する場合もある。これら運営団体・実施主体には、先述したように、当該地域の総合型クラブ、体育・スポーツ協会、レクリエーション協会、競技団体等が考えられるが、ときには地元企業や地域スポーツコミッションの協力も必要になってくるだろう。図2に示すように、地域によっては地方公共団体の市区町村が運営団体となり、スポーツ団体や、ときに大学、民間事業者等と連携しながら、複数の中学校が学

校体育施設を使って参加するケースや、総合型クラブが社会体育施設を使って運営団体となり、多様な種目のチームや複数種目が経験できる機会を設けて、近隣の複数の中学校が参加する場合もあるだろう。先述したように、直ちにこのような体制が整備できない場合には、当面、学校部活動の地域連携として、地域人材から部活動指導員や外部指導者を適切に配置して、拠点校方式による合同部活動を行うケースも想定される。

指導者の確保には、人材バンクの設置とその活用、地元企業や大学の運動部との連携、退職教員や指導を希望する兼職・兼業が可能な教員、地元のスポーツ推進委員の協力も欠かせない。なによりも、人的ネットワークの構築が指導者確保に不可欠である。指導者の確保と同時に、活動場所については、運営団体が中心となって、当該地域の行政、スポーツ団体と学校の調整・連携を図る組織の立ち上げや施設の利用調整および使用手続きの方法等を決めておくことが必要となる。

新しい地域スポーツクラブ活動では、現在、学校運動部で実施している種目の活動を、そのまま地域に移行して行うのではなく、運動に苦手意識をもつ者や障害のある生徒にとっても参加しやすい活動が確保されるように、多様な活動が設定される必要がある。またレクリエーション志向や競技志向の生徒向けの活動などへの配慮が求められる。さらに、一つの種目に専念するだけではなく、複数種目を経験したり、体験型キャンプ等、子供達の状況に適した機会の設定が必要とされる。

運動部活動の地域移行は中学校を対象としたものであり、高校は進路選択によって高校生が自らの意思で運動部活動への参加を選択していることから、これまでと同様に学校において行われる。しかし、高校でもこれまで以上に生徒の豊かなスポーツ環境の確保は求められるし、教員の働き方改革の観点は重要である。したがって、中学校の運動部活動の地域移行とともに、高校の運動部活動の改善にいっそう取り組む必要がある。

豊かな地域スポーツ環境の下での地域スポーツクラブ活動で、スポーツの本質的な楽しさを経験してきた中学生の多くは、今後高校に進学した後も、継続して地域の総合型クラブなどでスポーツ活動を継続するようになると考えられる。これからは、高校の運動部は地域スポーツクラブで育った生徒を受け入れるようになるが、良質なスポーツ経験が保障される付加価値の高い運動部に変革していくことがなによりも必要となろう。

地域移行後の地域スポーツクラブ〈運動部〉活動はわが国のこれからのスポーツのあり方を大きく変革し、さらに、わが国の新しいスポーツ文化創造のプラットフォームになっていくだろう。私たちは今、わが国のスポーツのマイルストーンに立っているという自覚が必要である。

〈注〉
1）本節では、「運動部活動の地域移行に関する検討会議提言（スポーツ庁，2022年）」を以下、「提言」と略し、「運動部活動の地域移行に関する検討会議提言　参考資料集（スポーツ庁，2022年）」を「参考資料集」と略す。

〈引用・参考文献〉
友添秀則「これから求められる運動部活動とは」，友添秀則編『運動部活動の理論と実践』pp.2-15，大修館書店，2016.
友添秀則「部活改革による多忙化の解消と地域移行の意義」『教職研修』50巻12号，pp.90-92，教育開発研究所，2022.
友添秀則・清水論編『現代スポーツ評論28-学校運動部の現在とこれから』創文企画，2013.
友添秀則・清水論編『現代スポーツ評論38-スポーツ教育の時代』創文企画，2018.

1-2

子供と地域を育む
地域スポーツクラブ活動のあり方

朝倉雅史

1. 地域スポーツクラブの構想と課題

わが国では「学校体育」と「地域スポーツ」が、ともに1970年代初頭に示された「生涯スポーツ」の実現をめざして推進されてきた。そして現在にいたるおよそ50年の間、学校体育と地域スポーツは「クラブ」を通じて、運動やスポーツの機会を人々に保障してきた。学校では運動部活動によって、地域ではおもに総合型地域クラブによってその機会が提供されてきたといえるだろう。

これらの「クラブ」は、単にスポーツ活動の場を提供してきただけではない。学校運動部活動は、家庭環境や経済状況、学力面で不利な状況におかれた子供たちが、ひとしく文化的活動にふれる機会や居場所になってきた（西島, 2016）。また、子供たちの自発性に基づく自治的活動を通じて、運動やスポーツを楽しむための学びの場になってきた。総合型クラブも、スポーツ活動を通じた交流を通じて、地域が抱えるさまざまな課題を解決するコミュニティの拠点になることが期待されてきた。

しかし、自治とはかけ離れた部活動が子供たちを苦しめ、教員にも過大な負担を生じさせ、活動の存続自体が危ぶまれていることも事実である。総合型クラブも、クラブ運営の担い手不足によって、地域づくりはおろか存続自体が課題となっているクラブも少なくない。これらの要因の一つは、資源（人材・施設・指導力・時間など）の不足にある。そこで地域スポーツクラブ活動では、持続可能な運営に向けて総合型クラブはもちろん、スポーツ少年団、スポーツ協会、競技団体、プロスポーツチーム、民間事業者、大学などの多様な運営団体・実施主体の連携が想定されている。

ほかの組織と連携して資源を補い合うのは、それまでの活動を維持するうえで有効だが、これまでの問題を解決し、その意義や役割を継承・発展させるに

は必ずしも十分ではない。地域スポーツクラブ活動は、足りないものを埋め合うだけではなく、多様な人々や集団、組織との新しい関係を築くことで、今まで実現できなかった価値を作り出す、新たな仕組みづくりでもある。それは、学校運動部活動が担ってきた子供の成長や発達と地域のスポーツクラブに期待されてきた地域・社会創りを同時に実現するという課題への挑戦といえる。

2. ソーシャルキャピタルとしての地域スポーツクラブ活動

(1)「貸し借り」の関係を超えるビジョン

　運動部活動と地域スポーツの連携というアイディアは、これまでも検討されてきた。だがそこで想定されたのは、学校と地域を切り分けて行われる支援の繰り返しやギブ・アンド・テイクの関係であり、資源の「貸し借り」や「相互補完」の関係であったといえる。もし地域スポーツクラブが、生徒と住民のスポーツ機会の確保だけをめざすのであれば、それはこれまでの関係を超えるものとはいえない。

　これに対して双方が豊かになる関係をめざして、総合型クラブと学校運動部活動が共存・協調し合い、それぞれに関わる参加者（生徒、教員、地域住民、スポーツ指導者など）が日常的に交流し合う事業も、アイディアとして提案されてきた（清水, 2004）。学校運動部活動を地域や他校に発信し、近隣の学校や一般の人々との交流を深め、地域との交流を目的として活動することをめざした高校の活動もある（阿部, 2013）。

　しかし、地域と学校の境界を越えて一緒に活動するのはシンプルなアイディアであるにも関わらず、そのほとんどは実現に至らなかった。その実現を難しくしている要因として、「実際にどうやって運営していくのか」というマネジメント（方法）と「なぜ一緒に活動した方がよいのか」「どういう関係性をめざしていけばよいのか」というビジョン（目的）が確立されてこなかったことがあげられる。一般的に「方法」は「目的」に応じて決まることを踏まえて、本節ではとくに地域スポーツクラブ活動のビジョンに注目してみたい。

(2)公共財としての「クラブ」

　人類学の定義によるとクラブは「何らかの共通の目的・関心を充たすために、一定の約束のもとに、基本的には平等な資格で、自発的に加入した成員によっ

		他者を排除できるか？	
		排除可能	排除不可
だれかが消費すると他の人は？	消費可能	準公共財 クラブ財 高速道路、有線放送	純粋公共財 空気、街灯
	消費不可	私的財 スポーツ用品店の商品	準公共財 コモンズ 自然環境

図1 公共財の種類

て運営される、生計を目的としない、パートタイムの私的集団」(綾部, 1988)
とされる。クラブという語がわが国に外来した際、初めは苦楽をともにする場
として「苦楽部」という字が当てられ、その後、倶(とも)に楽しむ「倶楽部」
という字が当てられるようになった。生活していくための必要に駆られる日常
のなかであえて時間を作り、人生を豊かにするための「楽しみ」を求めて自発
的に集まる人々の姿が想像できる。

　クラブに集まる人々は、ルールを作りそれにしたがいながら、皆の目的を達
成しようと互いに関係を作っていく。クラブは特定のだれかだけに利益をもた
らすものではなく、クラブの皆にとっての利益を生み出す「公共財」であり、
だれかが消費したら、無くなってしまう私的財ではない (図1)。とはいえクラ
ブに所属しなければ、楽しみを創る活動にも、それを味わう活動にも参加する
ことができない点では、不特定多数の人が利益を得ることのできる純粋な公共
財ではなく、「準公共財」の一つである。対価を支払ったり、メンバーシップ
を獲得したりした人に利益をもたらす「高速道路」や「有線放送」などがこれ
に当たるが、財政学ではこのような準公共財のことを「クラブ財」と呼ぶ。「ク
ラブ」という語が、公共財を説明する象徴的な語として用いられていることか
らも、どれだけ人々にとって重要な集団かがわかる。

(3) 地域スポーツクラブとソーシャルキャピタル

　準公共財を代表するクラブのなかでも、地域スポーツクラブは皆で目的を達
成するため、自分たちでルールを創り、相互に関係を創りながら皆で利益を得

ようとする共同生産的な活動に大きな特徴がある。ともになにかを創る関係が豊かになることで信頼関係が生まれ、生産活動がさらに活発になっていくことも多いだろう。このように皆にとっての利益を生み出したり、あるいは利益とともに生み出されたりする関係性と規範は「ソーシャルキャピタル」（社会関係資本）と呼ばれ、「個人間のつながり、すなわち社会的ネットワーク、およびそこから生じる互酬性と信頼性の規範」（パットナム，2001，p.14）と定義されている。たとえば、ある集団内で人々の相互関係が築かれていくと相手への信頼とお互い様の精神（互酬性規範）も醸成されていくことがある。その信頼と精神が個人の活動を活性化し、やがて集団や組織全体の生産性が向上する。ソーシャルキャピタルは、まさにそのような社会的な関係を「資本」（キャピタル）にたとえて概念化したものである。

　またソーシャルキャピタルは、そこに関わる全ての人々に共有され利益をもたらす「財産」として、家族や家族外のコミュニティにも存在し、子供の成長にとって価値ある規範を生む（Coleman, 1990）。そのため、地域ネットワークや保護者の学校参加、住民間の信頼が、子供の人生の成功や学校のあり方を左右することが明らかにされてきた（パットナム，2001）。わが国で2000年代以降に進められている地域住民の学校運営参加も、その背景にソーシャルキャピタルの考え方が存在していた（金子，2000）。同時期に住民主導の運営がめざされてきた総合型クラブもまた、ソーシャルキャピタルが醸成される場であることが明らかにされている（稲葉，2016）。

　このように、地域スポーツクラブを公共財やソーシャルキャピタルとしてとらえる視点には2つの特徴がある。1つは、その活動が特定のだれかの利益になることを超えて、みんなの利益になること、そしてもう1つが、その利益はだれかに消費されたり、分割して所有されたりする個人的（パーソナル）なものではなく、人と人、集団と集団、組織と組織の間に生まれる社会的（ソーシャル）な財産としてとらえられることである。その意味で、地域スポーツクラブは子供たちの活動機会を確保する場にとどまらない。スポーツや文化的な活動が、子供と地域住民をはじめとする多様な人々を引きつける魅力や磁力となり、その楽しさや喜びを共同生産するなかで、互いの信頼と関係性が育まれていく場となる可能性がある。

3.「地域スポーツクラブ」の公共性と公益性

(1) 学校運動部活動が有していた魅力

　多くの人びとにとっての「クラブ」の原風景はやはり学校の部活動だろう。それが、全ての子供たちが通う学校の教育活動として行われてきた点も踏まえると、部活動はわが国に住む人々の「クラブ観」を強固に形成してきたし、実際に多くの人びとが部活動に関わり熱中してきた。ある海外の研究者は、わが国における部活動を「一世紀以上にわたって、課外の部活動は社会人を育てる重要な働きを担うものとされ、その活動を通じて、日本の若者は社会でもっとも重要な価値観と信念、行動パターンを経験的に学んできた」(Cave, 2004, p.140) ととらえている。確かに成人してからも、「ブカツ」や「サークル」でなにをしてきたかは挨拶がわりや名刺がわりになるし、そこでの生き生きした経験や思い出が語られることも多い。「どのブカツに入るか」は子供たちにとって重要な選択となっており、部活動を進路選択の理由にする中学生や高校生も少なくない。

　学校の部活動は「教育課程外」の活動であり、制度的にみれば学校教育の周辺に位置する活動として行われてきた。客観的にみれば、ほかの学校教育活動に比べてその優先度は高くない。にも関わらず、ときに学校教育という観点からは理解しがたいような活動として過熱化し、子供だけでなく大人たちをも熱中させる。ここまで人々を惹きつけてきたのはなぜだろうか。

　実は学校教育の周辺に位置づくということは、見方をかえると学校外の実生活にもっとも近い活動であることを意味する (図2)。美術や音楽、体育などのいわゆる「周辺教科」の存在意義を検討した小松 (2012) は、その教育内容が学校教育のなかに限定されるものではなく、学校外の生活環境と個々の子供の生活経験を土台にしていることに注目している。さらに樋口 (2018) は、学校の思い出が教科の授業よりも、部活動などの課外活動において形作られているとして、美術やスポーツの強烈で魅力的な体験の存在を論じている。

　部活動の魅力は、教室における学習では到底実現できないような、実生活や実体験に近い鮮烈な体験を通じて、楽しさや喜びを得られることにある。それは学校教育の周辺的活動であるからこそもたらされる、具体的かつ多様で「リアル」な経験といえる。このような視点に立つと、地域スポーツクラブのビジョンは「資源不足」や「活動の持続」という消極的な側面からではなく、学校に

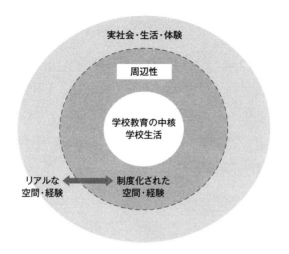

図2 学校教育の中核と周辺

閉じていた鮮烈な経験と学びの機会を多様な場で、しかも多様な人々と体験できる場づくりとして描くことができるだろう。

(2)クラブへの〈参加＝消費〉と〈参画＝生産〉

　しかし、その魅力的な活動が学校外へ広がることで生じるもっとも望ましくないシナリオは、対価を支払った人が個人の欲求を満たす場になってしまい、体験機会の確保どころか体験の格差を生じさせてしまうことである。クラブの皆にとっての利益になるためには、だれかにとっての「面白いこと」がクラブの皆にとっての「面白いこと」にならなければいけない。さらにスポーツが個人のプレーや楽しみ、面白さとして自己完結するのではなく、スポーツの枠を越えて社会生活と関連を持ちながら実践され（柳沢, 2008）、地域・社会創りに発展していくことが望まれる。

　ところで、日本人のクラブ観を形成してきた学校部活動では、所属する部活動を生徒に選択させ、生徒は面白そうな部活動を選び参加してきたのが現実だろう。入部したら部を変えること（転部）はもちろん、一から部活動を創りあげること（創部）を経験した人は少ないのではないだろうか。地域スポーツクラブで皆の利益を実現するために必要なことは、このようなすでにでき上がっ

た場や機会にアクセスする「参加」から、そういった場や機会を創ることや支えることにアクセスする「参画」への転換といえる。前者は活動機会の「消費」においてクラブに関わることを表し、後者はその「生産」から関わる点で大きく異なる。

そもそもスポーツは、人々を夢中にさせる遊びとしての面白さを有しているだけでなく、さらにその遊びを柔軟に変化させることのできる可能性（可塑性）に富んだ文化である。面白いことを選んで参加するのではなく、面白さを創るところから参画すること、消費するのではなく生産に関わることが、皆にとっての面白さを実現する地域スポーツクラブ活動の前提条件といえる。

（3）公共性と公益性が生み出されるプロセス

では個人にとっての面白さは、一体どのようにして皆にとっての面白さになっていくのだろうか。「私的」な活動がどのようにして「公共的」な活動となり、皆にとっての利益（公益性）をもたらすのかを具体的に考えてみたい。

なにかを一緒に楽しみたいと思って、仲間に声をかけた経験がある人は多いだろう。そして、遊びや運動、スポーツに夢中になり、ときを忘れて没頭した後、その活動をまた楽しみたい、もっと面白くしたいと思ったこともあるのではないだろうか。

面白いことをしたいと思ったら、そのために「仲間を集める」「道具を用意する」「場所を確保する」「時間を決める」「ルールを決める」…という場作りが必須になる。そしてまた楽しみたい、もっと面白くしたいと思ったとき、その活動は繰り返されるだけでなく、時間的・空間的に広がっていく（図3）。たとえば近くにいる仲間を集めるだけでなく、新たな仲間を探したり、さらにチラシを配って仲間を募集したりすることも考えられる。用意した道具では足りなくなってしまい、資金を出し合って新たに購入したり、共有物として広く貸し出したりすることになるかもしれない。

このような活動の広がりは、運動やスポーツを「する」だけでなく、「みる」「支える」「創る」という多様な関わりを生み出す（図4）。仲間を「集める」ための行動は、「探す」「募る」活動へと発展する。一人で楽しんでいたことが、皆で楽しむことに広がり、同い年の仲間や学校の仲間が、多世代の仲間や地域の仲間に広がっていく。「明日遊ぶための約束」は、単なる予定から「計画」そして「企画」になっていくだろう。このような変化のプロセスこそ、特定の

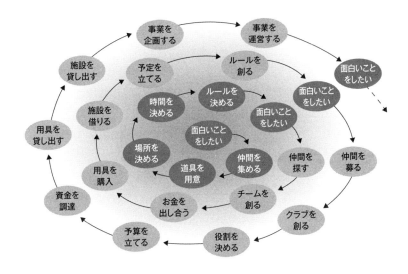

図3 スポーツの場作り

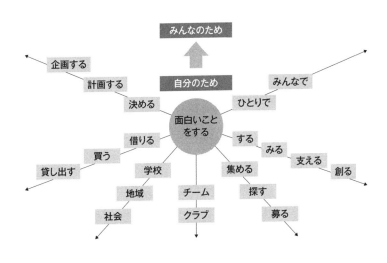

図4 スポーツの場作りと公共性・公益性の実現

だれかあるいは自分にとっての楽しみや面白さが、みんなにとっての楽しみや面白さになっていき「公共性」と「公益性」の実現をもたらす。

4. 地域スポーツクラブにおける生涯学習とソーシャルキャピタル

だが仲間をどのように集めるのか、場所はどうやって確保するのか、そもそも皆で楽しむためにはどういうルールがよいのかを決めて実践するのは複雑で難しい課題であり、そのための能力が必要となる。生涯にわたって主体的・共同的に運動・スポーツに親しむ力を「スポーツ生活能力」として提示した清水（2017）は、その能力がスポーツの楽しさや喜び、効用を正しく享受する「スポーツ享受能力」と、多様で異質な他者とともに運動の場や機会を創り運営する「スポーツ環境創成力」から成る構造を示した。これらは子供たちが身につけることを想定して提案されたものだが、地域スポーツクラブ活動を想定したとき、あるいは公共性と公益性を実現するプロセスを実現しようとしたとき、子供だけでなく大人にも必要となる力といえるだろう。まさに地域スポーツクラブ活動は「スポーツ享受」と「スポーツ環境創成」の実践の場であり、学校での学びと連なる生涯学習の場でもある。

生涯学習の考え方は、人々の学びが生涯を通じて行われることを意味する以上に「学ぶこと」の意味の変化を含意している。それは、学びを「行動の変容」や「知識の獲得」ととらえるだけでなく、社会的な関係やつながりの形成としてとらえる視点への変化を意味する（佐伯，2014）。なにか新しいことを学ぶこととは、新たな場に足を踏み入れ、新たなつながりを創ることでもある。学校をはじめとした子供や若者を対象とする多くの制度化された教育とは対照的に、社会的つながりのなかで、またそれらによって行われる学習は、ある程度年齢に応じて増大する（フィールド，2011，p.40）。先にあげたスポーツ環境創成は、とりわけ人々とのつながりの形成をともなう実践である。故に地域スポーツクラブにおける実践と学びは、時間的にも空間的にも学校を超えていくことになる。

5. 地域スポーツクラブ活動が地域を変える

地域スポーツクラブ活動がめざす、子供の成長や発達と地域・社会づくりを

結びつける核となるのは、クラブの公共性と公益性を実現するための「スポーツ環境創成」と、その過程で醸成される豊かな「つながり」といえよう。前者は学校体育と地域スポーツで別々に担われてきた生涯スポーツに向けた実践を地域スポーツクラブの活動として統合し、具体化した生涯学習実践ともいえる。そして後者は、多様で異質な他者がスポーツの楽しさや喜び、面白さの共同生産プロセスに参画することで醸成され、地域の財産となるソーシャルキャピタルである。これらは相乗的な関係にあるため、ソーシャルキャピタルは学習にとって重要だし、学習もまたソーシャルキャピタルにとって重要である（フィールド，2011）。そして地域の子供と大人にとっての学び（＝成長と発達）とつながり（＝地域づくり）を同時にもたらす。

　ただし、地域スポーツクラブ活動を通じた学びによってつながりが豊かになっていくことは、知り合いが増えたり、ネットワークが拡大したりすることだけを意味してはいない。それは人と集団、組織間の「新たなつながり」を紡ぐことで、これまでの「部活動型クラブ観」に変革をもたらすような新しいクラブを創造することである。その「新たなつながり」は、自ずと地域全体のあり方を変革することになる。

　図5に、その具体像を描き出してみた。この構想では、学校の部活動（例：サッカー部）と地域のクラブ（例：地域のサッカークラブ）が「クラブ」を創って各種統轄団体（例：サッカー協会）と連携し、さらに活動種目や内容の垣根を超えた「つながり」によって、文化スポーツ活動団体のネットワークが形成されている。さらにそのネットワークを中心にして、地元の民間企業やNPO法人、商工会や福祉団体、そのほかの運営団体・実施主体が共同事業体（コンソーシアム）を構成するクラブとして描いたものである。

　この共同事業体では、地域で生活している人々だけでなく、地域で働いている人々も、地域スポーツクラブにおける文化的な活動の楽しさや喜びを味わうプロセスに参画する。既存の活動種目や内容を横断し、さらに事業（仕事）内容の枠を超えて資源（ヒト・モノ・カネ・情報・時間）を持ち寄り、共有し、地域全体の文化・スポーツ活動を創り、支えるプロセスに参画していく。公共性と公益性が生み出されるプロセスで示した多様で複雑な活動に、それぞれの人、集団、組織が主体的に関わることで生じる関わりやつながりが、やがて地域の財産（ソーシャルキャピタル）になっていくことが期待される。

　ではこのような変革はだれが、なにをきっかけとして動き出すのだろうか。

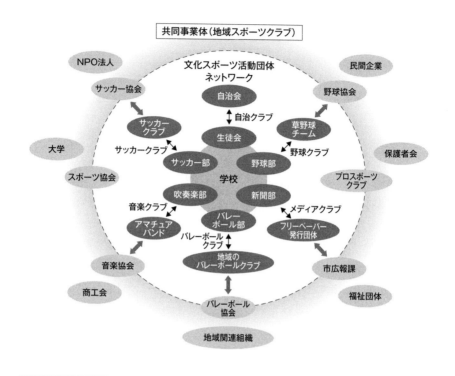

図5 地域スポーツクラブ（共同事業体）の構想

地域スポーツクラブに限らず現代の多くの組織は、さまざまな形で既存の境界を横断して新しい組織を創り、斬新なアイディアや仕組みを生み出している。このように、組織の境界線を横断して多様な行為者をますます巻き込んでいく社会空間で発展する長期的なプロセスは「拡張的学習」（エンゲストローム，2008，p.317）という新たな学びとしてとらえられており、そこでは人・集団・組織が互いの「結び目（knot）」を創る「ノットワーキング（knotworking）」が行われる。この拡張的学習は「現実の活動対象に働きかける人びとが、『何を、何のために行うのか』というように学びの『必要』から問題の『根源』を問い、学びの対象を徐々に広げていき、自らの生活世界や実践の新しいあり方、すなわち自らの未来を作り出そうとする学び」（山住，2022，pp.14-15）である。このような学びは、既存の知識の獲得やこれまでの制度に適応することでは解決

のできない葛藤や矛盾をきっかけにして、実践や活動のシステムを変革していく必要によって生じる。地域スポーツクラブ活動の実現はまさに、地域に関わる多様な人々が、自らの手で進めていく拡張的学習といえるだろう。

　少子高齢化と人口減少をはじめこんにちの地域課題はより深刻化している。だが多くの人びとがスポーツをはじめとした文化的活動の楽しさや喜び、面白さを享受してきた学校の運動部活動の存続が危ぶまれ、変革が迫られていることもまた、各地域における生活課題といえないだろうか。学校部活動は、多くの人々が文化的活動にふれる機会を等しく保障し、その楽しさと喜びを味わうための方法知を育み、生徒の居場所にもなってきた（朝倉, 2019）大きな意義がありながらも、その維持存続が危ぶまれる矛盾や葛藤は、今の子供たちだけでなく、それを経験した多くの人びとに対して、変革と拡張に向けたきっかけを提示している。

〈引用・参考文献〉
朝倉雅史「部活動をめぐる議論と実態　これまでの経緯、研究の蓄積と科学的データ」、佐藤博志ほか著『ホワイト部活動のすすめ　部活動で学校を変える』pp.73-109, 教育開発研究所, 2019.
阿部隆行「多様なニーズに応える総合スポーツ同好会」『体育科教育』61巻3号, pp.38-41, 大修館書店, 2013.
綾部恒雄『クラブの人類学』アカデミア出版会, 1988.
稲葉慎太郎・山口泰雄「総合型地域スポーツクラブを対象としたソーシャル・キャピタル論の文献的検討」『神戸大学大学院人間発達環境学研究科紀要』10巻2号, pp.151-164, 神戸大学大学院人間発達環境学研究科, 2017.
エンゲストローム・Y, 山住ほか訳『ノットワークする活動理論　チームから結び目へ』, 新曜社, 2013.
金子郁容「コミュニティ・スクール構想と地教行法の改正」『季刊教育法』142号, p.5, エイデル研究所, 2004.
Cave, P. Bukatsudō: The Educational Role of Japanese School Clubs, The Journal of Japanese Studies 30-2, pp. 383-415, 2004.
Coleman, J. S. Equality and Achievement in Education, Boulder, CO: Westview Press, 1990.
小松佳代子編『周辺教科の逆襲』創文企画, 2012.
佐伯胖「そもそも『学ぶ』とはどういうことか　正統的周辺参加論の前と後」『組織科学』48 (2), pp.38-49, 白桃書房, 2004.
清水紀宏「運動部活動に求められるマネジメントとは」、友添秀則編『運動部活動の理論と実践』, pp.184-199, 大修館書店, 2016.
清水紀宏「総合型地域スポーツクラブの育成と学校体育の改革」、日本体育・スポーツ経営学会編『テキスト総合型地域スポーツクラブ増補版』pp.78-90, 大修館書店, 2014.
スポーツ庁『令和3年度総合型地域スポーツクラブに関する実態調査結果概要』, 2022.
西島央「子どもを育む運動部活動の意義と社会的役割　教育社会学の観点から」、友添秀則編『運動部活動の理論と実践』pp.16-33, 大修館書店, 2016.

パットナム・R・D，柴内訳『孤独なボウリング　米国コミュニティの崩壊と再生』柏書房，2006．
樋口聡編『教育における身体知研究序説』創文企画，2017．
フィールド・J，矢野監訳，立田慶裕・赤尾勝己・中村浩子訳『ソーシャルキャピタルと生涯学習』東信堂，2011．
山住勝広「活動理論と拡張的学習理論による教育イノベーションの探究」，山住勝広編『拡張的学習と教育イノベーション　活動理論との対話』pp.2-26，ミネルヴァ書房，2022．
柳沢和雄「生涯スポーツ振興と総合型地域スポーツクラブ」，柳沢和雄・向陽スポーツ文化クラブ編『総合型地域スポーツクラブの発展と展開　KSCC30年の軌跡』pp.13-36，不昧堂出版，2008

1-3
これから求められる
地域スポーツクラブ活動の指導者

浅沼道成

1.指導者に求められる資格

　地域スポーツクラブ活動が今後わが国で定着していくかどうかの成否は、スポーツ指導者の質をいかに担保できるかにかかっているともいえる。現在、学校運動部には部活動指導員が非常勤公務員として学校で勤務しているが、このほかにもスポーツ指導者には、同様に非常勤公務員としてのスポーツ推進委員がいる。一方、地域スポーツの指導者資格としては、後述するJSPOの公認スポーツ資格、日本スポーツクラブ協会の運動部活動指導士がある。このほかにも、各競技団体の指導者資格、レクリエーション協会のレクリエーション・インストラクターなどの各種団体の指導者資格がある。

　しかし、現状では、スポーツ指導者の資格は乱立気味で、指導能力に疑問符がつく資格があることも事実である。他方、学校運動部の地域移行にともなって、教育的資質をもったスポーツ指導者をいかに多く養成していくかということも当面する課題である。

　ここでは最初に、公益財団法人日本スポーツ協会（以下、「JSPO」と記す）の資格からみていくことにしよう。JSPOでは現在、公認スポーツ指導者資格として5つの領域に18種類の資格を設けている（表1）。このほかにも、武術太極拳やヨガなど多くのスポーツ団体・組織において、公認や認定資格という形で指導者を養成している。

　令和4年度からスタートしたJSPOの総合型クラブの登録・認証制度における登録基準のなかでは、個別基準として「適切なスポーツ指導者を配置している」ことが問われ、「定期的なスポーツ活動において、JSPOが公認スポーツ指導者を養成している競技・種目については、当該競技の公認スポーツ指導者資格を有す」ることが求められている。また、toto助成のスポーツ活動推進事業（令

表1 JSPOの公認スポーツ指導者資格

領域	資格
スポーツ指導者基礎資格	コーチングアシスタント スポーツリーダー
競技別指導者資格	スタートコーチ コーチ1（旧指導員） コーチ2（旧上級指導員） コーチ3（旧コーチ） コーチ4（旧上級コーチ） 教師 上級教師
メディカル・コンディショニング資格	スポーツドクター スポーツデンティスト アスレティックトレーナー スポーツ栄養士
フィットネス資格	フィットネストレーナー スポーツプログラマー ジュニアスポーツ指導員
マネジメント指導者資格	アシスタントマネージャー クラブマネジャー

和4年度）のスポーツ指導者の養成・活用事業における審査基準として、派遣事業では「スポーツ指導者等が有資格者であること」が要件となっている。

　このように、指導者に対して公認や認定等の有資格者が求められている背景には、スポーツの指導が社会的に注目され、スポーツ指導者が社会的責任を担う立場にあることを意味している。地域スポーツクラブやスポーツ団体におけるスポーツ指導は、単に趣味や自己満足ではなく、専門的な知識やスキルが必要となり、それらを公的に保証していく仕組みとして公認や認定スポーツ指導者制度が存在する。確かにわが国では、資格の質的担保が難しい側面もあり、加えてスポーツ指導者資格が国家の公認資格とはなっていないために、指導者資格の意義や価値に対する認識や社会的評価が低いことも事実である。しかしスポーツ活動が社会的な活動になるにつれ、資格をないがしろにすることはできないだろう。

　現実には、運動やスポーツをしたくても一人ではなかなかうまく実践することは難しい。やはり仲間がいて、一緒に運動やスポーツを楽しむ過程でその活動をサポートしてくれる役割が必要になってくる。まさにその役割を指導者といわれる人たちが担っている。具体的には、安全で科学的な根拠に基づき、運動やスポーツの技術を効率よく獲得する方法や運動やスポーツの文化的価値を

しっかりと理解できるようにサポートするなどである。

　このように指導者は、運動やスポーツの実施者がそれぞれの多様な目的を達成するために「支援」や「伴走」を行う役割を担う人であり、そのために多くの知識を獲得し経験を積む必要がある。社会的にその指導者としての資質を保証する、あるいは証明するところに資格制度の意義がある。

2. 部活動指導員の課題と今後の展望

　2015（平成27）年12月に中央教育審議会から「チームとしての学校のあり方と今後の改善方策について」が答申され、「チームとしての学校」を実現するための具体的な改善方策のなかに部活動に関する専門スタッフとして「部活動指導員（仮称）」という名称が登場してきた。その後、2017（平成29）年に学校教育法施行規則が改正されたことにより、教員でなくても部活動の顧問ができる外部指導者として部活動指導員が制度化され、その職務は「学校の教育計画に基づき、生徒の自主的、自発的な参加により行われるスポーツ、文化、科学等に関する教育活動（学校の教育課程として行われるものを除く。）である部活動において、校長の監督を受け、技術的な指導に従事すること」（スポーツ庁，2017）と示された。

　制度化の背景には、教員の多忙化や担当の競技種目経験を持たないことによる過重負荷などがあったといわれる。また、外部指導者による練習時・大会引率時の事故等に対する責任の所在が不明確であるという課題もあった。これらを解消する手段として部活動指導員という制度が設けられたのである。前述のスポーツ庁の通知では、部活動指導員の具体的な職務として以下の9項目があげられている。

○実技指導
○安全・障害予防に関する知識・技能の指導
○学校外での活動（大会・練習試合等）の引率
○用具・施設の点検・管理
○部活動の管理運営（会計管理等）
○保護者等への連絡
○年間・月間指導計画の作成
○生徒指導に係る対応

○事故が発生した場合の現場対応

　部活動指導員の任用にあたっては、学校設置者および所属する学校における任用前研修が求められ、任用後も定期的なフォローアップ研修などが実施される。

　国では、部活動指導員の配置に関して平成30年度から予算化され、負担割合が国1/3、都道府県1/3、市町村1/3（指定都市では、国1/3、指定都市2/3）とされ、部活動の地域移行に向けて予算の増額も進められている。

　しかし、次のような課題もある。まず、補助対象の内訳は報酬、交通費、補助金等であり、地域差はあるが報酬は概ね1時間3000円程度、稼働が週に2日から3日程度である。活動が平日の夕方2時間程度、土・日では1日か2日で各4時間〜6時間程度であり、部活動のガイドラインによる休養日を設けなければならず、職業として成り立たない現状がある。県や市町村においてどの程度の負担割合での予算が獲得できるのかがみえてこないところもある。

　加えて、果たして都市部や中山間部などの地域性の異なるなかで請け負ってくれる部活動指導者がどのくらい存在するのかという、地域のニーズと供給のアンバランスも課題としてあげられる。

　今後の展望としては運動部の地域移行が全面的に行われ、学校運動部が地域スポーツクラブとなった段階においても、部活動指導員となっている人材に対する期待はいっそう大きなものとなり、持続的な地域スポーツクラブの発展には欠くことができない存在になると考えられる。地域スポーツクラブの維持発展には部活動指導員となっている人材が地域の指導者として携わることが必要であり、かつその職責の重さや重要性を考えるときに、これらに見合う報酬制度が整備され、適切に配置等が進められていくことがなによりも必要である。

3. 教員の地域スポーツクラブ活動への関与のあり方

　JSPOが実施した『学校運動部活動指導者の実態に関する調査』(2021年)では、休日の運動部活動に「兼職兼業の許可を得たうえで自身が指導したい」と回答した中学校の教員が26.1％、高等学校の教員が31.3％であり、男性教員と女性教員、保健体育の教員とそれ以外の教科の教員の間に大きな意識の開きがみられたことも特徴的である。とくに、中学校で28.3％、高等学校で32.6％の教員が「どちらともいえない」と判断を保留しており、地域移行における複雑

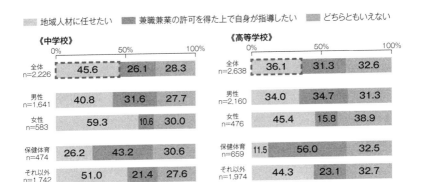

図1 休日の運動部活動が地域に移行された場合の意向（公益財団法人日本スポーツ協会, 2021, p.10)

な課題があることをうかがわせる結果であるといえる（図1）。

　運動部活動の地域移行に関する検討会議の提言では、教員等の兼職兼業については、現行制度下においても各教育委員会等の判断で実施可能であると述べられている。さらに文部科学省の「『学校の働き方改革を踏まえた部活動改革について』を受けた公立学校の教師等の兼職兼業の取扱い等について（通知）」（令和3年2月17日）で示した地域のスポーツ団体等に雇用されて指導に従事する場合のみならず、業務委託契約等により指導を担う場合も、兼職兼業は可能であると示されている。各都道府県や市町村教育委員会等の対応ということになっているが、今後指導者としての勤務時間や労災等の管理体制を整えていく必要がある。

　部活動の地域移行において指導者の確保が課題と考えられ、その解決策の一つとして期待されているのが現職教員の参画である。しかし、教員の多忙化の解消から地域移行が進められているなかで、矛盾を感じるところでもある。さらに、教員が兼業等によって地域でスポーツを指導する場合に、本来の業務に影響が及ばず、また本人や家族等の心身に過重な負担とならないよう配慮する必要もある。さらに、人事異動等を鑑み、教員の勤務地か居住地かといった、どの地域において指導を進めていくのかという課題もある。今後、退職教員も含めたリソースのなかでの持続可能な仕組みの構築が急務であろう。

　ところで、JSPOの公認資格を保有している教員は中学校で10%、高等学校

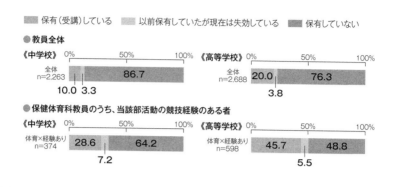

図2 教員のJSPO公認スポーツ指導者資格の保有状況（公益財団法人日本スポーツ協会，2021，p.3）

で20％と低い傾向がみられる（図2）。これは教員全体のデータであるが、保健体育科に限ってみても、公認資格の保有割合は中学校で28.6％、高校で45.7％に留まる（図2）。保健体育科の教員免許が保証し得るのは、教科としての保健体育の資質と能力であって、地域のスポーツ指導のそれではない点には注意を要する。地域の指導者としては、地域の実情を踏まえたうえで、クラブマネジメントやクラブの財務管理、予算の立案、スポーツ指導人材の育成等、学校の保健体育教員として求められる職務とは異なるものが求められよう。さらに、ライフステージに応じた多様なスポーツ活動を推進することのできる資質と能力を高める必要があり、地域スポーツクラブに属する生徒の成長を支援することを通して、豊かなスポーツ文化の創造やスポーツの社会的価値を高めることも、保健体育教員以上に求められる。また、保健体育科以外の教員にあっては、これまでの運動部活動での指導経験だけでは地域スポーツにおける指導は難しく、運動部活動での指導経験を踏まえて、地域スポーツに関する公認資格の取得にチャレンジすることを奨めたい。

4. 地域スポーツクラブ活動の指導に求められる教育的資質

　中学校の運動部活動が地域スポーツクラブ活動として地域に移行することになった意図や状況を踏まえて、地域スポーツクラブ活動の指導者に求められる教育的資質をこれまでの運動部活動の意義や効果から確認していきたい。

「運動部活動の在り方に関する総合的なガイドライン」(スポーツ庁，2018) の前文では、運動部活動は「体力や技能の向上を図る目的以外にも、異年齢との交流のなかで、生徒同士や生徒と教師等との好ましい人間関係の構築を図ったり、学習意欲の向上や自己肯定感、責任感、連帯感の涵養に資するなど、生徒の多様な学びの場として教育的な意義が大きい」と述べられている。さらに、「運動部活動での指導のガイドライン」(文部科学省，2013) では、運動部活動の以下の教育的効果が求められてきた。

○スポーツの楽しさや喜びを味わい、生涯にわたって豊かなスポーツライフを継続する資質や能力を育てること。

○体力の向上や健康の増進につながること。

○保健体育科等の教育課程内の指導で身につけたものを発展、充実させたり、活用させたりするとともに、運動部活動の成果を学校の教育活動全体で生かす機会となること。

○自主性、協調性、責任感、連帯感などを育成すること。

○自己の力の確認、努力による達成感、充実感をもたらすこと。

○互いに競い、励まし、協力するなかで友情を深めるとともに、学級や学年を離れて仲間や指導者と密接にふれあうことにより学級内とは異なる人間関係の形成につながること。

　以上のように運動部活動では教育的な意義や効果が認められ、これらは当然地域スポーツクラブ活動に引き継がれていくことが期待されているものととらえられよう。

　ところで、中央教育審議会答申の「これからの学校教育を担う教員の資質能力の向上について〜学び合い、高め合う教員育成コミュニティの構築に向けて〜（平成27年12月21日）」では、これからの時代の教員に求められる資質能力が示されているが、地域スポーツクラブ活動の指導者の資質能力としても参考になるので、ここで確認しておきたい。

　中央教育審議会答申では、学び続ける教員像を確立する必要があるとして、そのために教員が備えるべき力として、「自律的に学ぶ姿勢を持ち、時代の変化や自らのキャリアステージに応じて求められる資質能力を生涯にわたって高めていくことのできる力や、情報を適切に収集し、選択し、活用する能力や知識を有機的に結びつけ構造化する力」があげられている。また、いつの時代にも求められる教員の資質能力として、「使命感や責任感、教育的愛情、教科や

表2 子供の運動・スポーツ指導において期待している効果

期待している効果	全体(N=698)
礼儀が身につく	94.2%
精神面が鍛えられる	89.6%
競技力が向上する	82.9%
学校での体育の成績向上に役立つ	65.5%
コミュニケーション能力を養う	88.9%
運動の楽しさを味わうことができる	87.2%
運動に進んで取り組む姿勢を養う	87.2%
仲間ができる	96.3%
基本的な運動能力をに身につける	91.3%
健康的な身体を育む	94.4%

※「①とても当てはまる」「②少し当てはまる」「③どちらでもない」「④あまり当てはまらない」
　「⑤全く当てはまらない」のうち①と②に答えた割合

(笹川スポーツ財団. 2012. p22)

教職に関する専門的知識、実践的指導力、総合的人間力、コミュニケーション能力等」が示されている。

　ここで述べられた教員に必要な資質能力は、教育者や教育的指導者に求められる資質能力でもある。

　また、表2は笹川スポーツ財団の『子どもの運動・スポーツ指導者の意識等に関する調査』(2012, p22)であるが、ここでは指導者が子供の運動・スポーツの指導において期待している効果として、辛抱強く、前向きにスポーツに取り組む子供を育成したいとの思いがよくわかる。

　地域スポーツクラブは発達途上の中学生年代をおもな対象として展開されるわけであるが、それだからこそ、指導者にはなによりも教育的な資質能力が求められる。これまで確認してきたように、学校の教員に求められる資質能力は、換言すれば地域スポーツクラブの指導者にも必要な資質能力であるといえるだろう。

　したがって、地域スポーツクラブ活動における指導に求められている資質には、スポーツの指導を通じて、使命感や責任感、教育的愛情、専門的知識、実践的指導力、総合的人間力、コミュニケーション能力などが考えられる。このような資質を身につけていくためには、日常生活やスポーツ場面における多くの経験や気づきが大切であり、なによりも「学び続けるという姿勢」が大切になってくるように思われる。

イギリスで発祥した文化としてのスポーツには、もともとそこにイギリスの教育的価値が埋め込まれ、その価値は多少変容されながらも、グローバルに世界中の国や地域に「人類共通の文化」としての地位を築いてきた。わが国においては明治時代以降に学校教育のなかでスポーツが伝播し振興されてきた歴史があり、一部の種目等を除き生徒のスポーツ活動が学校教育内システムのなかで展開されてきた。このシステムは長く有効に機能してきたが、少子化や生徒や親のニーズの多様化、教員の多忙化などによって、運動部活動が地域移行という新たなフェーズに向い始めている。しかし、ここでみてきたように、地域スポーツクラブ活動はこれまでの学校運動部とは形態を大きく変えても、スポーツ活動全般の指導に求められる教育的資質は大きく変わることがなく、新たなフェーズにおける健全な地域スポーツ活動のあり方の実現に向けて、スポーツ指導者の役割はいっそう重要になっていくものと考えられる。

5. これからの地域スポーツクラブ活動に求められる指導者とは

　スポーツを指導することは、プレーヤーにスポーツにおける「学びとはなにか」をサポートすることであり、これはとりもなおさずプレーヤーの自主性・自発性を育むことにもつながっていくものである。

　このような観点から、JSPOは2018年から公認スポーツ指導者養成をモデル・コア・カリキュラムに則って、種目共通の科目のプログラムを刷新し、これに呼応する形で種目ごとの専門科目についても、各競技団体等によりよいものへと改変を促してきた。スポーツ指導とは単に、当該の種目の技術や戦術を教え込むだけではなく、トータルなスポーツ文化をプレーヤーが学んでいくためにサポートをすることである。当然、そこにはスポーツを通した人間形成に資する教育的価値を基礎として含んでいることはいうまでもない。

　JSPOでは「プレーヤーズセンタード〈注1〉」という指導理念を掲げ、図3のようにプレーヤーを囲む形で、指導者、保護者、トレーナー・ドクター等のアントラージュ〈注2〉がプレーヤーのウェルビーイング（幸福や健康）の実現のためにサポートしている構図となっている。このウェルビーイングを実現するためには、多様なプレーヤーの価値の実現とスポーツ文化の内面化が必要であり、それぞれのアントラージュが担っていくべき役割がある。この構図において指導者はスポーツ活動において直接プレーヤーと向かい合い、多大な影響を与え

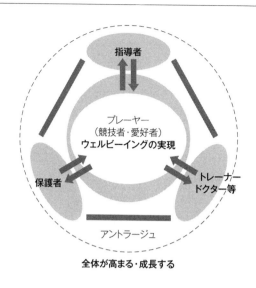

内の文字:

指導者

プレーヤー
（競技者・愛好者）
ウェルビーイングの実現

保護者

トレーナー
ドクター等

アントラージュ

全体が高まる・成長する

図3 プレーヤーズセンタード全体像（JSPOのホームページ掲載資料をもとに一部改変）

ていく存在として役割を担っている。ここでのプレーヤーを地域スポーツクラブ活動に参加する生徒、指導者を地域スポーツクラブの指導者、アントラージュを地域スポーツクラブ活動に関わる多様な人々（トレーナーや実施主体を支える人々）とおき換えれば、伝統的なスポーツや新しい種目や運動によって生徒の成長を可能とする地域スポーツクラブのこれからの姿がみえてくるように思われる。

　現在まで部活動の指導は人材として教員（顧問）、外部指導者、部活動指導員が担ってきた。2023年からわが国の政策として学校における部活動を休日について段階的に地域に移行することが決定され、さらに、今後の地域スポーツクラブ活動のあり方や、また学校と地域の役割やその関係性については提言や「学校部活動及び新たな地域クラブ活動の在り方等に関する総合的なガイドライン」によって示されている。また、全国で地域移行のモデル事業が2021年から展開され、地域や学校のおかれている状況の違いから多様なモデルが提示されてきている。そのなかでは、学校部活動のもつ教育的価値という部分が強調され、幾分地域スポーツクラブ活動をサポートする指導者像がみえにくくなっているようにも感じられる。今後、部活動の地域移行の展開がより進んで

表3 JSPOが求めるグッドコーチ像

グッドコーチ像
スポーツを愛し、その意義と価値を自覚し、尊重し、表現できる人
グッドプレーヤーを育成することを通して、豊かなスポーツ文化の創造やスポーツの社会的価値を高めることができる人
プレーヤーの自立やパフォーマンスの向上を支援するために、常に自身を振り返りながら学び続けることができる人
いかなる状況においても、前向きかつ直向きに取り組みながら、プレーヤーと共に成長することができる人
プレーヤーの生涯を通じた人間的成長を長期的視点で支援することができる人
いかなる暴力やハラスメントも行使・容認せず、プレーヤーの権利や尊厳、人格を尊重し、公平に接することができる人
プレーヤーが、社会の一員であることを自覚し、模範となる態度・行動をとれるよう導くことができる人
プレーヤーやプレーヤーを支援する関係者（アントラージュ）が、お互いに感謝・信頼し合い、かつ協力・協働・協調できる環境を作ることができる人

（公益財団法人日本体育協会, 2016）

いくにしたがって、指導者像に関する議論もさらに必要になってくるだろう。

　最後に、地域スポーツクラブ活動に求められる指導者とはどのような指導者なのかをまとめてみたい。今まで指導者に求められる資格、部活動指導員という制度、教員の関与のあり方、地域スポーツクラブ活動の教育的資質を検討してきた。表3に示すJSPOがめざす公認スポーツ指導者のグッドコーチ像が多くの点で求められる指導者に合致していることが確認できよう。常に学び続け成長できる指導者であり、多様なスポーツ文化やその価値を受容し創造できる指導者である。グッドコーチ像の根底にはスポーツにおける「フェアプレーの精神〈注3〉」が存在し、プレーヤーズセンタードの理念のもとプレーヤーとアントラージュがそれぞれをリスペクトしあい、スポーツをより社会的に必要な存在として築き上げていく構図がある。したがって、地域スポーツクラブに求められる指導者とは、教育的価値を踏まえ、プレーヤーズセンタード的理念（なによりも生徒中心の理念）を共有できる指導者であり、そのために多様な社会の変化を察知するアンテナをもち、多様な生徒の価値を理解し、生徒を取り巻く多くの人々と連携し、そのなかで自分の限界を認知しながら、さらに「学び」続けられる指導者であるということができよう。

〈注〉

1）プレーヤーズセンタードとは、プレーヤーを中心にしながら、プレーヤーを取り巻くアントラージュ自身のよりよいWell-being（良好・幸福な状態）をめざしながらプレーヤーを支えていこうという考え方である。

2）アントラージュとは、フランス語で取り巻き、環境という意味で、ここではスポーツ環境を整え、プレーヤーが目標とするパフォーマンスを最大限に発揮できるように連携協力する関係者を意味する。指導者・保護者・アスレティクトレーナー・スポーツドクター・審判員・メディアなどのプレーヤーと関わる全ての人をさす。

3）フェアプレーの精神とは、ルール、審判や相手をリスペクトしたうえで、ルールに則って公平な条件で正々堂々と戦うという考え方や態度のことである。

〈引用・参考文献〉

青柳健隆・岡部祐介編『部活動の論点』句報社，2019．

廣瀬一郎『新しいスポーツマンシップの教科書』学研教育出版，2014．

伊藤雅充「新しい時代の新しい指導者へ」『Sports Japan』30巻，日本スポーツ協会，2017．

公益財団法人日本スポーツ協会『学校運動部活動指導者の実態に関する調査』2021．

公益財団法人日本スポーツ協会のホームページ：https://www.japan-sports.or.jp/coach/tabid58.html（閲覧日2022年12月1日）

宮古紀宏「学校における働き方改革と部活動指導員の展望」『教育制度学研究』24号，東信堂，2017．

笹川スポーツ財団『子どもの運動・スポーツ指導者の意識等に関する調査』，2012．

スポーツ庁「学校教育法施行規則の一部を改正する省令の施行について（通知）」，2017．

内田 良『部活動の社会学』岩波書店，2021．

1-4

地域スポーツクラブ〈運動部〉活動における
ダイバーシティの推進

藤田紀昭

1. 地域スポーツクラブ〈運動部〉活動に求められる
ダイバーシティ

(1)「多様性と調和」

東京2020オリンピック・パラリンピック大会のビジョンは「スポーツには世界と未来を変える力がある」であり、その基本コンセプトとして「全員が自己ベスト」、「多様性と調和」、「未来への継承」を掲げた。このうち、「多様性と調和」はわが国がめざす社会のあり方を示すものとして重要視された。その内容は人種、肌の色、性別、性的指向や性自認、障害の有無などの理由による差別がなく、互いを認め合い、全ての人が自分らしく生きられる共生社会をめざすことである。人々の対立や分断をあおったり、自国第一主義を旨としたり、さまざまな理由から特定の人々を排除しようとする考え方とは真逆のものである。

多様性と調和とは、つきつめていうならば「だれでもがそこに存在でき、その理由や意味を問われない」社会である。肌の色を理由に疎まれたり、性別を理由に待遇に差をつけられたり、障害年金や老齢年金、生活保護で暮らし、人の手を借りなければ生活できないという理由で存在を否定されたりしない社会である。

なにかを理由に存在する意味を問われたり、軽んじられたり、排除されたりする社会では、いつ、なんどき、理由を問う側が問われる側になるとも限らない社会である。たとえば、だれしも人は年を重ね、いずれ高齢者となるし、事故にあえば障害をもつ可能性がある。AI技術が高度に発展すれば私たちの多くは必要とされなくなるかもしれない。その極端な例がホロコーストであり、相模原市障害者施設殺傷事件〈注1〉である。

それゆえ、私たちは常に多様な人々を包含していく方向にベクトルを向けていなくてはならない。しかし、そこには議論とせめぎあいが生じる。

　高齢者や障害者に配分できる税金は限られているし、多くの難民を無条件に入国させることも難しい。

　スポーツの世界であれば、トランスジェンダーで女性となった人を女性競技者として受け入れることの理由が問われ、議論がある。全ての人が納得する結論を得るには至っていない。

　それでもオリンピック憲章では「全ての個人はいかなる種類の差別も受けることなく、オリンピック精神に基づき、スポーツをする機会を与えられなければならない」とし、この権利と自由は「人種、肌の色、性別、性的指向、言語、宗教、政治的またはその他の意見、国あるいは社会的な出身、財産、出自やその他の身分などの理由による、いかなる種類の差別も受けることなく、確実に享受されなければならない」としている。それゆえ、女性になったローレル・ハバード選手（ニュージーランド）はさまざまな意見があるなかでも女子重量挙げ選手として東京オリンピックに出場できた。また、世界水泳連盟は性の転換期が「タナー段階2（身体的発育が始まる時期）以降の男性の思春期をまったく経験していないか、12歳前の、どちらかであれば」、女子のカテゴリーへの出場資格があるとし、そうでない人もオープンカテゴリーに出場することができるという工夫を示した。切り捨てる方向ではなく、包摂する方向にベクトルを向けている証といえる。国際水連のこの判断自体にも賛否両論がある。重要なのは包摂の方向を向き、議論を重ねることである。その過程を通して、トランスジェンダーの選手の大会参加が当たり前のこととなり、やがて理由を問われることはなくなるであろう。

　さて、スポーツはプレーの構成要素である競争を核としている。近代社会は平等な競争を肯定し、勝利することに価値をおく社会であり、類似した特徴をもつ近代スポーツはそのなかで発展してきた。ゆえにスポーツにおける勝者に価値をおくことで、人々を選別してしまう可能性ももっている。これに歯止めをかけることができるのが、最後まで力を出し切って競技した相手を勝者と敗者といった立場を越えて互いに称え合うスポーツマン（スポーツパーソン）シップである。東京オリンピック、スケートボード女子の岡本碧優選手がメダルを狙って果敢に攻めたが最後に転倒し、メダルを逃した。直後にほかの選手は岡本選手のまわりに集まり、彼女を担ぎ称えた。困難に挑戦し、力を出し切り、

互いにリスペクトし合うことが競争の前提となることで厳しく激しい競争が戦争や喧嘩とは違う人間的であり文化的なものとなるのである。

(2) 近代スポーツを越えて

　多様な人のスポーツへの参加を支援し、包摂していくことに加え、スポーツが人々を選別し、分断するための手段とならないようにすることが重要である。

　地域スポーツクラブ活動にはさまざまな人たちが集うことが想定される。運動部活動の地域移行に関する検討会議が出した提言には「地域におけるスポーツ環境において、生徒のスポーツの機会を確保する際、中学校等の生徒には、体力や技量が高い競技志向の生徒もいる一方で、スポーツを楽しむことを重視するレクリエーション志向の生徒や運動が苦手な生徒、障害のある生徒もおり、生徒の志向や状況に応じた対応が求められる」とされている。通う学校の違いや性別、年齢、運動能力、生まれた国やバックグラウンドとなる文化、話す言葉、そして障害のあるなしなどに応じた対応がなされるべきである。多様な子供たちが、理由を問われることなくそこに存在できることが重要である。

　指導者は子供たちの違いを受け入れ、それぞれの子供たちのニーズに応えなければならない。それが私たちの社会がめざしている共生社会であり、多様性と調和のある社会だからである。そこにはやはりせめぎあいがある。運動技能や目的の違いによる葛藤は容易に想像できるが、これを乗り越えるための知恵と工夫が地域スポーツクラブには求められている。

2. インクルーシブな視点に立った運動・スポーツ指導

(1) インクルーシブスポーツ

　地域スポーツクラブ活動には多様な子供たちが集まることが想定される。そのなかには身体に障害のある子供や知的な障害がある子供、発達障害のある子供も含まれる。体育の授業に関するスポーツ庁の調べでは、障害をもった時期や所属していたクラスや学校によって異なるが、半分程度しか体育の授業に参加できなかった、ほとんど参加できなかったあるいはまったく参加できなかったとした人は20数％から65％いた（スポーツ庁，2022）。

　インクルーシブ教育とは、障害の有無に関わらず同じように教育の機会が与えられ、個々に合わせた「合理的配慮」を受けられる教育であり、障害のある

者と障害のない者がともに学ぶ仕組みである。この点に関してわが国は不十分であるとして2022年8月に国連から是正の勧告を受けている。体育やスポーツ活動に関していえば、障害を理由に見学や得点つけをやらせておけばよいというものではない。個々の身体状況や知的な状況に応じて運動やスポーツに参加できなければならない。第3期スポーツ基本計画のなかでも体育の授業における障害児の見学をゼロにすることが目標として掲げられている。

こうした状況は多様な子供たちの受け入れが想定されている地域スポーツクラブ活動においても配慮されるべきである。具体的にどのようなことに配慮すべきなのか。インクルーシブ体育についての知見をもとに考えてみる。ただし、これらの知見は障害のある児童生徒がいれば必ず配慮しなければならないというものではない。障害のある子供たちが可能性を伸ばせるよう、組織や参加者の特性や状況に応じて柔軟な対応が求められる。

(2) アダプテッドスポーツの考え方

身体に障害のある子供の場合、障害が原因でほかの人と同じようには運動やスポーツに参加できないことがある。その場合、ルールや用具、技術、指導方法などにさまざまな工夫をすることで参加できるようになる。スポーツにおいては一般的に身体をスポーツに合わせることでその競技にあった身体を作っていく。100メートルを速く走るためにはそれに適した身体をトレーニングによって作っていく。もちろん障害のある人の場合も競技スポーツにおいてはそうであるが、学校や地域でこれからスポーツを始めようとする障害のある人、日常的な楽しみとして運動やスポーツを行う場合は逆の発想が必要である。つまり、スポーツや指導方法をその人の身体や知的発達段階に合わせていくという考え方が必要になる。これがアダプテッドスポーツの考え方であり、障害のある子供が一緒にスポーツを行うインクルーシブスポーツの手段となる。

たとえば、脳性麻痺という障害で素早い動きが苦手な子供が卓球に参加する場合、コートを半分の大きさにしたり、ツーバウンドのボールまで打ち返したりしてよいことにしたり、サーブのトスを選手の代わりにあげる人をつけたりすると一緒にゲームに参加できる可能性が広がる。ラケットをしっかりと握れないときはストラップを準備して手に固定してあげるのもいいかもしれない。障害の状態によるが、打ち方も体軸を中心としたスイングよりは肩や、ひじ、あるいは手首を基点にしたスイングの方が適しているかもしれない。このとき

| インクルーシブスポーツ | 障害のある人とない人がともに参加できるスポーツ |
| アダプテッドスポーツ | 障害のある人に合わせてルールや用具や方法を修正し、スポーツに参加できるようにする。インクルーシブスポーツ実現のための一つの方法になり得る。 |

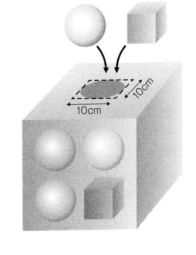

一辺の長さが10cmの立方体と直径が10cmのボールがある。直径10cmの円形の穴をあけた箱に、ボールと立方体を入れようとするとボールは入るが、立方体は角がつっかえて入らない。そこで箱に空いている穴を1辺が10cmの正方形にした結果、立方体も入り、ボールと立方体は箱の中で混ざり合うことができる。

ボール＝障害のない人
立方体＝障害のある人
箱＝スポーツ
箱に空いた穴＝ルール、用具、方法
穴の形を変えること＝アダプテッド
箱のなかでボールと立方体が混ざっている状態＝インクルーシブスポーツ
箱の穴を大きくし過ぎないこと＝最小限の修正の原則

図 アダプテッドスポーツの考え方を使ったインクルーシブスポーツのイメージ

ルールなどをあまりに変え過ぎてその競技の面白さを損なってしまわないよう、修正は最小限にとどめること（最小限の修正の原則）に注意しなくてはならない。

　発達障害のある子供は、刻一刻とゲームの状況が変わるサッカーやバスケットボールなどのチームスポーツにおいて、臨機応変な対応をすることが難しいといわれている。バスケットボールでパスを受けた後に適切な人にパスを出したり、状況を見てドリブルをしたりの判断が苦手なのである。そのような場合、たとえば、その子供がボールをもったら、同じ人が必ずその子供からパスを受けるように決めておいたり、指示をより具体的に出してあげたりすることでゲームに参加しやすくなる。このように障害や身体状況に合わせて、ルールや用具、技術をその人に合わせたものにすることがアダプテッドスポーツの方法

である。

　指導方法についても同様に指導を受ける人に合わせて工夫をすることが必要な場合がある。発達障害のある子供の場合、その日の練習メニューをあらかじめ説明し、練習終了までの見通しがもてるようにしてあげたり、できるだけ具体的な言葉で指示を出してあげたり、タブレットなどを用い、動画を見せるなどして目で見てわかりやすい示範をする必要がある。このような工夫は、聴覚障害のある子供がいる場合も同様である。また、「なんでできないんだ」とか、「それじゃだめだ」といった否定的な言葉ではなく、「こうしてみようか」とか、「どうしたらうまくいくか考えてみよう」といった肯定的な言葉かけを行ったり、少しのことでもほめてあげたりすることで自信を失いがちな子供たちに自己肯定感を生むことができる。

　ここに示した事例は障害のある子供に対する指導の工夫であると同時に、後述する外国にルーツをもつ子供にも適用できるし、実は障害のない子供たちにとってもよりわかりやすい指導となる。

　障害者スポーツのおもにチームスポーツで用いられている参加方式に「持ち点制」がある。これは障害の重さや身体機能によって参加する選手一人ひとりに持ち点が与えられるもので、障害の軽い人ほど持ち点が高くなる。そのうえで、コート内でプレーする人の持ち点の合計に上限を設けている。たとえば車いすバスケットボールではもっとも障害の重い人は持ち点が1点、もっとも軽い人が4.5点で、コートでプレーする5人の持ち点の合計を14点以下としなくてはならない。これは対戦するチームの公平性を担保すると同時に、障害の重い人の参加を保障する制度となっている。

　地域スポーツクラブのチームスポーツにおいてもこの持ち点制を採用することでさまざまな人の参加を保障することができる。たとえば男子の基本的な持ち点を3点、女子は2点とする。次に、その競技の経験者は基本的持ち点に1点を加える。さらに身長などによって持ち点を高くしたり、低くしたりする。運動の苦手な子の持ち点は基本的な持ち点を減じるなど調整の後にコート上にいる人の持ち点の合計に上限を設ける。こうすることにより、チーム間の公平性を担保し、性別や運動のうまいへたに関係なくゲームへの参加を保障できる。またチーム内で持ち点の高い人が低い人に教えたり、応援したりという場面を作りやすくなる。多様な子供が参加することが想定される地域スポーツクラブにおいて利用できる参加形式の一つと考えられる。

(3) インクルーシブスポーツへのステップ

　アダプテッドスポーツの考え方を踏まえたインクルーシブスポーツの実践がなんの問題もなくスムーズに実施されることはほとんどない。あるときは子供たちの間で、またあるときは指導者と子供たちの間や指導者同士の間で葛藤やせめぎあいが生じるのが普通である。

　障害のある子供が組織に入ってきたとき、経験がなければ指導者も子供たちも不安や戸惑いを感じるのは当然である。そして、実際に一緒に運動やスポーツを行うことで、うまくいかないことや、この子がいなければうまくいくのにといった不満や摩擦も生じる。しかし、このとき大切なことはそうした子供たちを排除する方向に向かうのではなく、つまり、うまくいかないから無理だと判断するのではなく、子供同士の話し合いや指導者と子供との話し合い、指導者同士の話し合いを通じて新しい工夫を前向きな気持ちで考えることである。トライアンドエラーを重ねるうちに必ずよい方法がみつかるものである。それをさらに実践のなかで改善していくことで自分たちの当たり前のやり方、ルールとなる。まさに多様な子供が調和した状態といえる。

3. ジェンダー平等への配慮

　ジェンダーとは、「男性・女性であることに基づき定められた社会的属性や機会、女性と男性、女児と男児の間における関係性、さらに女性間、男性間における相互関係を意味」している（国連女性機関日本事務所, 2018）。女性・または男性として期待され、許容され、評価されることを決定し、多くの社会では、課せられる責任や負うべき活動、資金・資源へのアクセスと支配、意思決定の機会において、女性と男性の間に違いや不平等が存在している。生物学的な性をもとに社会的、文化的に求められるあるべき姿であり役割で、そこにはさまざまな不平等（ジェンダーバイアス）がみられる。

　スポーツの世界であれば、参加できるプロスポーツ数や収入の違い、スポーツ実施率、女性スポーツ指導者や女性体育教員の少なさ、スポーツ競技団体やスポーツクラブにおける女性役員の少なさ、各種メディアでの取り扱われ方の違いや運動部活動における女子マネージャーの存在など数多くのジェンダーバイアスがある。近年、オリンピックに参加する選手数やスポーツ関連の審議会や組織委員会等の理事の男女比は改善されつつあるが、プロ選手の数や収入な

ど改善が進まないものも多い。

このようなジェンダーバイアスはそれぞれが関連しあっている。たとえば、女性指導者の少なさは、スポーツ選手としてのロールモデルの少なさにつながり、女性のスポーツ実施率の低さに影響し、さらにこのことが女性指導者の少なさを再生産しているかもしれない。競技団体やスポーツクラブの女性役員が少ないことは、女性の視点や考えが競技団体やクラブのマネジメントや大会運営等に反映されていないことにつながり、女性のスポーツへのアクセスのしにくさが解消されえず、そのことが女性のスポーツ実施率の低さに影響しているかもしれない。したがってなにか一つの課題を解消しても全てのジェンダーバイアスが解消されるというものではない。しかし、どこからか手をつけない限り改善は難しい。審議会や組織委員会などテンポラリーな組織は改善しやすい。今後それをどう広げていくかが課題である。地域スポーツクラブ活動においてもクラブのマネジメントや指導方法に関して女性を含むさまざまな人の意見を反映することが可能な体制を作っておくことが望まれる。

加えて、セクシャルハラスメントはもちろん、ジェンダーハラスメントにも注意を払う必要がある。クラブの世話係は女性（いわゆる女子マネージャー）である必要はないし、特定の業務、たとえば、練習時の飲水の準備や合宿時の食事の配膳を女性にばかりやらせることがあってはいけない。また、「男なんだから……」とか「女らしく……」といった発言にも気をつけたい。

このようにさまざまなジェンダーバイアスを解消していくことは女性にとって活動しやすい組織であるばかりでなく、だれにとっても活動しやすい組織となる。

4. 外国にルーツをもつ子供への配慮

外国にルーツをもつ子供は年々増え、ルーツとなる国も多様で、文化的背景も多様である。そのような子供たちが抱える問題は一人一人違うが、日本語能力の不足にともなうコミュニケーションの困難さ、学習面の遅れ、習慣や行動様式の違いからくる周囲の反発やいじめ、社会とのつながりの少なさ、親の就労問題からくる経済的課題などさまざまなものが考えられる。

地域スポーツクラブ活動においてもこうした背景をもつ子供たちがいることが考えられる。そうした子供たちを受け入れる側は指導者もほかの子供たちも、

違いを理由に排除するのではなく、「国籍や民族などの異なる人々が、互いの文化的ちがいを認め合い、対等な関係を築こうとしながら、地域社会の構成員として共に生きていく」（総務省：多文化共生の推進に関する研究会報告書）多文化共生の心構えをもつことが必要である。一人ひとりの違いに目を向け違うことに価値をおき、認め合うことでそうした子供たちが安心してスポーツを楽しめ、言葉が不十分でも運動やスポーツを通してほかの子供たちとふれあい、楽しめる居場所となることができる。

　日本語が十分理解できていないことを考えれば、指導場面では、短いフレーズで簡単な言葉を使って説明したり、絵や写真、動画を利用したりして指導することも必要である。うまくいったときには少しのことでもほめてあげることで自信をもち、自己肯定感を高めることができるのは障害のある子供たちへの対応方法やその効果と同じである。

　外国にルーツをもつ子供たちの支援のあり方やノウハウを身につけたり、個々の子供たちに関する情報を得たりするためにも、学校や地域にあるさまざまな支援組織、行政と連携しておくことも重要である。そうすることで地域スポーツクラブは外国にルーツをもつ子供たちにとって居心地のよい場所となる。このように考えれば、ルールが世界共通であるスポーツは多様な子供たちを受け入れられる貴重な結節点として機能し、地域の課題解決の契機となる可能性をもっている。

5. スポーツ指導者とダイバーシティ

　学校教員の働き方改革や少子化に対するスポーツ活動継続のための対処療法として地域スポーツ活動をとらえるべきではない。地区の大会やそれに続く大会で勝つことに動機づけとした部活動から、さまざまな目的をもった子供たちが集う新しいスポーツクラブ、スポーツ活動のあり方を模索する場が「部活動の地域移行期」の地域スポーツクラブではないだろうか。そうとらえることでこれまでスポーツには縁がないと思っていた子供や、スポーツは苦手だと思っていた子供たちにもスポーツの楽しさを提供できる可能性があるし、これまで述べてきたように、障害のある子供や外国にルーツをもつ子供をはじめ多様な子供にもスポーツの楽しさを提供できる可能性があるし、地域の課題解決の契機となる可能性もある。もちろんこれまでのようにトップをめざす地域スポー

ツクラブもあっていい。子供たちがさまざまな形でスポーツを楽しみ、可能性を伸ばせる場としての選択肢が増えることが重要である。

　地域スポーツクラブの新しい可能性を追求するためには、指導する側に多様な子供を受け入れる度量と知識と経験と技術が必要である。なにかを理由に子供たちを排除するのではなく、受け入れる方向にベクトルを向けておく必要がある。そこには必ずせめぎ合いと議論が生じるが、そのことを厭わないことが共生社会を実現していくプロセスとなる。

〈注〉
1）ホロコーストは第2次世界大戦中にナチス・ドイツがユダヤ人などに対して人種を理由に大量虐殺を行ったことである。相模原市障害者施設殺傷事件は2016年7月26日に相模原市の障害者施設において重度障害があることを理由に19人が殺害され、26人が傷つけられた事件である。人種や重度障害といった一方的で、基本的人権を無視した理由で存在が問われ、否定された点が共通している。

〈引用・参考文献〉
新井英靖『障害児者へのサポートガイド』中央法規出版，2007.
エレン・J・スタウロスキー編，宮下充正日本語版監修，井上則子・山田ゆかり監訳『女性・スポーツ大事典　子どもから大人まで課題解決に役立つ』西村書店，2019.
藤田紀昭・齊藤まゆみ編『これからのインクルーシブ体育・スポーツ　障害のある子どもたちも一緒に楽しむための指導』ぎょうせい，2017.
飯田貴子・熊安貴美江・來田享子編『よくわかるスポーツとジェンダー』ミネルヴァ書房，2018.
国連女性機関日本事務所「ジェンダーとは？」，2018. https://japan.unwomen.org/ja/news-and-events/news/2018/9/definition-gender（閲覧日2022年10月12日）
草野勝彦・西洋子・長曽我部博・岩岡研典『インクルーシブ体育の創造　「共に生きる」授業構成の考え方と実践』市村出版，2007.
森雄二郎「外国にルーツを持つ子どもの教育支援に関する一考察」『同志社政策科学研究』20巻1号，pp.89-100，同志社大学大学院総合政策科学研究科総合政策学会，2018.
長櫓涼子「外国にルーツを持つ子どもの特別の教育的ニーズと支援　多文化共生を尊重した多様な支援の在り方の検討」『児童文化研究所所報』40号，pp.43-52，上田女子短期大学児童文化研究所，2018.
日本スポーツとジェンダー学会編『データで見るスポーツとジェンダー』八千代出版，2016.
(NPO) 日本障害者スポーツ指導者協議会『障害のある人々へのスポーツ支援』，2008.
齊藤まゆみ編『教養としてのアダプテッド体育・スポーツ』大修館書店，2018.
総務省「多文化共生の推進に関する研究会報告書　地域における多文化共生の推進に向けて～」，2006.
スポーツ庁『障害者スポーツ推進プロジェクト（障害児・者のスポーツライフに関する調査研究）報告書』，2022.
スポーツ庁「運動部活動の地域移行に関する検討会議提言について」，2022. https://www.mext.go.jp/sports/b_menu/shingi/001_index/toushin/1420653_00005.htm（閲覧日2022年10月12日）
高井昌吏『女子マネージャーの誕生とメディア　スポーツ文化におけるジェンダー形成』ミネルヴァ書房，2005.

安井友康・千賀愛・山本理人『障害児者の教育と余暇・スポーツ　ドイツの実践に学ぶインクルージョンと地域形成』明石書店，2012.

安井友康・千賀愛・山本理人『ドイツのインクルーシブ教育と障害児者の余暇・スポーツ　移民・難民を含む多様性に対する学校と地域の挑戦』明石書店，2019.

column

部活改革の本気度——地域移行の予算が物語る

　国は、部活の地域連携・地域移行に本腰を入れて推進しているように思えます。それは、令和5年度の国の予算を確認してみることでわかるでしょう。令和5年度に全国の地域スポーツクラブ活動の体制を整備するための事業に充てられる予算額は、補正予算を合わせて約40億円です。前年度が15億円なので、3倍弱と大きく増加しています。今までに、このような大幅な増額はありませんでした。

　令和5年度に国は、都道府県を通して、全国200の市区町村に地域連携・地域移行等に向けた実証事業を委託しており、これに10億円が費やされています。令和3年度が102の市区町村、令和4年度が130の市区町村に委託していますので、こちらも大幅な増加です。令和3年度から令和5年度まで、総数で432の市区町村で地域スポーツクラブ活動の体制を整備する事業が行われることになります。

　おもな実証事業をあげてみましょう。実証事業には、①移行後の地域スポーツクラブなどの運営団体・実施主体と、中学校や市区町村（の協議会、教育委員会、スポーツ担当部局、福祉部局など）、都道府県（の協議会、教育委員会、スポーツ担当部局、福祉部局など）との連絡調整およびマネジメントなどを担うコーディネーターの配置や支援、②運営団体・実施主体の体制整備、③指導者の質の確保、人材の発掘・マッチングなど、④スポーツ協会、競技団体との連携強化、⑤困窮世帯の支援、などがあります。

　ところで、学校運動部の地域連携・地域移行に際しては、都道府県・市区町村に協議会が設置されますが、たとえば市区町村の協議会には教育委員会やスポーツ担当部局、福祉部局からの代表者や、学校、地域、保護者の代表者が参加することになります。この市区町村の協議会と都道府県の協議会、そして地域スポーツクラブや地域の中学校をつなぐ存在が上記の①であげたコーディネーターです。このコーディネーターの配置に関わる経費や謝金も実証事業の予算に含まれています。ちなみに、地域スポーツクラブには障害のある生徒も参加しますので、福祉部局も積極的な関与が求められることになります。

　実証事業の他にも、部活動指導員の配置（10,500人）に12億円、地域における新たなスポーツ環境の構築として、中学校の施設整備・改修支援や指導者養成の講習会開催、資格制度の改革などに3億円が充てられています。大幅に増額した予算に、そして現在進行形の各種事業に、国の部活改革への本気度を強く感じざるを得ません（p.65の図1を参照）。

（友添秀則）

新しい運営団体・実施主体に
期待される役割

2-1

地域スポーツクラブ活動の
運営団体・実施主体

橋田 裕

　本節では、地域スポーツクラブ活動を担う新しい運営団体・実施主体に期待される役割や実務の課題、ステークホルダーとの関係構築等について、2022（令和4）年の「運動部活動の地域移行に関する検討会議提言」（6月6日）、「運動部活動の地域移行等に関する実践研究事例集」（11月1日。以下「事例集」という）、「学校部活動及び新たな地域クラブ活動の在り方等に関する総合的なガイドライン」（12月27日スポーツ庁・文化庁。以下「ガイドライン」という）、2023（令和5）年度政府予算などを踏まえ述べる。

1. 運動部活動の地域移行の要素の例と課題への対応

　スポーツ庁では、休日の運動部活動の段階的な地域移行に向けて、2021（令和3年）度から、全国各地域において、運営団体や指導者の確保等に関する実践研究（以下「実践研究」という）に取り組んできた。この実践研究は、2021（令和3）年度、47都道府県・12政令指定都市に委託し、102の市区町村で具体的な取組が実施された。

　こうした取組の成果をもとに作成された事例集の内容を踏まえると、運動部活動の地域移行に当たって、考えられる要素の例と課題などへの対応は下記の通りである。

　一方、下記とは異なる要素も多く確認されており、地域のおかれた状況を踏まえ、合理的な進め方を検討し、必要な要素を選択したり、追加したりするなど、柔軟に取り組んでいくことが重要である。

（1）関係者の巻き込み・合意形成
　運動部活動に代わって、地域におけるスポーツ環境を整備していくことの必

要性・方向性について、関係者に周知し理解を得ることが重要である。運動部活動の持続可能性が危ぶまれている現状を正しく理解したうえで、めざすべき地域スポーツのあり方や、その方針等を関係者と協議し、合意を得ることをめざす。そこで決定した方針に則り、学校を含めた地域が一体となって、関係者それぞれで子供たちにとって望ましいスポーツ環境の実現に必要な機能・役割を担っていくことが重要である。

　これまでの実践研究においては、関係者の巻き込み・合意形成のために、下記に示すような工夫が講じられていた。とくに、協議会・検討会の設置、説明会や意見交換など、情報共有・合意形成をするための場を設けることが重要である。また、行政として、学校の設置・管理運営を担う担当部署と地域スポーツの担当部署などが緊密に連携しながら取り組むことが必要である。

①協議会・検討会など関係者を含む検討体制の構築

　学校・地域スポーツの担当部署や運営団体が事務局となり、地域の関係団体（学校、体育・スポーツ協会、中体連など）を構成員とした協議会・検討会などの検討体制を構築し、今後の運動部活動のあり方などについての協議・合意の場としている。この検討体制に大学教授など学識経験者も含め、新たな地域のスポーツ環境のあり方などについて協議している自治体も見受けられる。

②関係者を対象とした意見交換・ヒアリングの実施

　各関係者の状況や考え、運動部活動に代わる地域のスポーツ環境の構築にあたっての課題やニーズなどについて、ヒアリングによって把握し、必要に応じて意見交換を行っている。

③関係者への丁寧な説明の実施

　学校・保護者などの関係者を対象に、新たな地域のスポーツ環境構築の必要性や今後の方向性について、説明会を複数回開催するなど、丁寧な説明を繰り返し実施し、合意形成に努めている。

④地域移行についての情報共有

　情報不足により関係者の理解が進んでいない実態を踏まえて、国の方針や、実践研究の取組・成果などの情報について、手引き・説明会・HP等を通じて積極的に発信している。

(2)運営団体・実施主体の確保・連携

　地域スポーツ活動を実施していくうえで、その基盤となる組織が運営団体・

実施主体である。学校での部活動に代わって生徒を受け入れて、スポーツの機会を提供する役割を担う。

　まずは、各地域において、こうした役割を担うことが可能な運営団体・実施主体を確保、あるいは設立し、連携していくことが必要になる。1つの運営団体・実施主体がカバーできる地域・種目などが限定的な場合は、複数の運営団体・実施主体と連携することも考えられる。

　また、地域によっては、1つの運営団体・実施主体が地域スポーツ活動のコーディネート（生徒の募集、指導者の確保、施設の調整など）を行い、ほかの運営団体・実施主体に実際の指導を依頼するような仕組みを運用しているケースもある。地域の実情にふさわしい形を各地域で模索し、構築していくことが重要である。

　実践研究においては、下記に示すような課題に直面していた。受け皿となる組織が不足している、そもそも存在していないという課題があることに加え、組織の運営力や財政面での懸念も存在し、運営団体・実施主体を持続可能な形で確保していくことについては、多くの地域で課題と認識している。

課題①受け皿となり得る組織の不足・不在

　地域内で受け皿を担える組織がみつけられていない・存在しない。

課題②受け皿となる組織の体制・運営力の不足

　受け皿の候補となり得る競技団体、体育・スポーツ協会などは、地方ではとくに少子高齢化の影響で組織の体制・運営能力が低下しており、地域の受け皿として稼働していくことが困難な場合がある。

課題③受け皿となる組織の財政面での持続可能性

　受け皿を担った組織が、会費等のみの収入となっており、地域スポーツ活動を提供していくため、十分な資金を得ることができるかが不透明である。

課題④対応可能な競技種目が限定的

　収支が安定しない限り持続可能な活動として見込めない。既存の運動部活動の競技種目は多岐におよび、地域内に全ての種目に対して指導を提供できる組織が存在しない。

　これらの課題に対しては、地域によってニーズや事情がさまざまであることを踏まえると、1つの正解は存在せず、地域に適したモデルを模索していくことが重要である。そういったなかでも、実践研究において共通してみられた工夫としては、新規の組織設立や複数組織の割り当てなど次の通りであった。

工夫①組織の探索・調査

　地域内において、地域スポーツ活動を担い得る組織を能動的に探索している。スポーツ関係団体のネットワークの活用や協議会・検討会での協議、アンケート調査や公募などの手法がとられている。

工夫②新規の組織設立

　地域に受け皿となり得る組織が存在しない場合は、新規に組織を設立する事例もみられた。組織形態は、協議会・検討会での協議などを踏まえながら、その地域の状況に合わせたものがとられている。

工夫③複数の組織を運営団体として割り当て

　地域スポーツ活動として提供できる種目の幅をもたせるために複数の運営団体を割り当てるケース、あるいは、競技力が特別に高い組織と、レクリエーション志向が強い組織に分けて割り当てするケース等がみられた。

工夫④行政・民間企業などからの財政的支援

　当面は、受け皿を担いながら十分に収入を得て持続的に運営できる体制を構築できる組織は少ない。持続可能なモデルが形成されるまで、国・地方公共団体に加え、民間企業などからの財政的支援も必要と考えられる。

(3)指導者の確保

　地域スポーツ活動の指導のため、質・量ともに十分な人材を確保するため、多様な組織と連携して人材を掘り起こす必要がある。掘り起こされた人材は、人材バンク等で管理し、ニーズに応じてマッチング等を行うことが考えられる。実践研究においては、指導者の確保で下記に示すような課題に直面していた。

課題①指導者の不足

　指導できる指導者が地域に少なく、新規指導者の発掘が困難である。また、現状は指導者が足りていても、後進の指導者がみつからず、将来的に指導者が不足することも考えられる。

課題②競技専門性、教育的配慮のある指導者の不足

　指導者は、競技経験や専門的知識を有し、人間形成に関わる教育的配慮や安全管理意識を有する人材が望ましいが、双方を有する指導者が不足している。また、当該指導者の選定基準の設定が困難である。

課題③兼職兼業

　地域移行するうえで兼職兼業による指導者の確保は有用であるが、兼職兼業

の許可の範囲などの考え方が整理されていないため、活用が進んでいない。兼職兼業による指導を実施している教師が過度な心身の負担とならないように調整する必要があるが、どの程度負担に感じているか正確に把握することが難しい。ほかの教師からの同調圧力や兼職兼業の有無により、学校、保護者などからの評価が変わるようなことがある場合には、やむをえず兼職兼業の許可を得たうえで指導を引き受けてしまうことも考えられる。

　これらの課題のうち、指導者の数の不足という課題に対しては、幅広いステークホルダーを巻き込み、多様な方法からその地域で指導が可能な指導者の掘り起こしをしていくことが重要である。その1つとして、教師が地域においても指導を継続できるよう、兼職兼業の運用に関する考え方を整理することも効果的であると考えられる。

　また、指導者の質の不足という課題に対しては、研修の充実や指導者資格の取得の支援などが対策・工夫として考えられる。

対策①幅広いステークホルダーの巻き込み

　指導者確保のためには、幅広い主体と連携することが有用である。たとえば、スポーツ団体等だけでなく、小学校・高等学校の教師、高校生、大学生、保護者、教師OB、民間企業などがあげられる。また、地域内に閉じず広域から指導者を募ることで指導者の確保を実現することができる。

対策②指導者研修会の実施

　教育的配慮など子供への適切な指導に必要な資質・能力を学ぶ研修を実施することで質の高い指導者の育成を実現することができる。

対策③人材バンクの設置

　幅広いステークホルダーに人材バンクへの登録を促すことで、効率的に現場の要望とマッチングした指導者を活用することができる。

対策④指導者資格取得の負担軽減

　指導者が希望する指導者資格の取得に対して、負担軽減に配慮した工夫をすることで、質の高い指導者の確保を実現することができる。

対策⑤複数指導体制

　複数の指導者による指導体制を組むことで、急な用務等により、やむを得ず指導できない場合などにおいても、代わりの指導者が対応することが可能である。

(4)地域でのスポーツ機会の提供

地域におけるスポーツ活動の機会の提供も重要な要素であり、地域で生徒にスポーツを実施する機会を提供するための、現場における調整事項には次のものがある。

主要なものとしては、施設の管理・調整、種目の検討、参加費用の徴収、保険の加入などが該当する。これも、地域それぞれの状況に合わせた検討が求められるが、単に部活動におき換わるものとするのではなく、地域だからこそ提供できる付加価値（質の高い指導、種目の多様化、レクリエーション志向の活動内容、アスリート等の活用など）を積極的に検討することが望ましいと考えられる。

2. 地域に求められるスポーツ活動の受け皿

公立中学校において、学校と地域との連携・協働により、生徒のスポーツ活動の場として、新たに地域スポーツクラブ活動を整備する必要がある。

地域スポーツクラブ活動は、学校の教育課程外の活動として、社会教育法上の「社会教育」（主として青少年及び成人に対して行われる組織的な教育活動〈体育及びレクリエーションの活動を含む。〉）の一環としてとらえることができ、また、スポーツ基本法上の「スポーツ」として位置づけられるものでもある。したがって、地域スポーツクラブ活動は、学校と連携し、学校部活動の教育的意義を継承・発展しつつ、スポーツの振興の観点からも充実を図ることが重要である。

これを踏まえ、ガイドラインでは、学校部活動で担ってきた生徒のスポーツの機会を地域スポーツから支えに行くという視点も有しつつ、新たな地域スポーツクラブ活動のあり方や運営体制、活動内容等について示している。各都道府県および市区町村等においては、地域の実情に応じ、関係者の共通理解の下、できるところから取組を進めていくことが望ましい。

(1)新たな地域スポーツクラブ活動のあり方

都道府県および市区町村は、生徒が生涯にわたってスポーツに親しむ機会を確保し、生徒の心身の健全育成等を図るためだけでなく、地域住民にとってもよりよい地域スポーツ環境となることをめざし、地域のスポーツ、学校等の関係者の理解と協力の下、生徒の活動の場として、地域スポーツクラブ活動を行う環境を速やかに整備する必要がある。

地域スポーツクラブ活動を行う環境の整備は、各地域スポーツクラブ活動を統括する運営団体や、個別の地域スポーツクラブ活動を実際に行う実施主体が進めることが考えられる（運営団体および実施主体は、同一の団体となる場合も考えられる）。このような運営団体・実施主体等の整備、生徒のニーズに応じた複数の運動種目に取り組めるプログラムの提供、質の高い指導者の確保等に取り組み、生徒のみならず地域住民を対象とした地域スポーツ全体を振興する契機とすることが求められる。

　新たな地域スポーツクラブ活動を整備するに当たり、たとえば総合型地域スポーツクラブの充実を図ることで、中学校の生徒だけではなく、ほかの世代にとっても、気軽にスポーツ活動を行える環境となり、地域全体としてより幅広いニーズに応えられるようになること、生涯を通じた運動習慣作りが促進されること、行政やスポーツ団体、学校等との緊密な連携や、指導者等の活用が充実することが期待できる。

(2)適切な運営や効率的・効果的な活動の推進

1）参加者

　従来の学校部活動に所属していた生徒はもとより、学校部活動に所属していない生徒、運動などが苦手な生徒、障害のある生徒など、希望する全ての生徒を想定する。

2）運営団体・実施主体

①地域スポーツ団体などの整備充実

　運動部活動の地域移行に当たり、地域におけるスポーツ機会を提供している組織・団体は多様であるため、地域における新たなスポーツ環境の構築に当たっては、当該地域の実情に応じた対応が求められる。そのため、各地域においては、運営団体・実施主体を特定の団体などに限定して、その整備充実を図るのではなく、多様な主体を想定しながら対応する必要がある。

　市区町村は、関係者の協力を得て、地域スポーツクラブ活動の運営団体・実施主体の整備充実を支援する。その際、運営団体・実施主体は、総合型クラブやスポーツ少年団〈注1〉、体育・スポーツ協会、競技団体、クラブチーム、プロスポーツチーム、民間事業者、フィットネスジム、大学など多様なものを想定する。また、地域学校協働本部や保護者会、同窓会、複数の学校の運動部が統合して設立する団体など、学校と関係する組織・団体も想定する。なお、市

区町村が運営団体となることも想定される。

　都道府県および市区町村並びにJSPOをはじめとしたスポーツ団体などは、『スポーツ団体ガバナンスコード＜一般スポーツ団体向け＞』を運営団体・実施主体等に対して広く周知・徹底する。また、運営団体・実施主体は、『スポーツ団体ガバナンスコード＜一般スポーツ団体向け＞』に準拠した運営を行うことが求められる。

②関係者間の連携体制の構築等

　都道府県および市区町村は、首長部局や教育委員会のなかの地域スポーツ・文化振興担当部署や社会教育・生涯学習担当部署、学校の設置・管理運営を担う担当部署、地域スポーツ、学校、保護者等の関係者からなる協議会などにおいて、定期的・恒常的な情報共有・連絡調整を行い、緊密に連携する体制を整備する必要がある。

　地域スポーツクラブ活動の運営団体・実施主体は、たとえば、年間の活動計画（活動日、休養日および参加予定大会の日程等）および毎月の活動計画（活動日時・場所、休養日および大会参加日等）を策定し、公表することが求められる。その際、協議会等の場も活用し、地域におけるスポーツ団体等での活動中の生徒同士のトラブルや事故等の対応を含む管理責任の主体を明確にし、共通理解を図る必要がある。

(3) 学校との連携等

　地域スポーツクラブ活動は、青少年のスポーツ活動が有する教育的意義のみならず、集団のなかで仲間と切磋琢磨することや、学校の授業とは違った場所で生徒が活躍することなど、生徒の望ましい成長を保障していく観点から、教育的意義をもち得るものである。

　学校部活動の教育的意義や役割を継承・発展させ、地域での多様な体験やさまざまな世代との豊かな交流等を通じた学びなどの新しい価値が創出されるよう、学校・家庭・地域の相互の連携・協働の下、スポーツ活動による教育的機能をいっそう高めていくことが大切である。

　地域移行が完了するまで地域スポーツクラブ活動と学校部活動との間では、運営団体・実施主体や指導者が異なるため、協議会などの場を活用し、地域スポーツクラブ活動と学校部活動との間で、活動方針や活動状況、スケジュールなどの共通理解を図るとともに、関係者が日々の生徒の活動状況に関する情報

共有等を綿密に行い、学校を含めた地域全体で生徒の望ましい成長を保障することが重要である。その際、兼職兼業により指導に携わる教師の知見も活用することが考えられる。

　都道府県および市区町村は、地域スポーツクラブ活動が適正に行われるよう、地域スポーツクラブ活動の運営団体・実施主体の取組状況を適宜把握し、必要な指導助言を行う必要がある。

　学校の設置者および校長は、地域で実施されているスポーツ活動の内容等も生徒や保護者に周知するなど、生徒が興味関心に応じて自分にふさわしい活動を選べるようにする必要がある。

（4）段階的な体制の整備

　学校部活動の地域連携や地域スポーツクラブ活動への移行に向けた環境整備に当たっては、地域の実情に応じたスポーツ活動の最適化を図り、生徒の体験格差を解消する観点から、たとえば、以下のような体制の整備を段階的に進めることが考えられる（第1章第1節の図2を参照）。

①市区町村が運営団体となり、あるいは市区町村が中心となって社団法人やNPO法人等の運営団体を設立して、スポーツ団体、大学、民間事業者、地域学校協働本部等と連携して、学校施設を活用して行われる活動に、指導者を派遣する体制。

②総合型クラブ、スポーツ少年団、クラブチーム、プロチーム、フィットネスジム、民間事業者、大学や、地域の体育・スポーツ協会、競技団体など多様な運営団体・実施主体が、社会体育・教育施設、自らの保有する施設を活用して、多様な活動に親しむ機会を確保し、中学校等の生徒が参加する体制。

※なお、直ちに前記①②のような体制を整備することが困難な場合には、当面、学校部活動の地域連携として、必要に応じて拠点校方式による合同部活動も導入しながら、学校設置者や学校が、学校運営協議会等の仕組みも活用しつつ地域の協力を得て、部活動指導員や外部指導者を適切に配置し、生徒の活動環境を確保することが考えられる。

（5）休日の学校部活動の地域連携や地域スポーツクラブ活動への
　　移行の段階的推進

　休日における学校部活動の地域連携や地域スポーツクラブ活動への移行につ

いて、国としては、2023（令和5）年度から2025（令和7）年度までの3年間を改革推進期間と位置づけて支援しつつ、各都道府県および市区町村においては、地域スポーツ環境整備のための取組を重点的に行っていくため、推進計画の策定等により、休日の学校部活動の段階的な地域連携・地域移行を進める必要がある。その際、たとえば中山間地域や離島をはじめ、市区町村等によっては合意形成や条件整備等のため時間を要する場合も考えられることから、地域の実情等に応じて可能な限り早期の実現をめざすこととし、国および都道府県は適切に指導助言を行う必要がある。

国、都道府県および市区町村は、改革推進期間終了後において、学校部活動の地域連携や地域スポーツクラブ活動への移行に向けた環境整備に関する進捗状況等を評価・分析し、継続して地域のスポーツ環境の充実に取り組むことが求められる。

都道府県および市区町村は、上記を踏まえ、たとえば推進計画の策定等により、地域のスポーツ団体、学校、保護者等の関係者に対し、取組の背景や地域におけるスポーツ環境の方針、具体的な取組の内容、生徒自身や地域社会に対し見込まれる効果、スケジュール等についてわかりやすく周知し、理解と協力を得られるよう取り組む必要がある。

各都道府県においてそうした方針等を示した場合は、それぞれの都道府県内の各市区町村においても、それを参考として地域の実態に応じた方針等を示すことが考えられる。また、都道府県においては、休日の部活動の段階的な地域移行等に関する実践・実証事業〈注2〉等の成果の普及を図るとともに、市区町村における取組の進捗状況を把握し、市区町村等に対して必要な指導助言、支援を行うことが求められる。

3. 体育・スポーツ施設の有効活用の仕方

地域スポーツクラブ活動の運営団体・実施主体は、公共のスポーツ施設や、社会教育施設、地域団体・民間事業者等が有する施設だけではなく、地域の中学校をはじめとして、小学校や高等学校、特別支援学校や、廃校施設も活用することが考えられる。

都道府県および市区町村は、学校施設の管理運営については、指定管理者制度や業務委託等を取り入れ、地域スポーツクラブ活動を実施する団体等に委託

するなど、当該団体等の安定的・継続的な運営を促進する必要がある。

　営利を目的とした学校施設の利用を一律に認めない規則の制定や運用を行っている都道府県および市区町村においては、地域スポーツクラブ活動を行おうとする民間事業者等が、学校施設の利用が可能となるよう改善を行うことが求められる。

　都道府県および市区町村は、地域スポーツクラブ活動を行う団体等に対して学校施設、社会教育施設等について低廉な利用料を認めるなど、負担軽減や利用しやすい環境づくりを行うことが大切である。

　都道府県、市区町村および学校は、学校の負担なく学校施設の円滑な利用を進めるため、学校、行政、関係団体による協議会等を通じて、上記を踏まえた地域スポーツクラブ活動の際の利用ルール等を策定することが求められる。

　これらについて、都道府県や市区町村の実務担当者向けの「学校体育施設の有効活用に関する手引き」（2020〈令和2〉年3月スポーツ庁策定）も参考に取り組むことが望ましい。

4. これからの地域スポーツクラブ活動をめぐる財源と経営

　地域スポーツクラブ活動の体制整備のため、2022（令和4）年度第二次補正予算においても、地域移行の体制構築（協議会、説明会、研修会等）のための準備経費を約15億円計上するとともに、2023（令和5）年度予算において、部活動の地域移行等に向けた関係者との連絡調整・指導助言等の体制や運営団体・実施主体の整備、指導者の確保、参加費用負担への支援等に関する実証事業の実施や部活動指導員の増員に係る経費等を約25億円計上している（図1、2を参照）。各自治体において、こうした予算も活用しながら、取組を進めていく必要がある。

　また、地域スポーツクラブ活動の運営団体・実施主体は、生徒や保護者、地域住民等の理解を得つつ、活動の維持・運営に必要な範囲で、可能な限り低廉な会費を設定することが適当である。

　都道府県および市区町村は、地域スポーツクラブ活動に関わる施設使用料を低廉な額としたり、送迎面の配慮を行ったりするなどの支援を行うとともに、経済的に困窮する家庭の生徒の地域スポーツクラブ活動への参加費用の支援等の取組を進めることが求められる。

I. 運動部活動の地域移行等に向けた実証事業　10億円　委託・新規

　関係者との連絡調整・指導助言等の体制や運営団体・実施主体の整備、指導者の確保、参加費用負担への支援等に関する実証事業を実施し、国において事業成果の普及に努めるとともに、全国的な取組を推進する。

（1）運動部活動の地域移行に向けた実証事業（取組例）

体制整備
- ○関係団体・市区町村等との連絡調整
- ○コーディネーターの配置、地域学校協働活動推進員等との連携の在り方
- ○運営団体・実施主体の体制整備や質の確保

指導者の質の保障・量の確保
- ○人材の発掘・マッチング・配置
- ○研修、資格取得促進
- ○平日・休日の一貫指導

関係団体・分野との連携強化
- ○スポーツ協会、競技団体、大学、企業等
- ○スポーツ推進委員
- ○まちづくり・地域公共交通

面的・広域的な取組
- ○多くの運動部活動の移行
- ○市区町村等を超えた取組

内容の充実
- ○複数種目、シーズン制
- ○体験型キャンプ
- ○レクリエーション的活動

参加費用負担支援等
- ○困窮世帯の支援
- ○費用負担の在り方

学校施設の活用等
- ○効果的な活用や管理方法

等

（2）学校の合同部活動・ICT活用に関する実証事業

II. 中学校における部活動指導員の配置支援　12億円　補助・拡充

　各学校や拠点校に部活動指導員を配置し、教師に代わる指導や大会引率を担うことにより、生徒のニーズを踏まえた充実した活動とする。（補助割合：国1/3、都道府県1/3、市区町村1/3）※1

➡ 部活動指導員の配置を充実 【10,500人】

III. 地域における新たなスポーツ環境の構築等　3億円　補助・拡充

　上記の施策を支える**新たなスポーツ環境の構築**のため、以下の取組を実施。
- ・公立中学校の**施設の整備・改修を支援**（用具の保管のための倉庫の設置、スマートロックの設置にともなう扉の改修等）。【新規】
- ・**指導者養成**のための講習会等の開催や資格制度の改革等。
- ・多様なニーズに対応した中学生年代の**都道府県大会等の創設・開催を支援**。

※1　補助割合について、都道府県又は指定都市の場合は、国1/3、都道府県・指定都市2/3。
※2　本資料における「スポーツ」には障害者スポーツを、「中学校」には特別支援学校中学部等を含む。体制例は、あくまでも一例である。

図1 部活動の地域連携や地域スポーツクラブ活動移行に向けた環境の一体的な整備

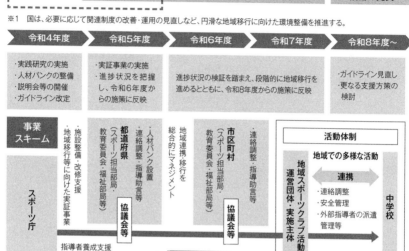

図2 部活動の地域連携や地域スポーツクラブ活動移行に関する方針・事業スキーム

　都道府県および市区町村は、地域スポーツクラブ活動の運営団体・実施主体が、地元の企業等の協力を得て、企業等が有する施設の利用や設備・用具・楽器の寄附等の支援を受けられる体制の整備や、家庭の参加費用の負担軽減に資する取組等を推進する必要がある。その際、企業からの寄附等を活用した基金の創設や、企業版ふるさと納税の活用等も考えられる。

　地域スポーツクラブ活動の運営団体・実施主体は、「スポーツ団体ガバナンスコード＜一般スポーツ団体向け＞」に準拠し、公正かつ適切な会計処理を行い、組織運営に透明性を確保するため、関係者に対する情報開示を適切に行うことが求められる。

　なお、地域スポーツクラブ活動の運営団体・実施主体は、指導者や参加する生徒等に対して、自身のケガ等を補償する保険や個人賠償責任保険に加入する

よう促す必要がある。

　各競技団体又は生徒のスポーツ活動に関わる各分野の関係団体等は、分野・競技特性やこれまでの活動状況・ケガや事故の発生状況等を踏まえ適切な補償内容・保険料である保険を選定し、地域スポーツクラブ活動の運営団体・実施主体が各競技団体又は生徒のスポーツ活動に関わる各分野の関係団体等に加盟するに当たって、指導者や参加者等に対して指定する保険加入を義務づけるなど、ケガや事故が生じても適切な補償が受けられるようにすることが大切である。

<注>
1）JSPOにおいては、2022（令和4）年4月から、総合型クラブの登録・認証制度の運用を47都道府県で開始している。また、総合型クラブとスポーツ少年団が融合した取組を検討している。
2）実践・実証事業とは、スポーツ庁が2021（令和3）および2022（令和4年）年度に実施した休日の運動部活動の段階的な地域移行に関する実践研究とともに、当該実践研究を大幅に拡充し、より多くの自治体で多様な方法で取組を進めるため、2023（令和5）年度から実施する実証事業（関係者との連絡調整・指導助言等の体制や運営団体・実施主体の整備、指導者の確保、参加費用負担への支援等）のことをいう。

2-2
スポーツ環境としての
運営団体・実施主体の役割
舟木泰世

1. 新たなスポーツ環境と地域スポーツクラブの活動

　地域スポーツクラブ活動の受け皿となる体制の整備は、運動部活動の地域移行における大きな課題の一つとしてあげられている。この課題を解決しなければ、運動部活動の地域移行は円滑に実現できないため、行政が主導して地域のスポーツ関係者等をまとめていくことが求められる。

　「運動部活動の地域移行に関する検討会議」の提言は、「運動部活動の地域移行を契機として、中学生にとどまらず多様な世代が参加する地域のスポーツ環境の充実を図る機会にしていくことが重要」と述べている（運動部活動の地域移行に関する検討会議, 2022, p.3）。現在、地域においてスポーツ振興を担っている各団体は、地域スポーツクラブ活動の「受け皿」から運営団体や実施主体として、地域のスポーツ環境の充実を図るために積極的に取り組むことが期待される。

　地域におけるスポーツ環境の整備充実については、2000年に策定されたスポーツ振興基本計画以降、国民のだれもが、それぞれの体力や年齢、技術、興味・目的に応じて、いつでも、どこでも、いつまでもスポーツに親しむことのできる「生涯スポーツ社会」の実現に向けて長年、スポーツ政策の中心的な柱として掲げられている。運動部活動の地域移行を契機に、新たなスポーツ環境の整備が求められているが、"新たな"を創り出すには、真っ新な状態から創り出すのか、それとも、すでに活動している諸団体の力を結集して再編成していくのか、効率的・効果的な体制整備の方法を検討する必要があると考えられる。現状において、地域のスポーツ環境が不十分な場合は、これを契機として学校関係者をはじめ、地域のスポーツ関係者が一堂に会して検討を行う絶好の機会であろう。そして、地域スポーツの推進を担っている各団体間の連携・協働を

促進し、地域スポーツクラブ活動の運営団体も担えるような一元化したプラットフォームを整備することで、持続可能な地域スポーツ環境を創出することが可能だと考える。また、スポーツに関する資源（人材、施設、財源など）が乏しい地域においては、地元の地域づくり協議会や地域課題解決に向けた取組を実践している団体等と連携し、運動部活動の地域移行に関する取組を地域課題の一つとしてとらえ、その解決に向けた取組を地域全体で推進していくという形も考えられる。

　スポーツ庁においては、「休日の部活動の段階的な地域移行に関する実践研究（令和3年度）」を各都道府県で実施しているが、実践研究で受け皿となっている運営団体の内訳は、総合型クラブなどがもっとも多く、次に「行政機関（教育委員会）」「競技団体」となっている（スポーツ庁, 2022a）。この実践研究では、比較的行政と連携を図りやすく、日常的に学校施設や公共スポーツ施設などを拠点として、公益的な活動を行っている地域のスポーツ団体が運営団体に選ばれたことがうかがえる。

　令和5（2023）年度スポーツ庁予算（2023）においても、地域スポーツクラブ活動の体制整備に向けて、運動部活動の地域移行等に向けた実証事業を新規事

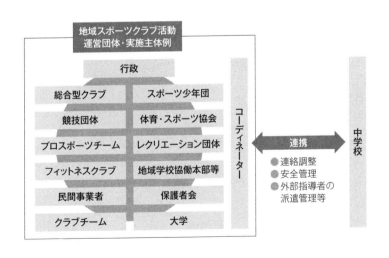

図1 地域スポーツクラブ活動における運営団体・実施主体例（スポーツ庁，2022bをもとに筆者作成）

業として計上している。この事業では、地域スポーツ環境の構築に向け、関係者間の連絡調整や運営団体・実施主体の整備などの体制整備、指導者の確保、参加費用負担への支援等に関する実証事業を実施予定である。地域スポーツクラブ活動の運営団体・実施主体の整備充実のため、持続可能な運営に向けた体制整備や質の確保に係る取組等への支援については、図1のように市町村行政（教育委員会）や総合型クラブ、スポーツ少年団、体育・スポーツ協会、競技団体、クラブチーム、民間事業者、地域学校協働本部等の多様な運営団体・実施主体の例が示されており、地域が一体となって活動体制の整備充実を図ることが想定されている。

　このようにスポーツ庁においては、地域スポーツクラブ活動体制整備事業等に令和5（2023）年度予算として約13億円を計上し、全国各地において先進的なモデル事業を展開し、実践事例を収集・発信していくことで、全国的な展開をめざしている。また、経済産業省（2022）では2021年度に「『未来のブカツ』フィージビリティスタディ事業」（以下、「実証事業」という）を全国10か所で実施している。運動部活動の地域移行の受け皿として採算の合う事業体の運営体制等について実証事業を行い、多様な異業種連携モデルの可能性を検証している。本事業の特色として、関係者間で徹底して意見交換を行い、合意形成をめざすことをおもな目的としていたため、教師はもとより、保護者や生徒、サービス提供主体といった多様な関係者の声がまとめられている。国は新たな政策や施策を立案した際、具体的な施策展開を図るために予算事業化し、多種多様な取組を実践研究やモデル事業として実施し、その成果を先進事例として収集・発信している。このように、全国各地の取組事例が成果として公表されているため、各地域の実情に近い実践モデルを探し出し、参考にしながら取組を進めることができる。

　新しいスポーツ環境の整備に向けては、都道府県や市町村行政をはじめ、学校関係者、スポーツ関係団体等が一体となって体制を整備することが不可欠となる。運営団体や実施主体となり得る組織は、地域の実情によって異なり、その地域にフィットした実施体制を模索する必要がある。この点については、都道府県や市町村行政が主導し、学校関係者や地域のスポーツ関係団体等を取りまとめないことには、議論は進まないであろう。地域スポーツを推進する団体は、都道府県体育・スポーツ協会、市町村体育・スポーツ協会、競技団体、総合型クラブ、スポーツ少年団、民間事業者、プロスポーツチーム、地域スポー

ツコミッションなどがあげられる。これまでスポーツ振興を担ってきた各スポーツ団体は、今後の地域におけるスポーツ振興およびスポーツを活用した地域振興のために、これまで培ってきたノウハウをもち寄り、子供・青少年をはじめとして、多くの人々が身近な地域において、豊かなスポーツライフの実現に向けたスポーツ環境の整備に取り組むことが求められる。

2. 総合型クラブ

　総合型クラブは、生涯スポーツ社会の実現に向けて長らく地域スポーツ振興の中核を担っている。総合型クラブは地域住民の自主運営により公益的な活動を行っており、2021（令和3）年7月時点において全国で3,583のクラブが活動し、地域スポーツクラブ活動の受け皿として大きな期待が寄せられている。

　総合型クラブは、運営団体・実施主体ともになり得ると考えられるが、「令和3年度総合型地域スポーツクラブに関する実態調査結果概要」（スポーツ庁，2022c）によると、「休日の学校運動部活動の段階的な地域移行について」は「聞いたことはあるが、詳しくは知らない」（36.3%）と回答したクラブがもっとも多く、続いて「ある程度のことは知っている」（34.3%）、「ほとんど知らない」

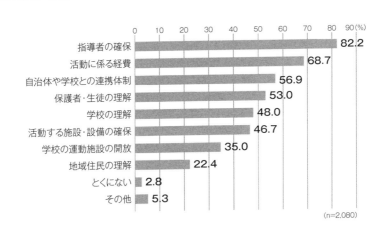

図2 学校部活動と総合型クラブとの連携での課題（複数回答）（スポーツ庁，2022c）

（14.9%）、「都道府県や市町村行政から説明があり、よく知っている」（13.1%）となっており、2021年時点では約半数のクラブが部活動の地域移行に関して詳細を知らない状況である。また、「学校部活動から地域移行について、クラブの状況」に関しては、「学校部活動と連携は考えていない」が37.5%ともっとも多くなっており、学校部活動と総合型クラブとの連携での課題として「指導者の確保」（82.2%）、「活動に係る経費」（68.7%）、「自治体や学校との連携体制」（56.9%）などがあげられている（スポーツ庁，2022c）。指導者の確保については、約8割のクラブが課題としていることから、指導者養成とその活用に工夫が必要となることがうかがえる。

　このような現状を踏まえると、第1期スポーツ基本計画の施策目標の一つに掲げられていた「拠点クラブ」の枠組みを活用することが有用だと考える。拠点クラブは、総合型クラブが持続的・自立的に運営することができるようにするため、運営面や指導面において周辺の総合型クラブやスポーツ少年団等を支えることができる総合型クラブの育成をめざしたものであった。地域スポーツクラブ〈運動部〉活動においては、たとえば、組織の規模が大きく経営も安定している総合型クラブが運営団体となり、周辺の総合型クラブやスポーツ少年団等をコーディネートしながら取組を推進することで、地域の人材や財源、施設などの資源を効率的に活用することが可能となると考えられる。また、各総合型クラブ関係者が地域スポーツクラブ〈運動部〉活動への理解を深めるためには、中間支援組織である都道府県総合型地域スポーツクラブ連絡協議会と都道府県行政が連携しながら、運動部活動の地域移行に関する情報提供と各地域の対応方針などを周知し、協力体制を整えていく必要がある。「学校運動部活動指導者の実態に関する調査」（日本スポーツ協会指導者育成委員会，2021）によると、「運動部活動における地域との連携状況」については、「一度も連携したことがない・わからない」と回答した教師が中学校で73.7%、高等学校で74.8%と報告されていることからも、総合型クラブが学校と連携を図るためには、行政の支援が不可欠である。

　総合型クラブと学校部活動の連携など事例については、日本スポーツ協会（以下、JSPOと記す）が地域課題に向けた取組を行うクラブの紹介動画（https://www.japan-sports.or.jp/local/tabid1351.html）を公開しており、そのなかに「学校部活動との連携」を図っている総合型クラブの取組を紹介している。また、JSPOが総合型クラブ関係者向けに2ヶ月に一度配信している「日本スポー

協会総合型地域スポーツクラブ公式メールマガジン」では、全国の総合型クラブの活動事例が紹介されており、学校運動部活動と連携するクラブの取組の現状を把握することができる。ちなみに、この公式メールマガジンは、JSPOの公式ウェブサイトの総合型クラブのページにおいてバックナンバーの閲覧が可能であり、学校運動部活動との連携事例についても多くの情報が蓄積されている。

　総合型クラブは、自クラブの理念の実現に向けて日々さまざまな活動を行っているが、地域住民が継続してスポーツに親しむ機会の確保に資することはもとより、地域課題（高齢者の生きがいづくり、健康増進、子育て支援、学校・地域連携等）を解決することも期待されている。これは、総合型クラブがスポーツそのものの抱える課題の解決と地域社会が抱える課題をスポーツで解決するという役割を担っているといえる。総合型クラブに求められるものが多いと感じるかもしれないが、地域における自クラブの存在意義を再確認し、国が総合型クラブ育成を開始した当初から掲げられている"地域住民の豊かなスポーツライフの創出"をめざすとともに、地域コミュニティの衰退や地域住民の運動不足・健康不安などの地域課題の解決に積極的に取り組み、真に地域に根づいた持続可能な組織をめざしてほしい。

3. スポーツ少年団

　スポーツ少年団は、1962年に財団法人日本体育協会（現公益財団法人日本スポーツ協会）創立50周年記念事業として創設された。1964年の東京オリンピックのレガシーとしても注目を集め、その活動には60年の歴史がある。スポーツ少年団の理念は、「一人でも多くの青少年にスポーツの歓びを提供する」「スポーツを通して青少年のこころとからだを育てる」「スポーツで人々をつなぎ、地域づくりに貢献する」を掲げている。

　しかし、近年、少子化の影響を受け、年々活動規模が縮小しているという課題があげられている。加えて、新型コロナウイルス感染症の拡大を受け、活動機会の喪失などの影響から2020年度の登録団員数は562,157人（前年比13.4%減）と減少したが、2021年度は569,586人（前年比1.3%増）と微増している（日本スポーツ協会, 2022a）。このようなことから、JSPO（2022a）は、スポーツ少年団の活動や組織・体制を時代にあったものに改革するために「スポーツ少年

団改革プラン2022」を公表している。そのなかで、先述した理念をベースに今後のスポーツ少年団の方向性として、「スポーツ少年団は、勝利至上主義を否定し、スポーツの本質である自発的な運動（遊び）から得られる『楽しさ』を享受できる機会をジュニア・ユース世代に提供する」と提示し、わが国におけるジュニア・ユーススポーツの中核組織として、各スポーツ団体の垣根を超えて、ジュニア・ユース世代のスポーツ環境の充実をめざしている。今後もスポーツ少年団が持続的に活動を継続していくため、社会環境の変化に対応した組織づくりや活動が求められている。

おもに概ね12歳までを対象としているスポーツ少年団は、地域における青少年のスポーツ活動を支える主体として大きな役割を果たしており、学童期において身近なスポーツ活動の機会といえる。スポーツ少年団の団員は、小学校卒業と同時に「卒団」することが一般的のようであるが、中学生以上であっても団員登録は可能である。しかし、図3の通り、登録者数は小学生年代と比べて少なく、2021（令和3）年度の登録団員数の内訳をみると中学生が70,155名、高校生以上が7,622名であり、年齢構成別割合は中学生と高校生以上を合わせて13.6%となっている（日本スポーツ協会, 2022b）。今後は、小学校卒業時の「卒団」という慣習をやめて、中学生になってもそのまま団員として活動することができる環境や気運を醸成し、地域スポーツクラブ活動の実施主体としてジュニア・ユーススポーツの中核的存在としての活動が期待される。

スポーツ少年団は、地域におけるジュニア・ユース世代の継続的なスポーツ環境を提供する主体として、地域スポーツクラブ活動においても活躍が期待されるが、各単位団の組織体制をみると、1団当たりの所属団員人数は平均約20人、指導者数は約4名（日本スポーツ協会, 2022b）であり、地域スポーツクラブ活動の運営団体としてガ

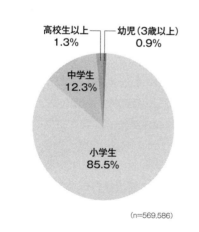

図3 スポーツ少年団登録団員年齢構成（2021年度）
（日本スポーツ協会，2022bをもとに筆者作成）

バナンスや持続可能な運営体制を確保し続けることは難しいと考えられるため、運営団体は他組織に担ってもらい、実施主体として活動することが現実的だと考えられる。各地域において単位団を取りまとめている市町村体育・スポーツ協会や都道府県体育・スポーツ協会は、単位団と総合型クラブや競技団体などの他団体の橋渡し役を担い、ジュニア・ユース世代の競技力向上のみならず、これまでスポーツに親しむ機会がなかった子供たちへ多様な機会を提供できるような土壌を作っていく必要がある。

第3期スポーツ基本計画（文部科学省，2022）には、具体的施策として「日本スポーツ協会は、国等と連携しスポーツ少年団を新たなジュニア・ユーススポーツ統括組織として体制を強化する」と明記されており、スポーツ少年団の今後のあり方自体も変革が求められている。また、総合型クラブの登録・認証制度とスポーツ少年団の登録制度の統合を視野に入れた新たな枠組みを創り、相互の連携はもとより、地方公共団体や都道府県体育・スポーツ協会と連携し、地域スポーツ団体の活動充実を図り、地域のスポーツ環境整備を支援することも明記されており、今後、地域スポーツクラブ活動に関しても積極的に取組を促進していく方針となっている。

4. 民間事業者設置のスポーツクラブ

地域スポーツクラブ活動の運営団体・実施主体として想定されるものとして、フィットネスクラブやスクール事業を展開している民間事業者、スイミングクラブ、テニスクラブ、ゴルフクラブなど各種目のスポーツ施設提供業やスポーツ技能、健康などの増進のため指導者が柔道、水泳などを指導することを主たる目的としている民間事業者が考えられる。総合型クラブやスポーツ少年団のようなボランティアベースで公益性の高い地域のスポーツ団体に加えて、民間事業者がこれまで培ってきた知見やノウハウを活用することで、地域スポーツクラブ活動のパターンが増え、子供たちに多様なスポーツ機会を提供することが期待される。

スポーツスクール事業等を展開しているリーフラス株式会社では「部活動支援事業」において全国944校（小学校663校、中学校273校、高等学校8校）の学校部活動を支援している。スポーツスクール事業で培ったノウハウを活用し、市町村教育委員会と業務委託契約を結び、週1〜2回程度指導者を派遣している。

実業団チーム（一般企業）においても実施主体として、定期的な練習会の開催などを通して、所属選手と生徒たちとの交流を図ることで、企業側は地域貢献や所属選手にとってはこれまで培ってきた専門的技術や経験を発揮する場となり、生徒側にとっては技術向上はもとより、競技に対するモチベーションの向上なども期待できると考えられる。たとえば、東京都日野市では、教育委員会が中心となりスポーツデータバンク株式会社（学校部活動支援事業、スポーツヘルスケア事業などスポーツ・健康事業を展開）が運営事業者となり、部活動指導員として陸上競技、卓球、バスケットボールの現役選手やOB、所属指導者を派遣する取組を実施したことにより、将来は民間企業や大学など地域全体で子供のスポーツ環境を整える気運が醸成されたと報告されている。

　スポーツクラブ産業の活性化の観点からみると、経済産業省において「地域×スポーツクラブ産業研究会」が2020年10月に立ち上げられ、持続可能なスポーツクラブ産業のあり方について検討を行い、2021年6月に「地域×スポーツクラブ産業研究会第1次提言」（以下、「第1次提言」という）を公表している。第1次提言では、総合型クラブなどの地域を基盤としたボランタリーなスポーツクラブがサービス業として成長が可能な新しい社会システムに必要な5つのポイントを提言し、これは「運動部活動の地域移行に関する検討会議」での議論にも反映されている。また、2022年9月には「最終提言『未来のブカツ』ビジョン―"休日の/公立中学校の/運動部活動の地域移行"の「その先」を考える―」（以下、「最終提言」という）を公表しており、この最終提言では実証事業の成果に基づいて総括し、子供・青少年のスポーツ環境が抱える課題の解決に向けて、スポーツの社会システム全体の再デザインを提言している（経済産業省, 2022）。

　最終提言ではほとんどの実証事業において、実務的な課題として、参加費用の面では保護者の負担許容額（おおよそ3,000円程度）と事業の支出額の想定に大きな乖離がみられ、事業化しても不採算が見込まれるが、採算を追えば家計所得による機会格差につながると報告されている。事業費を少しでも抑えるために、地域スポーツクラブ〈運動部〉活動の活動拠点となる学校施設を利用するというアイデアもあるが、営利事業での利用を条例や規則等で一律に禁止している自治体もあるため、自治体が定める制度自体の変更や改善が求められている。民間事業者は収益性や事業の持続可能性が重視されるため、不採算事業については撤退という判断がなされる可能性が高い。しかし、子供の多様なスポーツ機会の確保を含めた地域スポーツ環境の整備充実を社会的課題としてとらえ、

それを解決するために、ビジネスの手法を用いて取組を展開することが期待される。

　これまでの地域スポーツ振興は、スポーツ団体や関係者等の力に頼って進められてきたが、そのボランティアをベースとした地域スポーツの振興システムも人的資源、財的資源、アイデアなどの面で限界を迎えつつあると考える。今回の学校部活動の地域移行の議論を契機に、地域スポーツクラブ活動の運営団体・実施主体として、民間活力を導入した新しい地域スポーツの推進モデルが構築されることで、持続可能で多種多様な地域スポーツの環境整備が可能となると考える。

5. プロリーグやNF/PF設置のスポーツクラブ

　プロリーグでは、選手育成の観点から各プロスポーツチームの下部組織としてユースチームなどを設置している。Jリーグ所属クラブはもとより、Bリーグ所属クラブやWEリーグ所属クラブにおいてもユースチームを設置し、次世代の選手育成・強化を行っている。

　Bリーグクラブは一般向けのスクール事業も展開しているが、非営利団体ではないことから「安価に利用できる施設の不足」が事業拡大の障害になっていると報告されている（経済産業省, 2022）。また、実証事業ではJリーグとBリーグの所属クラブが参加し、各クラブともに学習塾と協業して放課後総合サービスの創出モデルについて検証している。質の高いスポーツ指導を提供でき、付加価値の高いサービスモデルが期待される一方で、本格的に事業化するには地域スポーツクラブ活動に関する事業のみでは赤字が見込まれるため、事業者側におけるほかの収益機会をいかに増やすかがポイントとなると報告されている（経済産業省, 2022）。プロチームも民間事業者と同様に営利を目的とする組織のため、前項でふれたように学校施設等を利用することが難しい場合もある。この問題を解消するためには、行政が学校施設の開放等に関する現行制度を見直すことが必要である。また、地域スポーツクラブ活動を支える諸団体は、営利・非営利の区別なく、公益的な活動に取り組んでいる団体であるとの理解が促進されることで、行政や学校などの公的機関との連携・協働を円滑に進めることができると考えられる。

　プロスポーツチームのユースチームが地域スポーツクラブ活動の運営団体や

実施主体となり、希望する生徒全員に参加機会を提供することはあまり現実的ではないだろう。しかし、プロチームが種目の普及・振興や地域貢献という観点から、運営団体となり地域スポーツクラブ活動関連の新規事業の立ち上げや指導者派遣、指導者講習会、ユースチームとの不定期の合同練習会開催などの実施が期待される。

　次に、中央競技団体（以下、「NF」という）や都道府県競技団体（以下、「PF」という）は、現状では各組織がスポーツクラブを設置しているケースはみられない。しかし、今後NFやPFは運営団体として地域スポーツクラブ活動を支援する体制を整えることが期待される。しかし、事務局体制をみると、NFの職員等（役員・評議員を除く）の人数は1団体当たり平均14.3人であり、そのうちの正規雇用者は1団体当たり平均8.5人となっている（笹川スポーツ財団, 2021）。また、PFにおいても、指導者という重要な人的資源を有しているが、現状は事務局体制に課題があり運営団体を担うことは困難だろうが、所属クラブや指導者等の情報を運営団体と共有したり、所属クラブと運営団体の橋渡し役などを担うことが期待される。

　中学校運動部活動で実施者が多いバスケットボールをみてみると、公益財団法人日本バスケットボール協会では、2017年度より育成世代の改革に取り組んでいる。BリーグにおいてU15ユースの設置を義務化（男子のみ）しており、BリーグU15チームは強化的な位置づけの選手が活動を行っている。また、近年地域においてもクラブが設立されており、部活動以外の活動場所が誕生している（スポーツ庁, 2022d）。NFやPFにおいては、自前でスポーツクラブを設置することは現実的に困難であろうが、各組織に所属しているスポーツクラブに向けて、地域スポーツクラブ活動への積極的な協力依頼など、各NFやPFの方針を示すことが期待される。また、JSPOや都道府県体育・スポーツ協会などと連携・協働し、指導者という重要な人的資源を有効活用できる仕組みを構築することで、指導者の確保という課題の解決につながると考える。

〈引用・参考文献〉
経済産業省「地域×スポーツクラブ産業研究会　第1次提言」, 2021. https://www.meti.go.jp/shingikai/mono_info_service/chiiki_sports_club/pdf/20210625_1.pdf（閲覧日2022年9月17日）
経済産業省「地域×スポーツクラブ産業研究会最終提言「未来のブカツ」ビジョン−"休日の/公立中学校の/運動部活動の地域移行"の「その先」を考える」, 2022. https://www.meti.go.jp/shingikai/

mono_info_service/chiiki_sports_club/20220928_report.html（閲覧日2022年9月29日）

公益財団法人日本スポーツ協会「スポーツ少年団改革プラン2022」，2022a．https://www.japan-sports.or.jp/Portals/0/data/syonendan/2022/kaikakuplan2022pamphlet.pdf（閲覧日2022年8月12日）

公益財団法人日本スポーツ協会「令和3年度スポーツ少年団育成報告書」，2022b．https://www.japan-sports.or.jp/Portals/0/data/syonendan/2022/r3_ikuseihoukokusho.pdf（閲覧日2022年9月30日）

公益財団法人笹川スポーツ財団「中央競技団体現況調査　報告書」，2021．https://www.ssf.or.jp/files/NF2020cp_full.pdf（閲覧日2022年10月3日）

文部科学省「スポーツ基本計画」，2022．https://www.mext.go.jp/sports/content/000021299_20220316_3.pdf（閲覧日2022年10月3日）

日本スポーツ協会指導者育成委員会「学校運動部活動指導者の実態に関する調査報告書」，2021．https://www.japan-sports.or.jp/Portals/0/data/katsudousuishin/doc/R3_houkokusho.pdf（閲覧日2022年10月7日）

スポーツ庁「運動部活動の地域移行に関する検討会議（第3回）」，参考資料1「参考データ集」，2022a．https://www.mext.go.jp/sports/content/20220126-spt_sseisaku02-000020176_05.pdf（閲覧日2022年9月26日）

スポーツ庁「令和5年度概算要求主要事項」，p.3，2022b．

スポーツ庁「令和3年度総合型地域スポーツクラブ関する実態調査結果概要」，2022c．https://www.mext.go.jp/sports/content/20220524-spt_stiiki-300000800_3.pdf（閲覧日2022年8月25日）

スポーツ庁「運動部活動の地域移行に関する検討会議（第3回）」配付資料，「資料1地域におけるスポーツ環境の整備充実方策について」，2022e．https://www.mext.go.jp/sports/content/20220128-spt_sseisaku02-000020176_02.pdf（閲覧日2022年8月25日）

スポーツ庁「令和5年度予算（案）主要事項」，2023．https://www.mext.go.jp/sports/content/20230120-spt_sseisaku01-000027027_1.pdf（閲覧日2023年5月23日）

運動部活動の地域移行に関する検討会議「運動部活動の地域移行に関する検討会議提言　少子化の中、将来にわたり我が国の子供たちがスポーツに継続して親しむことができる機会の確保に向けて」，2002．https://www.mext.go.jp/sports/content/20220722-spt_oripara-000023182_2.pdf（閲覧日2022年10月7日）

2-3

ステークホルダーとの関係構築と
地域のスポーツ体制

吉田智彦

　運動部活動の地域移行を推進するにあたり、地域スポーツクラブの担い手は地域の実情に応じた多様な運営団体・実施主体が想定される。新たな運営団体・実施主体は、各地域において行政や民間スポーツ団体をはじめとするステークホルダーと協力し、ソーシャルキャピタルを高めながら地域スポーツクラブの基盤整備を進める必要がある。本節では、運営団体・実施主体に期待される役割やステークホルダーとの関係構築に参考となる先進的な取組を示すとともに、地域のスポーツ体制に欠かせない人材バンク設置の留意点、ICTの効果的な運用について述べる。

1. 体育・スポーツ協会との連携

　スポーツ庁が休日の部活動の段階的な地域移行を図る方針（「学校の働き方改革を踏まえた部活動改革について」）を公表した2020年9月以降、都道府県および市町村においては教育委員会やスポーツ部局を中心に運動部活動の地域移行に向けた環境整備の検討や実践事業が進められている。2021年度にはスポーツ庁委託事業「地域運動部活動推進事業」を通じて、47都道府県、12政令指定都市において休日部活動の地域移行をめざしたモデル事業が展開された。また、同様のコンセプトで独自の実践事業を進める政令指定市もある。これらの実践事業では、複数の自治体において受託元の教育委員会と、受け皿として想定される市町村スポーツ協会や総合型クラブといった地域のスポーツ団体が連携して協議体を形成し、推進体制を構築するケースがみられた。とくに、公益的なスポーツ活動を支える担い手として地域スポーツ環境づくりを牽引してきたスポーツ協会は、管理運営を担うマネジメント人材の地域スポーツクラブでの活用や指導者派遣といった場面での役割から、将来的な平日の部活動の地域移行

も視野に入れた連携は必須となる。人口規模の大小に関わらず、重要なのは地域スポーツクラブの環境整備に向けて、行政内のスポーツ担当部局や教育委員会と、スポーツ協会をはじめとする地域のスポーツ団体が役割を明確化する場づくりである。

　宮城県角田市では、従来のスポーツ団体の協議会メンバーを拡充し、行政が主導しながら持続可能な地域スポーツ環境づくりをめざして、同市スポーツ協会や総合型クラブ、地域振興公社、道の駅運営会社など市内9つの団体で構成する地域スポーツ運営組織「スポーツネットワークかくだ」（以下、スポネットかくだ）を2019年9月に設立した。地域スポーツ運営組織とは、総務省が進めてきた地域の課題を地域の資源をもって解決に取り組むとする「地域運営組織」をスポーツに応用したもので、（公財）笹川スポーツ財団が提唱する新たな地域スポーツプラットフォームであり、角田市と同財団の共同実践事業として展開している。構成団体は定期的に会議を開催し、同市のスポーツ推進方策についてビジョンと目標を協議するとともに、各団体の資源を認識し合い役割分担のもとで各種事業に取り組む。

　スポネットかくだでは、住民のスポーツ参加を促進する施策（インナー施策）と地域・経済活性化を促進する施策（アウター施策）に分けたうえで、それぞれの施策で優先的に取り組むべき課題とターゲットを議論・共有している。インナー施策においては、幼少期の運動習慣づくりを優先課題に設定し、その解決策の一つとして中学校運動部活動と地域スポーツ団体との連携を図り、学校関係者とスポーツ団体（スポーツ協会、スポーツ少年団、総合型クラブ、公共スポーツ施設指定管理者）が「子供のための部活動専門チーム」を組成して市内2校の地域スポーツクラブへの移行に向けた環境整備を進めている。当該チームの第一段階での活動では、たとえば教育委員会から小中学校関係者や保護者会等への説明やスポーツ団体間の認識合わせ、各種アンケート調査の実施といった取組を展開しており、地縁の深いスポーツ協会の調整力と側面支援が重要な役割を果たしてきた。当然ながら、スポーツ少年団や総合型クラブにもそれぞれの会員向けに説明する役割を担う部分もあるものの、角田市スポーツ協会の歴史的な背景から相応の認知度があり、市内17の競技団体を統括する立場からもスポーツ団体と住民をつなぐ存在意義は大きく、地域移行に向けたスポーツ協会との連携・協働の重要性がみて取れる。次の段階では、受け皿団体の選定・確立と指導者の確保が焦点となるが、ここでもマネジメント人材と指導者派遣支援の

観点からスポーツ協会が担う役割への期待は高い。角田市のケースは、地域スポーツ体制の全体的な再構築を見すえ既存の地域スポーツ団体が有する資源の結集にはじまり、地域で優先して取り組む課題と運動部活動の地域移行を連関した推進を図り、専門チームが対応に当たるなかで参画する組織の役割と機能があらためて明確になるという点で意義深い。

　一方、人口規模が大きく面積の広い大都市では、市内の地域によりマンモス校と小規模校の違いに代表されるさまざまな特性があるなか、可能な限り統一的な方法による地域移行の実施をめざした創意工夫が求められる。埼玉県さいたま市は、10区の行政区のもと公立中学校58校に約3万人の生徒が通う。同市教育委員会がめざす地域移行のイメージは、スポーツ協会やスポーツコミッション、総合型クラブ、スポーツチーム等のスポーツ関係団体で「さいたま市地域部活動統括団体」（以下、統括団体）を形成し、統括団体が教育委員会から指導者派遣と管理責任の事業を受託するもので、前提として学校と部活動を切り離した改革を推進する（図1）。ただし、全市を一括して管理する統括団体の確立は困難な状況であるため、地域ごとに地域スポーツクラブを実質的に運営する団体（「地域団体」）を設置し、地域単位・学校区単位での指導者登録や派遣等の効率的な展開を検討している。したがって、統括団体は地域団体との調整や連携、指導者登録バンクの運営といったマネジメント業務を、地域団体は指導者の派遣や地域と学校を結ぶ地域コーディネーターの配置などの実行部隊をそれぞれ担う。当面の実証事業では、（一社）さいたまスポーツコミッションが統括団体を取りまとめ、統括団体・地域団体づくりのノウハウを蓄積しながら、この形態の全市的な実装可能性の検証を試みる。2022年度は経済産業省「未来の教室（「未来のブカツビジョン」の実現に関するテーマ）」を活用して、受け皿モデルの創出と指導者派遣の体制づくりに向けた実証に取り組む。他方、将来的にモデル校での実証の成果をもとに全市展開を図る際、対象範囲が広く地域により生徒数が異なる大都市の状況では、指導者として活動できる人材を十分に確保し、種目の偏りなく生徒の望むスポーツ環境を創るには、多くの課題が出てくることだろう。

　統括団体における（公財）さいたま市スポーツ協会の役割は指導者派遣となる。2022年7月、スポーツ協会は加盟37団体と240のスポーツ少年団の代表者を対象に、地域スポーツクラブへの参画の意向や所有資格などのアンケート調査を行い約170名から回答を得た。必ずしも各団体の構成員全体の総意ではな

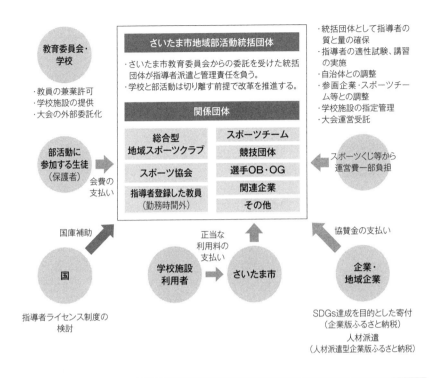

図1 さいたま市教育委員会のめざす地域移行（イメージ）（さいたま市，2022）

いことへの留意が必要であるが、8割を超える回答者が部活動での指導に前向きな関心を示し、その多くが休日の指導を望んでいる。また、20種目に及ぶ豊富な人材の存在も明らかになった。統括団体による全ての指導者の一元的な管理・派遣は困難ななか、地域団体が指導者を自ら確保することを原則とし不足分を統括団体が補充する形式をめざすうえでは、地区の競技団体員、スポーツ少年団指導者等の参画は必須となる。この観点から、同調査を通じた指導者人材の把握は重要な情報収集となったと考えられる。当該地域に適任者がいなくとも、ほかの地域団体から指導者を派遣することにもつながるだろう。今後は指導者の居住地や活動希望時間と地域団体のマッチングの成立可否や、指導者の質と量の確保が課題となるが、指導者派遣に向けた準備は着実に進められている。

また、同協会は埼玉県野球連盟と協力してスポーツ庁「地域部活動推進事業」を受託し、市内公立中学校13校の13部活動へスポーツ協会加盟団体の指導者を派遣する実践事業にも取り組んでいる。同事業では、2022年7月から2023年3月までの期間に、週末いずれか1日で計30回程度の頻度で派遣先学校での指導や大会等への引率に携わる予定である。都市規模が大きい自治体ならではの複雑な課題に対し、さまざまなアプローチでモデル事業を実践しながら地域スポーツクラブの実現に向けた試行錯誤を続けている。

2. 地元企業との連携

「第2期まち・ひと・しごと創生総合戦略」(2020)で掲げる「スポーツ・健康まちづくり」の政策の柱に「スポーツを通じた健康増進・心身形成・病気予防」がある。その取組の一つに持続可能な運動部活動の実現をめざした「学校体育と地域スポーツの連携・協働」を据え、人材供給体制の構築による安定的な運営、指導の質の向上、顧問教師の負担軽減への期待から、企業との連携も推奨されている。地域部活動推進事業（スポーツ庁）にみられる実践モデル事業でも、人材バンクの設置や指導者派遣、学校現場との調整といった地域スポーツクラブに係る運営業務を教育委員会から民間企業へ再委託して進められてきた。

東京都日野市では、2018年度より学校の働き方改革に対する市独自の取組として、東京都の制度も活用して「部活動推進統括コーディネーター事業」を展開し、部活動を支援する人材の発掘、調整を行う仕組みづくりを進めている。本事業においては、各学校の実態、部活動指導員のニーズ等についてアンケートとヒアリングを実施し、一部の部活動に対して2018年度は15名、2019年度は26名の部活動指導員をそれぞれ配置してきた。部活動指導員・実技指導者はさまざまな背景をもち、市内や近隣地域で活動している実業団、企業従業員、スポーツ指導者等がその対象となった。部活動指導員・実技指導者の選定における地域企業との連携の観点では、同市では従前より市内に拠点をおくコニカミノルタ株式会社陸上部が市内中学校を訪問して陸上部の指導を行った実績があったことから、同事業でも継続した部活動指導の依頼が可能となった。一方、企業側も拠点とする地元自治体での地域貢献として中学校での部活動指導に参画するメリットを感じたと考えられる。コーディネーター事業の活用による相互連携を通じて、部活動を支援する人材の確保を図り基盤づくりを推進してき

たといえよう。また、日野市の「SDGs未来都市」の選定を契機に、同市とコニカミノルタ社は2019年9月にSDGs推進に係る包括連携協定を締結しており、連携事項にスポーツ振興を掲げていることからも、たとえば部活動指導員の派遣数や指導回数の増加など、より緊密な連携の下での事業展開が期待される。部活動指導という限定的な連携に留まらず、地域の社会課題の解決に双方の目線を合わせたパートナーシップは、SDGsの目標達成への貢献をめざす企業の価値創出にもつながるため比較的賛同が得やすい。ほかの地方自治体での地域企業との連携のあり方として大いに参考になる。

　2020年度にはスポーツ庁から運動部活動改革プロジェクト事業を受託し、①地域企業・市民等と融合した指導者不足の解消、②地域と一体となった新しい部活動の創設、③持続可能な地域部活動のモデルづくりに取り組み、前年度までの部活動指導員の定着および拡充すべく連携する企業の増加を図っている。このうち①については、市内モデル校3校の部活動に対して、陸上、卓球、バスケットボールの指導員を地域企業等から派遣した（図2）。いずれの部活動種目においても1名の部活動指導員もしくは実技指導員を配置し、2020年10月〜2021年1月の期間に、陸上部には前出のコニカミノルタ社陸上部から計12

地域企業 地域指導者 →	運動部活動改革 プロジェクト →	部活動指導員 実技指導者 →	モデル校 →	対面指導・ 大会引率

学校	種目	指導者数	属性	開始月	指導回数	指導者情報
第二中学校	陸上部	1名(土曜日)	部活動指導員 実技指導員	10月	9回 3回	コニカミノルタ（株）陸上部OB
	卓球部	1名(土曜日)	実技指導員	12月	1回	日野自動車株式会社 卓球部
三沢中学校	バスケットボール部	1名(土曜日)	部活動指導員	10月	9回	（一社）bjアカデミー 所属指導員
		1名(平日)	部活動指導員	12月	3回	（一社）bjアカデミー 所属指導員
平山中学校	卓球部	1名(土曜日)	部活動指導員	—	—	日野自動車株式会社 卓球部

図2 日野市運動部活動改革プロジェクトにおける指導者派遣実績（東京都教育委員会, 2022）

回、卓球部には日野自動車株式会社卓球部から1回、バスケットボール部には一般社団法人バスケットボールジャパンアカデミー所属指導員から計12回の指導があった。その多くが土曜日の休日部活動であったが、バスケットボールのみ平日に3回の指導を受ける機会もあり、先進的に平日部活動の地域移行も試行されたことがうかがえる。本事業は翌2021年度も2拠点2部活動で「Sport in Life推進プロジェクト」（スポーツ庁）を活用して継続され、地域企業と連携した新たな地域スポーツクラブのあり方を検証している。

　多くの地方自治体が省庁等のモデル事業の実施を通じて公的な補助を活用するなか、モデル事業終了後の予算確保に苦悩しているが、一つの方法として地元企業と地域スポーツクラブの受け皿団体の連携による資金面の支援協力がある。小中学生を対象としたクラブチームである鳥取ハンドボールクラブ（鳥取県鳥取市、以下、鳥取HCと記す）は、2021年6月に同市内にある私立青翔開智中学校・高等学校と、地元企業で水処理設備等を販売、修理する株式会社オグラおよびガソリンスタンドを経営する株式会社トリベイとパートナーシップ協定を締結した。この協定は、鳥取HCと学校、鳥取HCと地元企業の2種類があり、ハンドボールクラブチームが地域企業と協力して運動部活動を支援する体制を構築している。学校との協定では、中学校のハンドボール部員をクラブメンバーとして受け入れ指導する。鳥取HCのスクール活動の一環という位置づけで、休日および平日の放課後の時間帯に使用する学校の体育館とグラウンドは無料で借り受けている。地元企業2社との協定は、鳥取HCの指導者や、地元の高校や大学でハンドボール経験のある外部指導者への謝金などの資金面で支援し、中学生の部員が従来の部活動と同様に費用を負担することなく専門的な指導が受けられる。同校の体育教員でハンドボール部顧問が鳥取HCを立ち上げたこと、地元企業の経営者が中学校に通う生徒の保護者であること、開校10年に満たない新しい私立中学校の自主的な経営のため連携がスムーズに成立したことなど、さまざまな要素が重なる特異な例ではあるものの、地元発展や子供の教育を地域のパートナーシップで進めるという理念に賛同する企業に資金面の協力を得る事例として注目が集まっている。

3. 大学との連携と学生の活用

　大学の資源を活用した地域連携や地域貢献の取組が展開されて久しい。この

活動は「域学連携」とも呼ばれ、学生や教師が地域の現場に入り、地方自治体や地域住民、NPO法人等とともに、地域の課題解決や地域づくりを継続的に推進し、地域活性化や地域の人材育成を目的としている。代表的な活動としては、シティプロモーションおよび地域ブランディング、環境保全活動、商店街活性化など地域活力の創出をめざすものがある。体育・スポーツ系大学では、所在または近隣自治体の教育委員会と連携協定を結び、地域住民対象の健康運動教室や転倒予防教室などの開講、大学を拠点とした総合型クラブの設置、中学校部活動への指導者派遣といった取組が進められてきた。こうした取組においては、地方自治体には①大学に集積する知識・情報・設備・ノウハウの活用、②地域で不足する若い人材の活用、③地域の活性化、大学には①実践現場の確保、②教育・研究活動へのフィードバック、地方自治体と大学の双方に共通して学生や地域住民の人材育成といったメリットがあると考えられる。また、域学連携に加え、民間企業も参画する産学官連携の仕組みで新たな事業展開や人材育成を共創するケースもある。

　宮城県岩沼市では、部活動の質的な向上を図るため、正しい理解に基づく技術の向上、能力に応じた適切な練習法の導入、想定される事故・ケガの未然防止等を指導するとともに、部活動顧問教師の負担軽減を目的に2019年度より中学校部活動支援事業を開始した（図3）。同年12月には、本事業の効果的な推進をめざし、仙台大学（同県柴田町）と市内9つの公共体育施設の指定管理を受託しているフクシ・オーエンス共同事業体の代表企業である株式会社フクシ・エンタープライズ（以降、フクシ社）の3者による連携協定を締結し、子供たちの運動・スポーツの拠点作りと部活動指導に取り組んでいる。協定に基づく本事業のスキームは、指定管理者に対して岩沼市から部活動支援母体として学校側とのコーディネート役と指導を業務委託し、指定管理者は学校側からの求めに応じて仙台大学の学生とフクシ社の社員や専門人材を外部指導員として派遣するというものである。支援事業の形態は、従来の学校施設での活動を学校部活として継続しながら、地域部活と称して曜日により公共施設を使用する拠点型と、学校へ指導者を派遣する派遣型を設定している。拠点型においては、総合体育館（岩沼ビッグアリーナ）を拠点とし、市内4中学校の生徒が集まり合同部活動を実施している。これまでの実績では、バドミントン、陸上、卓球、ソフトテニスなど9種目を実施し種目ごとに学生とフクシ社の指導員を割り振り指導にあたってきた。総合体育館への送迎はなく自主的に拠点へ赴く形式で、参

<table>
<tr><td>岩沼市</td><td>岩沼市体育施設指定管理者
現フクシ・オーエンス
共同事業体</td><td>仙台大学</td></tr>
</table>

岩沼市
・生徒の健全育成
・中学校の先生方の働き
方改革で部活動を外
部コーチに任せたい。
先生方が仕事に専念で
きる環境を整えたい。

岩沼市体育施設指定管理者
現フクシ・オーエンス
共同事業体
依頼 ◀ 特定非営利活動法人
岩沼市体育協会 ▶ 紹介
派遣 ▼

仙台大学
・将来、指導者をめざし
ている学生が大学で学
んだことを実践できる
活動の場として活用。

岩沼市内中学校運動部 活動支援

拠点型(岩沼市総合体育館等)
・バドミントン →フリーインストラクター
・陸上競技 →仙台大学
・卓球 →フリーインストラクター
・ソフトテニス→フリーインストラクター

派遣型(各中学校)
・岩沼中 →サッカー(指定管理者職員)
・岩沼西中→サッカー(指定管理者職員)
・岩沼北中→軟式野球(仙台大学)
・玉浦中 →女子バレーボール(仙台大学)

図3 岩沼市中学校部活動支援事業の形態(仙台大学. 2019)

加率は加盟部員の7割程度である。また、所属の部活動への参加が前提となる
が、参加したい部活動が学校にない生徒は、拠点型で実施される種目への参加
を受け入れている。派遣型においては、学校の要望に応じてフクシ社の調整の
もとで学生を含む指導者を週に一度派遣する。市内4中学校の各2部活動に派
遣の実績があり、このうち軟式野球部と女子バレーボール部、卓球部には学生
が派遣指導に当たってきた。仙台大学は、将来的なキャリアの一つとして指導
者をめざしている学生が、大学で学んだことを実践できる貴重な機会と認識し、
本事業への積極的な参画を通じ地域への貢献と人材育成につなげている。

4. 人材バンクの設置

　スポーツの指導ができる地域の人材をあらかじめ登録しておき、スポーツ団
体や地域住民の要請に応じて紹介するスポーツリーダーバンクは、1970年代
から地方自治体で設置されている。2022年9月現在、インターネットを通じて
確認できる範囲では30の都府県にリーダーバンクが存在する。その多くは県
のスポーツ振興部局が運営しているが、スポーツ協会や広域スポーツセンター

が事業主体となるケースもある。また、青森県や新潟県、香川県、長崎県などのように、独立したスポーツリーダーバンクから移行または統合したものも含め、生涯学習の総合人材データベースのなかにスポーツやレクリエーションの指導者が含まれている自治体が増えている。リーダーバンクへの指導者登録は、自治体やスポーツ団体が実施する講習会を受講した者や、指導者資格を有しスポーツ団体から推薦を受けた者が自治体のウェブサイト等から登録する形式で、継続の可否判断も個人に委ねられている。おもな紹介先は、地域のスポーツ団体が行うスポーツ教室やイベントでの指導や審判であり、ウェブサイトに指導者情報を公開してマッチングを図るか、リーダーバンクが仲介する仕組みで多くのスポーツ現場へ指導者を派遣してきた。しかし、笹川スポーツ財団の調査によれば、2010年に36都道府県で存在したリーダーバンクは、2016年には33都府県での設置となり3県の廃止が確認され、登録者数も26,000人から14,000人まで大幅に減少した。現時点での30都府県に登録する指導者総数は把握できていないが、1,000人の減少がみられた県もある。廃止の理由として、制度の周知不足等による低い活用率、活動機会が少ないことによる登録指導者数の減少、個人情報保護の観点から公開できる指導者情報が限られるなどの問題があげられている。なお、リーダーバンクの廃止と登録者数の減少は、人口密集度の高い政令指定都市でも同様の傾向であったことから、現在運営されているリーダーバンクにも共通の課題といえよう。またこれらの課題を改善するための十分な人員と予算が確保できないのが多くの自治体の現状である。

　地域スポーツクラブの体制づくりに向けて、外部指導者や部活動指導員の確保とマッチング・派遣制度は必須となり、そのための人材バンクの設置と適切な運営は、事業の持続性の観点からきわめて重要な役割を担う。2021年度にはスポーツ庁「地域運動部活動委託事業」を活用して、山形県や東京都、白岡市（埼玉県）や泉大津市（大阪府）で人材バンク設置・再構築について具体的に検討されてきた。たとえば、泉大津市では、茨城県や石垣市（沖縄県）での部活動指導員人材バンクの先行事例を参考に協議を重ね、2022年度より新規に「いずみおおつスポーツ指導者人材バンク制度」を開始した。同市教育委員会が人材バンクの設置と運営を担い、学校部活動のほか、合同部活動や地域スポーツクラブ、地域のスポーツ活動などへ人材を紹介し、指導者人材の確保と充実をめざしている。人材バンクに登録する指導者には、地域のスポーツ団体や地域住民、民間事業者、近隣の大学へ広く協力を依頼するが、とくに大学の活用

が期待される。同市では2013年度から大阪体育大学（大阪府熊取町）と包括連携協定を結び、子供の体力向上推進プロジェクトをはじめとする各種事業を協同で展開しており、現場での指導・支援には多くの学生が貢献してきた。前項で述べた域学連携の枠組みが確実に構築されている。また、同大学では2021年度に「グッドコーチ養成セミナー」の開講を通じ部活動指導員・外部指導者として指導に当たる学生を育成し、泉大津市内2校2部活動へ派遣した（第7章4節を参照）。今後は、継続的に人材バンクへ受け入れることで供給サイクルを確立し、多様な人材が集う人材バンクの充実と活性化が求められよう。リーダーバンクの廃止理由や現状の課題を鑑み、常に新たな人材が流入するとともに、さまざまな地域スポーツクラブでの指導機会を提供して稼働率を高める体制づくりが肝要となる。

5. 体育・スポーツ施設の効果的・効率的運用とICT活用への展望

　地方自治体が所管するおもな体育・スポーツ施設には、社会体育施設、社会教育施設に付帯するスポーツ施設、都市公園内の運動施設がある。これらの施設は、指定管理者制度を活用して行政内の担当部局より民間事業者へ管理運営が委託され、社会教育調査によれば、社会体育施設47,000件の4割がこの制度を導入している。指定管理者は、施設管理業者や施設メンテナンス、スポーツ・健康教授業者、土木・造園業者、自治体出資の公益法人等が共同企業体（JV）を構成するケースが多い。地域スポーツクラブの実施にあたっては、複数校の生徒による合同部活動や競技特性に適した練習環境の整備が不可欠となり、その拠点かつ各種教室事業を展開する公共の体育・スポーツ施設との連携は欠かせない。地域スポーツクラブの受け皿団体は、指定管理者との協力体制を築き、拠点施設の一般利用者向けプログラムとのスケジュール調整が求められる。指定管理者制度では複数施設を一括管理する形態も多くあり、拠点を複数個所に設置し参加者の選択肢を増やす事業展開の一つとなる。当然ながら、指定管理者が行う営利事業の圧迫が懸念されるため、協力を求める際には行政とも連携し、部活動支援事業を指定管理要件に入れたり、別途の業務委託を締結したりする方法も考えられよう。また、学校施設の管理運営にも民間事業者が参入している状況から、条例等の改正により公共施設との一括管理が進められれば、より効率的に地域全体の施設運用が図られることとなる。このプロセスにおい

て、受け皿団体が指定管理者の理解を得て、地域スポーツクラブに関わる団体や人材を広げソーシャルキャピタルを高めることは、すなわち新たな地域スポーツ体制の構築につながると考えられる。さらに、自治体には港湾、農業、福利厚生等の関係部局が所管する施設もある。また、スポーツ施設以外にも公民館や集会所等がスポーツや運動の場として利用されている。地域スポーツクラブの現場において身近にスポーツに親しむことのできる環境づくりには、こうした所管や目的を超えて連携を図り、多様な活動拠点を確保し有効に活用するとともに、地域スポーツに携わる関係者を拡充していくことが重要である。

　効率的な施設管理の観点では、これまでとくに負担の大きかった学校体育施設の開放事業における鍵の管理・受け渡しについて、スマートロックなどによるICT（情報通信技術）の活用が複数の自治体で導入され課題の解消に取り組んでいる。兵庫県神戸市では、2021年12月より市内3校の中学校で、インターネットを介した施設予約システムと体育館の鍵のリモートロック化を連動させた「まちかぎリモート」を採用し夜間開放の実証実験を行った。スマートフォンのアプリ等を活用した施錠に留まらず、施設予約の段階から一元的なシステム化を図り、利用者の利便性を高めるためにICTを活用した事例として先進的である。2022年11月からは市内16校に拡大する。

　他方、スポーツの専門的な指導に悩む教師や学校が抱える課題の解決をめざし、ICTを活用してタブレット等の可動式端末を利用した遠隔指導が広がりをみせている。文部科学省が取り組むGIGAスクール構想において、「端末利活用状況等の実態調査」（2021年）によれば、全国の公立中学校の96.5％で可動式端末の利活用を開始していることからも、ICT活用は急速に進展している。体育科・保健体育科におけるICT活用は、技能向上の点では、タブレットによる動画撮影のほか、ドローンによる上空からの撮影、実施者視点の撮影など、他視点化をサポートする機器の活用があり、思考力の育成の点では、プログラムやソフトの活用による情報活用能力の向上が期待される。スポーツ庁の事例集でも多様な実践事例が紹介され、ICT活用による授業内容の充実がうかがえる。

　こうしたICT活用の流れは、大手通信企業やスポーツテック企業が手掛けるリモート指導プログラムやコンディション管理ソフトといった新たなプラットフォームの開発により、部活動の現場でも積極的な導入が検討されている。宮城県気仙沼市や埼玉県さいたま市では、オンライン上で専門指導者への相談や

動画添削による遠隔指導、食事・栄養などの体調管理といった実証実験を展開してきた。2022年度には、栃木県教育委員会がスポーツ庁「地域運動部活動推進事業」を受託し、ICT活用によるスポーツ医科学の知見に基づいた科学的なトレーニングを取り入れ、短時間で効果的な活動をめざし取り組んでいる。県スポーツ協会や各競技団体の指導者が遠隔指導に当たり、科学的なトレーニングには同協会が運営するとちぎスポーツ医科学センターの専門職員が指導に当たる計画である。一方、スポーツ産業の成長化を図る取組が後押しとなり、競技団体が民間事業者と協力してボリュメトリックビデオを活用した360度全方位での映像つき指導の開発も進んでおり、高度な技術指導もICT活用により提供が可能となる。あわせて、これまでに部活動種目になかったアーバンスポーツへの生徒の関心も高く、新規種目の指導にも可動式端末の活用が想定できよう。ICTの導入による民間事業者のプラットフォーム等を有効に利用した遠隔指導体制の確立は、指導サポートの専門性と多様性を実現し地域スポーツクラブの価値を高めるものとなる。

〈引用・参考文献〉
泉大津市「令和3年度泉大津市における地域運動部活動推進事業（合同部活動等の推進に関する実践研究）成果報告書」，2022.
文部科学省「端末の利用状況等の実態調査」，2021.
さいたま市「令和4年度第1回さいたま市総合教育会議」資料，2022.
笹川スポーツ財団「スポーツ振興に関する全自治体調査」，2016.
仙台大学「令和元年度大学スポーツ振興の推進事業（大学スポーツアドミニストレーター配置事業)」，2019.
東京都教育委員会「スポーツ庁委託事業令和3年度地域運動部活動推進事業成果報告書」，2022.

2-4

学校と地域が協働する
地域スポーツクラブ〈運動部〉活動

松田雅彦

1. 学校運動部活動の教育的意義が生まれるとき

　スポーツがスポーツとして成り立つ原則は「私もあなたも楽しい」ことにある。もし活動が「私（自己・チーム・種目など）」の枠組みにとどまるなら、それは利己的活動となり「私（自己・チーム・種目など）」の内側にはやさしく温かいが、その外側にある「あなた（種目、障害、性別、世代、志向などが違う他者など）」には厳しく冷たい対応をとるようになる。スポーツが人を育てるのは「私（自己・チーム・種目など）」の枠組みを乗り越え、他者（あなた）と協働するなかで人や自然を慮ることが身につくからである。種目やチームからスポーツのまとまりへ、そして音楽や芸術なども含めた文化のまとまりへと「あなた」の枠組みが広がることでスポーツが社会に認められ、人類の平和と自然との共生社会へのつながりが生まれる。チームや種目をまとめるクラブが自治的・自律的組織として醸成されなければ、スポーツは「私（自己・チーム・種目など）」のなかで閉鎖的・独善的な関係にとどまる文化となってしまう。学校運動部活動で語られるスポーツの教育的意義は「私もあなたも楽しい」という他者との関係（枠組み）が広がり続けるなかにしか生まれない。

　「運動部活動の地域移行」には、地域スポーツクラブが必要になる。その地域スポーツクラブと学校の関係は、これからの地域を担う生徒・青少年をともに育成していくことを共通の目的とした協働関係を構築することが望まれる。そうでなければ「運動部活動の地域移行」は、学校運動部活動の単なるアウトソーシングとなってしまう。

2. 生涯スポーツとしての学校運動部活動

　生涯スポーツは、時間軸と空間軸がつながったスポーツ環境のことをいう。これまで学校運動部活動は、生涯スポーツの一環として各学校期で定期的にスポーツを楽しみ、大会に出場する機会を提供するなど、生徒たちのスポーツライフを豊かにすることに寄与してきた。しかし一方で、進学とともに指導者やチームメイトが変わること、卒業後に当該学校施設が使えないことなどの課題も少なくなかった。また、指導者にとっても、転勤のたびに生徒や指導種目が変わることなどへの戸惑いもあった。

　「運動部活動の地域移行」は、学校と地域における分断をなくすことはもちろん、スポーツを楽しむ場面の多様化と関連性を考慮してすすめることが大切である。それは、生徒や地域住民にとっての選択の幅の広がりが、豊かなスポーツライフの基盤となるからである。

　今の学校には、体育授業で取り組んだスポーツをもっと親しみたいときには、定期的に楽しむ場として学校運動部活動があり、学校全体での競技の場としてスポーツ大会や運動会がある。また、昼休みなどは施設が開放されており、全ての生徒に対してスポーツを楽しむ場が確保されている。しかし、学校運動部活動が地域に移行されれば、学校運動部活動は地域スポーツクラブの活動となり、学校以外の団体が運営することになる。その結果、生徒が定期的にスポーツに親しむ場が学校から切り離されてしまい、スポーツを楽しむ場が減少する可能性がある。それゆえ「運動部活動の地域移行」は、学校運動部活動が地域スポーツクラブ活動として発展するという目線をもたねばならない。

　そのためには、実施主体としての地域スポーツクラブと学校が、次のことを確認しておく必要がある。

①学校におけるスポーツの学習の場を学校と地域で担保する

　体育授業で楽しんだスポーツを定期的に楽しめる場が学校運動部活動である。「運動部活動の地域移行」により学校運動部活動でのスポーツ学習場面が地域に移るならば、生涯スポーツの「準備」としてのスポーツライフの学習の場を地域と学校が協働して担保しなければならない。

②「全ての希望する生徒」のニーズをとらえた活動の場を準備する

　「運動部活動の地域移行に関する検討会議提言」第1章においては「単に運動部活動の実施主体を学校から地域のスポーツ団体等へ移行するのではなく、現

在、運動部に所属していない生徒も含めて、スポーツ活動への参加を望む生徒にとってふさわしいスポーツ環境の実現につなげていく必要がある（スポーツ庁，2022, p.6)」と述べられ、第10章では、シーズン制の導入、複数の活動ができる学校運動部活動のあり方、指導体制の見直しなど、学校運動部活動改革の必要性が示されている（スポーツ庁，2022, pp.50-54)。

　地域移行にいたるまでに、学校には学校運動部活動の質的改革が望まれ、それを受けて地域の受け皿（運営団体・実施主体）も全ての希望する生徒を受け入れる体制を整えることが肝要である。生徒のニーズに応えられるプラットフォームとしての地域スポーツクラブは、現状の部活動のあり方を踏襲するのではなく、学校期における生涯スポーツの「実践」の場としての役割が期待されている。

3. 学校と地域が協働する地域スポーツクラブのあり方

(1) 学校と受け皿（運営団体・実施主体）との関係——補助・連携・協働

　学校と地域の団体との関係には「補助（assist)」「連携（coordinate)」「協働（collaborate)」という3つの段階がある。

　「補助（assist)」とは足りないことを補助する関係である。たとえば総合型クラブなどの団体が学校運動部活動に専門的指導者を派遣したり、地域住民が個人として学校に関わることをいう（図1)。

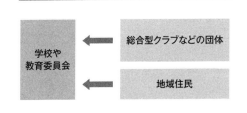

図1 第1段階　補助(assist)

　第2段階の「連携（coordinate)」とは互いのミッション（目的）は違えども利害が一致することで協力する関係をいう（図2)。「補助（assist)」が地域から学校へ向けた一方向の関係であることに比べ、「連携（coordinate)」では、指導者派遣だけではなく学校運動部活動の運営を引き受けたり、活動の実

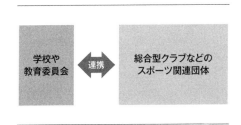

図2 第2段階　連携(coordinate)

施主体となったりする。この場合は、総合型クラブや地域の民間スポーツ団体等が連携先として想定される。

　学校や行政にとって連携のメリットは責任の所在がはっきりすること、デメリットは利害が合わなくなると関係を見直す可能性があることである。また、学校との窓口が一つになるならば、学校の施設提供にともなう連絡・調整に関する手間が少なくなるという利点もある。

　第3段階の「協働（collaborate）」とは、学校と地域の団体が同じミッション（目的）をもって働くことであり、「連携（coordinate）」に比べて学校との結びつきは格段に強くなる。

　「連携」が互いの利害関係でつながることに対して「協働」は目的意識を深く共有し、共通目的の達成に向けて責任をもって取り組んでいく関係になる（図3左）。たとえば「将来の地域を担う子供を育てる」という共通目的の達成に向けて、それぞれの資源（ヒト・モノ・カネ・情報等）を共有することがあげられる。そこでは、地域住民が学校の授業で教えたり、地域スポーツクラブでリーダーとして育成した子供たちが学校行事で活躍したり、地域住民と生徒が学校や地域の施設で一緒にスポーツを楽しんだりすることが可能となる。このような関係を結ぶためには、学校と地域のステークホルダーが地域スポーツクラブの運営メンバーとして関わることが必要となる（図3右）。

　「運動部活動の地域移行」に関しては、学校と地域の関係がどの段階にある

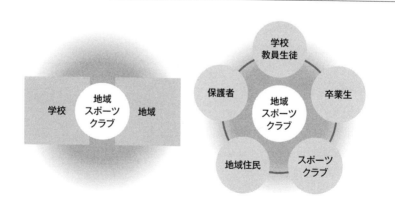

図3 第3段階　協働（collaborate）（学校と地域スポーツクラブが同じ目的達成のために人々が協力して働く）

のかを自覚し、協働に向けた課題を抽出するとともに、その解決に向けて道筋を明示することが欠かせない。

(2) 受け皿（運営団体・実施主体）との協働にいたる2つの道筋

　学校が受け皿（運営団体・実施主体）と協働へ向かう道筋には「学校内に組織を作り学校外へと広げる方式」と「学校外の団体と学校が協働関係を結ぶ方式」の2つがある。

① 学校内に組織を作り学校外へと広げる方式（タイプA）

　学校内に組織を作り時間をかけて地域へと広げる方式は、教師や生徒、保護者、卒業生などのステークホルダーとの合意に時間がかかるものの、組織ができた時点で協働関係にあることが特徴である。その組織化は、まず「運動部活動の地域移行」のあり方検討会などを立ち上げて教師や生徒、保護者、卒業生、地域にある協力団体などのステークホルダーの意見をまとめる。次に、「保護者会」「コミュニティ・スクール」「地域学校協働本部」「同窓会」など、学校

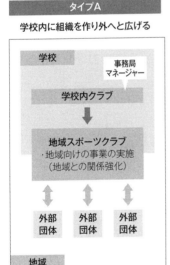
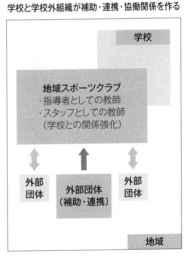

図4 地域スポーツクラブ活動の受け皿（運営団体・実施主体）のタイプ

内クラブの運営や事業を進める母体組織を決める。そして、学校内クラブを中心にして、学校や地域のニーズに応える事業を実施することで、少しずつ地域との関係を深めていく。その結果として地域スポーツクラブが地域住民との安定的な信頼関係を築くことができれば、学校外の多様な外部団体との連携が可能となり、その活動範囲が広がっていく。

　ここでもっとも大切なことは、この母体となる組織を会議体ではなく事務局やマネジャーを設置した事業体として組織化することである。事業を企画・実行・評価できる組織基盤が整備されていなければ、事業の継続が難しくなる。

②学校外の団体と学校が協働関係を結ぶ方式（タイプB）

　外部団体が学校と関係を結ぶ場合には、補助・連携関係から少しずつ協働へ向けて関係を作りあげることを勧めたい。前項で述べた学校におけるスポーツの学習の場を地域スポーツクラブが担保するためには、学校との関係が欠かせないからである。それゆえ地域スポーツクラブにおいては、学校との協働関係を深めるためのビジョンをもって取り組むことが望まれる。その方策としては、まず学校運動部活動を地域スポーツクラブで指導したい教員を地域スポーツ指導者として迎える。次にその学校関係者に地域スポーツクラブの運営スタッフとして協力してもらえるように依頼をする。スタッフとして関わる教員が増えれば増えるほど学校との信頼関係が深まり協働意識が醸成されるからである。

（3）地域スポーツクラブが有する諸機能──生涯学習社会の創造に向けたポテンシャル

　地域スポーツクラブと学校の関係が協働へと進むにつれて、その団体がもつ機能が膨らんでいく。

　「運動部活動の地域移行」の初期段階で必要となるのは「コーディネート機能」である。この機能を発揮することで、学校運動部活動へ専門的指導者を派遣したり、子供たちのスポーツ活動をサポートすることができる。

　次に地域スポーツクラブが学校運動部活動の運営団体となるために、企業や自治会、学校支援のNPO団体などをワンストップでつなぐアソシエーション構築機能が必要となる。そのためには、事務局やクラブマネジャーの配置など安定的な経営資源が欠かせない。しかしながら、全ての地域スポーツクラブがこのような機能を果たす必要はない。事務局機能が脆弱な地域スポーツクラブであれば、学校と連携・協働している運営団体に実施主体として加盟すること

図5 受け皿（運営団体・実施主体）の機能

で、学校との補助・連携関係を保つという方法もある。

　さて、学校と地域が連携して人材や施設の共有ができたとしても実施する事業によって、その効果は変わってくる。より効果的な学習環境を作るためには、学校と地域で育てたい子供像を共有して具体的な学習カリキュラムへと落とし込むことが必要である。そうすることによって、学校が得意な学習は学校が行い、地域の団体で行う方が有効な活動は地域で行いながらも、同じ目的を達成することができる。

（4）地域と学校をつなぐ人材としての卒業生（OB・OG）を活用した
　　しくみづくり

　現状の学校運動部活動では、専門的指導者がいないことや人数が少なくチームが作れないことなどの課題がある。しかし、卒業生が学校の施設を気軽に使えるようにすることで、これらの課題を解決できる可能性がある。卒業生が学校に戻ってくるしくみは、卒業生にとってはスポーツを楽しむ場所と機会が増えることになる。また学校にとっては、卒業生と生徒が一緒にスポーツを楽しむことで、活動人数が増えたり、指導者が確保できたりする。さらに、卒業生が、OB・OG会費を集めて寄付することで学校への経済的支援も見込まれる（図6）。

　そのためには、学校運動部活動が地域へ移行するまでに、生徒会主催で卒業生や地域との共同事業を実施したり、学校運動部活動や体育授業・行事などで地域スポーツ団体との交流会を開くなど、学校と地域が関わる意味について学ぶ場を意図的に作る必要がある。このような学習場面は、生徒会活動における

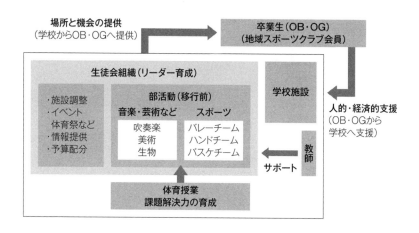

図6 卒業生（OB・OG）との協働システムの構造

自治能力の育成、学校運動部活動におけるスポーツリーダーの育成、体育授業における自律的にスポーツを楽しむ生徒の育成につながり、スポーツを支える人材の確保となる。

　地域住民でもある卒業生が地域スポーツクラブ〈運動部〉の活動に関わることによって、学校と地域の垣根が低くなり学校と地域の協働関係が深まっていく。

4. 新しいスポーツ・学習環境としての地域スポーツクラブの可能性

（1）新しいスポーツ環境としての地域スポーツクラブの可能性

　学校と地域の協働関係は、地域スポーツクラブが架け橋となって学校と地域が結びつくことで成立する。そして、そのしくみは、これまで学校運動部活動が担っていた教育機能を地域スポーツクラブが果たすことや学校が地域スポーツクラブを支援する環境を整備することで機能する。

　現在、学校には、学校運動部活動・体育授業・スポーツ行事・施設開放というスポーツを楽しむ場が用意されている。そして今後、学校運動部活動が地域に移行されれば、その役割の一部が地域スポーツクラブに移される。そして、

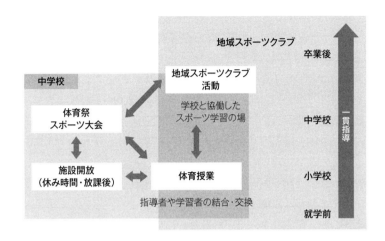

図7 地域スポーツクラブと学校の協働関係

その役割を果たすためには、学校と地域スポーツクラブが重なり合うしくみを組み上げることが必要となる（図7）。

　そこでは、これまでの学校運動部活動の機能を果たすことはもちろん、地域の指導者が体育授業をサポートしたり、地域住民と生徒が一緒にスポーツを楽しんだりすることが可能となる。さらに関係が深まっていくと、スポーツ行事やスポーツ大会などの活動もより充実するだろう。

　学校期において、学校と地域の空間軸と時間軸を一つにつなげることは、生涯スポーツの「準備」と「実践」の場を担保することとなり、子供たちの豊かなスポーツライフの実現につながっていく。

（2）新しい学習環境としての地域スポーツクラブの可能性

　「運動部活動の地域移行」は、学校と地域の教育資源（ハードとソフト）を有効に活用した教育環境の整備ととらえることができる。このように考えると地域スポーツクラブの活動は、スポーツの枠組みを超えて「学校を核とした学びの共同体（スクール・コミュニティ）」づくりへと向かうことになろう。そして、そのプラットフォームは地域スポーツクラブの活動に加えて、学校と地域を生涯学習の視点で橋渡しする機能や事業をもつことになる。

以下では、ゴールイメージを共有するためAタイプを選択した本校の事例を紹介しておきたい。

①「スクール・コミュニティクラブひらの倶楽部」の設立過程

本校（大阪教育大学附属高等学校平野校舎）における「運動部活動の地域移行」には、大きくは3つのフェーズがある。1つめのフェーズは、学校運動部活動の改革をめざした教師による「部活動改革委員会（2018年）」の設立である。そこでは、教師・保護者・卒業生・学識経験者という委員会のメンバーによって、これからの学校運動部活動や地域スポーツ活動のあり方について議論するとともに、その改革に向けたプロセスが共有された。そしてその後、生徒・保護者・教師へのアンケートを実施し、中心的なステークホルダーである生徒を委員会に加えて新たな組織を構築した。このことで、学校全体を巻き込んだ活動が可能となり、保護者からの理解も得られやすくなった。

2つめのフェーズは任意団体としての「スクール・コミュニティクラブひらの倶楽部」（以下、「ひらの倶楽部」という）の設立である。学校のなかに任意団体を作ることで、学校内の体制づくり、事務局などの組織基盤づくり、地域との交流、OB・OG会との交流、教師・指導者研修などをすすめてきた。

3つめのフェーズは法人化である。学校運動部活動を引き受ける責任の問題から、運営団体が法人格をもつことは必須である。それゆえ、ひらの倶楽部では、生徒会、学校関係者、OB・OG、保護者・PTA、地域住民の5つの団体をまとめて社団として法人化することを予定している。

②「スクール・コミュニティクラブひらの倶楽部」の現状と課題

本校では、学校運動部活動の受け皿として、生徒会、学校関係者、OB・OG、地域住民を束ねた学校内組織（ひらの倶楽部）を2021年（令和3年）3月に設立した。当初は、学校運動部活動改革が目的であったが、音楽や芸術や学問系の部活動を引き受けることを考えるなかで、「運動部活動の地域移行」をきっかけとした学校改革をめざすことを決意した。

そのような流れのなかで、ひらの倶楽部は、地域におけるスポーツクラブの枠組みを超えて「学校を核とした学びの共同体（スクール・コミュニティ）」という新たな学習環境を創ることがゴールとなった。

現在は、法人化に向けて基盤組織の充実をねらいとした3つの活動（校内事業・交流事業・地域事業）を実施している。

校内事業は、学校や生徒会が主導している事業であり、「施設開放（体育館・プー

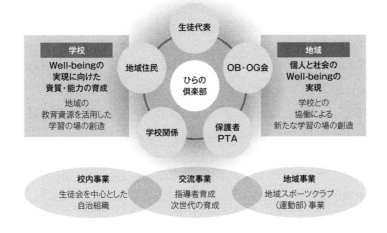

図8 スクール・コミュニティクラブひらの倶楽部の事業構造（法人化後のイメージ図）

ル）」、コンディショニングやトレーニング理論などの「種目共通の研修会」、生徒による自律的学校運動部活運営に向けた「部活動マネジメント学習」などがある。これらの取組によって生徒たちに自律的にスポーツを楽しむ資質・能力が備われば、専門的指導者がいなくても活動できるサークル制度を作る予定である。そこでは、教師はリスク管理者となり、活動場所に1人もしくは2人で複数のサークル活動を担当する。専門的指導者とリクス管理者を分けることで、教師の負担を軽減することができる。

　交流事業は、ひらの倶楽部と学校が協働して実施する事業であり、次世代のリーダー育成を目的とした「子供遊び教室やシーズン制スポーツ教室」、OB・OG、現役生徒、教師を対象とした「スポーツ交流会」などがある。

　地域事業は、ひらの倶楽部主催の事業であり、保護者や地域住民を対象としたヨガ教室やコミュニティサロンの開催など、ひらの倶楽部がもつ総合型地域スポーツクラブ機能を活用した活動である。

　学校運動部活動については、法人化後に全面的に受け入れる予定であるが、そこには解決すべき多くの課題がある。そのなかでももっとも大きなものが費用の問題である。学校のなかに新たな組織を作る場合には、事務局やクラブマネジャーの経費をどう捻出するかが課題となる。

ひらの倶楽部では、現役生徒の会費は無料とし、卒業後にOB・OGとして会費を支払ってもらったり、保護者からの会費と寄付を募り、運営の費用に充てる予定である。法人化後は外部団体となるため、スポンサーやクラウドファンディングなどによる費用補填も可能となる。

(3)「運動部活動の地域移行」におけるゴール設定

　「運動部活動の地域移行」のゴール設定には、3つのステージがある。一つめのステージは学校運動部活動の単なるアウトソーシング、次の段階は学校と地域スポーツクラブが協働して子供たちのスポーツ環境を整えることである。そして最終ステージは、「運動部活動の地域移行」をきっかけとしたまちづくりや学校改革がゴールとなる。どのステージを最終のゴールとするかで地域スポーツクラブに要求される機能やポテンシャルが変わる。そのため、各地域においては、ステークホルダーを集めてしっかりとしたゴールを設定するための議論の場を設ける必要がある。

　いずれにせよ「運動部活動の地域移行」では、中心的ステークホルダーである子供の意見を聞くことなく、大人が決めた改革を子供たちに押しつけないことが望まれる。

〈引用・参考文献〉
松田雅彦「スポーツ時代の学校体育の不易と流行」，友添秀則・清水諭編『現代スポーツ評論』38巻，pp.69-79 ,創文企画，2018.
松田雅彦「運動部活動のミカタ」，田島良輝・神野賢治編『スポーツの「あたりまえ」を疑え！』pp.51-74，晃洋書房，2019.
大阪教育大学附属高等学校平野校舎「令和元年度運動部活動改革プラン実施報告書」，2020.
大阪教育大学附属高等学校平野校舎「令和2年度運動部活動改革プラン実施報告書」，2021.
白井俊『OECD Education2030プロジェクトが描く教育の未来』ミネルバ書房，2020.
スポーツ庁「運動部活動の地域移行に関する検討会議提言」，2022.

運動部活動のこれまで

3-1

運動部活動と勝利至上主義

岡部祐介

　わが国の運動部活動は、海外のスポーツ活動と比較するとき、独特な経緯で発展・存続している。教育としての位置づけはもちろんのこと、スポーツ界の競技者育成システムとしても位置づけられ、競技人口の増加や競技力の向上にも寄与しているといえる。

　しかし、その競技力向上にともなう勝利・結果を重要視し過ぎるあまり、社会的あるいは倫理的に逸脱するような弊害が発生し、問題化されている。とくに近年では、指導者による暴力やハラスメント、SNSなどを通じた選手に対する誹謗中傷が頻繁に取り上げられるようになっている。これらのことは、スポーツにおける「勝利至上主義」の問題として集約することができる。

　本節では、運動部活動における「勝利至上主義」の問題性を、スポーツに対する見方・考え方、思想性という観点から戦後以降の社会状況の変化を踏まえて考察する。そして、長らく指摘されてきた勝利至上主義という問題の今後の行方を見定め、新時代の地域スポーツクラブ活動と運動部活動のあり方を具体的にイメージする手掛かりを得たい。

1. 近代スポーツの論理と勝利至上主義

　「勝利至上主義」とは、競争をはじめとした行為の結果としての勝利をなによりも優先し、重要なものとすること、また勝利のためには手段を選ばないこととして一般的に理解されている。

　雑誌や新聞記事で「勝利至上主義」という言葉の使用状況をみると、一般的に用いられるようになるのは1980年代以降であることがわかる。記事内容をみていくと、おもに学校スポーツ、運動部活動に関連したものが多く、勝利に固執し、教育的な配慮が欠けた指導に対する批判的な意見が中心的であった。

この言葉は多くの場合、競技スポーツがもたらす弊害としてマイナスイメージでとらえられている。また、スポーツの学術研究領域では「勝利至上主義」が従来から日本的なスポーツのあり方の特徴としてあげられている。実際に、過度な勝利の追求を問題化し、批判する見解が昭和初期の時代から確認されている。

　上述のように、スポーツとりわけ運動部活動において勝利至上主義は問題化され、マイナスの側面で批判的にとらえるべきことを認識してはいても、根本的な解決にはいたらず、常に問題としてあり続けているのはなぜか。その要因はスポーツと社会との関係性や私たちのスポーツに対する見方・考え方（＝スポーツ観）にあると考えられる。

　私たちが生きる社会では、いたるところにさまざまな位相で競争と勝敗があり、スポーツもまた同様である。そこでは、勝利を追求することは当然であり、結果として勝敗が決まることは自明のこととされている。このような社会およびスポーツのあり方は、19世紀以降の近代という時代や社会の成立と大きく関わっている。近代社会は、イギリスを発端とした産業革命を通して資本主義システムが構築され、それまでの宗教的な束縛や経済的な貧困から解放された市民の生活と関わりながら形成された。担い手の自由や平等、自由競争といった思想の萌芽とともに、勤勉で規範的なプロテスタント（キリスト教の宗派の一つ）の行動規範に支えられた競争秩序によって近代資本主義（競争）社会が形成されていった（西山，2006）。このような社会のありようが近代スポーツの成立基盤になったと考えられる。

　その後、20世紀後半以降の資本主義、商業主義の論理が席捲する社会状況を背景として、近代スポーツにおいて支配的な思想とされてきたアマチュアリズムの崩壊とプロフェッショナリズムの隆盛がスポーツ界に大きな変化をもたらした。これまでは、国家的公共事業としてスポーツの振興が企てられ、オリンピックをはじめとした国際大会の開催も国家の主導によって行われてきた。しかし、大会の規模が大きくなるにつれて、このやり方の限界がみえ始めた。そこで方向転換が図られ、1984年のロサンゼルス大会でオリンピックは民営化され、ビジネスとして成功をおさめた。教育機関である学校のスポーツでさえ、その特徴が学生たちの個人的、社会的なニーズに応えるのではなく、市場の原理によって厳密に組織化された資本の蓄積の追求であり、ビジネスとみなされるようになった。

このような社会状況の下で、スポーツでは結果や業績、生産物としての勝利が重要視されるようになる。競争による卓越性の追求、業績主義や能力主義といったことが「近代の原理」としてスポーツにも反映されていったと考えられる。

スポーツを社会のシステムのような構造としてとらえるとき、その特質に勝／敗の二元的コード（規範）があげられる。社会システム論の視点は、近代社会をさまざまな種類のシステムが併存しているものとしてとらえる。たとえば、正／不正のコードを有した法システム、支払い可能／不可能のコードを有した経済システム、権力の所有／喪失、与党／野党のコードを有した政治システム、真理／否真理のコードを有した科学システムといった領域があげられる。それぞれのシステムにおいて特有のものの見方や考え方、行為の仕方が形成されるように方向づけられている（ベッテ・シマンク，2001，pp.24-26）。

近代社会における経済的、政治的側面の変化は、スポーツのあり方や勝敗の重要性、実践主体の立場や内面も変化させることとなり、勝利／敗北の二元的なコード（規範）によって実践主体は各々の動機や状態が異なるものであっても勝利を追求することを強いられるようになる。それが勝利至上主義を核心としたスポーツの論理である。

2. 運動部活動における競技性と教育性の二重構造

そもそもスポーツは人間形成に寄与するものと考えられ、教育の場を中心として普及、発展してきた。わが国においても、外来文化としてのスポーツの中心的な受け皿となったのは学校教育機関である。

スポーツに教育的な意味を見出し、学校教育に取り入れたのは、イギリスのパブリックスクールがその先駆であるといわれている。粗野で暴力的であったそれ以前のスポーツを、エリート教育のための教養としてカリキュラムに位置づけたのである。そこでは、スポーツによって勇気や忍耐、規律、協同の精神が養われ、心身ともに剛健な人間が創られるという考え方、つまり「アスレティシズム」が根拠とされており、やがてその有効性が認められ、ほかの学校においても広く正当性が与えられていった（杉本，2013，p.44）。

わが国においても、エリート養成校であった旧制高校にスポーツが取り入れられ、校友会運動部（現在の運動部活動）において実践されるようになった。そ

こでは、上述のアスレティシズムを精神的なバックグラウンドとし、近代化を志向する当時のわが国において、競争意識を煽るうえでスポーツにその有効性を見出したのだと考えられる。スポーツの競技・競争的要素を強調し、勝利への意識を醸成することに広く教育的な意味が付与されていったと考えられる。ここに、運動部活動の実践における「教育の論理」と、先に取り上げた「スポーツの論理」との二重構造という問題が生じてくる。

　戦後初期のGHQによる政策、1947年教育基本法によって戦後わが国の教育はそれまでのあり方や運営に大きな変化をもたらし、学校スポーツにも大きな影響を与えることとなった。戦前や戦中に問題とされた学校スポーツのあり方は、学校報国隊を校友会へ（「学校校友会運動部の組織運営に関する件」文部省、1946）、精神主義的かつ非民主主義的なあり方を生徒の自治による自主的、民主的なあり方へ（「学徒の対外試合について」体育局通達、1948）と転回することとなった（関, 2015, pp.41-42）。

　1948年の文部省（現・文部科学省）による「学徒の対外試合について」（対外試合基準）の通達にはじまり、運動部活動は「教育活動」として位置づけられた。しかし、1964年の東京オリンピックの開催をきっかけとして「選手中心主義」が志向され、すぐれた競技者を養成する場ととらえられるようになった。各競技団体からの要請を受け入れる形で、それまで遵守されてきた対外試合基準が緩和され、「競技の論理」が「教育の論理」よりも優先される状況を生み出した。このような状況において運動部活動は、全ての生徒のための学校教育活動とは矛盾したあり方として批判された。（中澤, 2014, pp.126-128）

　上述のように、戦後の学校教育の一環としての運動部活動は、その最初の位置づけである「教育的な活動」と、日本体育協会（現・日本スポーツ協会）を中心とした競技団体の要請による「競技力向上をねらいとした活動」との間において、その制度上の位置づけが変動しているといえる。

3. 戦後の精神的・社会的状況の変化と根性論の流行

　上述のように、1948年の文部省（現・文部科学省）による「学徒の対外試合について」（対外試合基準）の通達にはじまり、運動部活動は「教育活動」として位置づけられた。しかし、1964年の東京オリンピックの開催をきっかけとして「選手中心主義」が志向され、すぐれた競技者を養成する場ととらえられる

ようになった。各競技団体からの要請を受け入れる形で、それまで遵守されてきた対外試合基準が緩和され、「競技の論理」が「教育の論理」よりも優先される状況を生み出した。以下では、この背景にあった社会状況や人びとの精神性に着目してみる。

　戦後の高度経済成長が明確な足取りのものとなり、大衆（消費）社会と呼ばれる状況が特徴的に示される1960年代は、戦前の経済水準を超え、めざましい復興を遂げた時期である。しかし、精神状況についていえば、1945年の敗戦による挫折・喪失感からほとんど回復していなかったことが指摘されている（竹内, 1959, p.2）。1964年に開催された東京オリンピックは、戦争による挫折・喪失感を想起させたとともに、高度経済成長下の1960年代における再建・復興の象徴として位置づけられた。戦後のわが国における国際復帰、高度経済成長の達成といった再建・復興を支えた精神は、上述のように戦争による挫折・喪失体験との関わりによって見出される。

　戦後の占領体制下で再開されたスポーツは、民主化および大衆化を志向し、日本体育協会（現・日本スポーツ協会）を中心に復興が図られた。各競技団体の働きかけによってスポーツの国際復帰が果たされていくなかで、しだいに高度化が志向され、競技力向上としてのスポーツのあり方が前景化していく。また、東京オリンピック開催決定を機に選手の養成・強化策が考えられ、東京オリンピックにおけるメダル獲得＝勝利のために、選手の精神的な基調が策定されていった。そのキー・タームとしてあげられたのが「根性」であり、いわゆる「スポーツ根性論」が認知されるきっかけになったといえる。

　根性は、現在のスポーツにおいては旧時代的な考え方として、負の側面で語られることが多い。しかし、スポーツで高度なパフォーマンスを発揮するメンタリティとしてその必要性が語られてもいる。

　根性の意味や使われ方の歴史をたどっていくと、元々仏教用語であったことがわかる。辞書や新聞記事でその変遷を追っていくと、戦前から戦後の初めにかけて「こころだて、こころね、しょうね」といった、人間性や人間の本質的な部分、先天的に備わった性質といった意味で、おもに否定的な用語とともに使用されていた。この言葉が、1960年代の社会状況を背景に、東京オリンピックを重要な契機として、後天的に備わる「困難にくじけない強い性質」「ことを成し遂げようとする強い気力」というもう一つの意味で、おもに肯定的な文脈における使用へと変化していった。

1961年に組織された東京オリンピック選手強化対策本部では、メダルを獲得するために選手強化の具体的な方針として、「根性つくり」が考えられた。選手強化本部スポーツ科学研究委員会の報告書によると、「根性」は競技者にとどまらず指導者のあり方や指導方法にも関連することであり、競技者や指導者の基本的な心構えや態度として、また競技者の可能性を最大限に引き出す心理的な基盤として究明された。

　東京オリンピック選手強化対策本部長を務めた大島鎌吉は、東京オリンピックにおける選手強化を「人間形成」とした。そこにはスポーツにおける日本人のもっている可能性を追求したいという野心や期待が根底にあった。東京オリンピックにおける競技者の精神的基調としてあげられた「根性」は、競技スポーツにおける競技者としての「人間形成」の問題として取り上げられた。

　東京オリンピック開催前には、ハードトレーニングを自ら進んでやり抜く「根性」のある競技者をスポーツ的人間ととらえ、オリンピック代表候補選手たちの雰囲気が、そのまま社会的な雰囲気となり、トップレベルの競技スポーツに限らず、小学校から大学まで学校スポーツにも及んでいるという見解が確認できる（丹下，1963, p.152）。スポーツにおける「根性」は、オリンピックや世界大会の選手となる一流競技者に限らず、学校スポーツ、とくに運動部活動における指導にも反映されていったと考えられる。

　「根性」は、スポーツや学校教育だけでなく、経済的な側面でも取り上げられている。実際に、産業界の要求に応じた人間的な資質の問題に関連づけた見解では、労働力としてみなされる人間の効率的な養成が考えられていた。そこでは、人間としての育成ではなく、労働力としてみなされる人間、とくにすぐれた能力を有する人間の育成が課題とされていた。スポーツ界と経済界および実生活において、国際競争に勝利し、目標を達成するための人間形成が問題とされていたのだと考えられる。

　スポーツにおける根性とは、目標的な要素としての卓越・勝利、方法的な要素としてのハードトレーニング・猛練習によって培われる意志や精神力のことであった。それが社会全般の雰囲気にも影響し、危機や困難な課題に対して粘り強く継続した取組によって克服し、打開することの意味へと読み換えられた。スポーツにおいて勝利を追求するということが、日本社会全体の状況に重ねてとらえられ、業績主義・能力主義の社会を強固に形成していったと考えられる。

4. 根性論の問題性と勝利至上主義

　上述のようにわが国社会の復興と躍進を支えた根性論的な精神性は、同時にその問題性も露呈するようになる。東京オリンピック後、スポーツにおける根性は度々批判的に取り上げられている。

　1965年には東京農業大学ワンダーフォーゲル部の新入部員が、「山のシゴキ」と称された過度なトレーニングによって死亡するという事件が起こり、1970年には拓殖大学空手愛好会において、退会を申し出た学生に対して、「退会するなら最後に総げいこを」と称し、集団暴行を加え、死亡させる事件が起きた。また、東京オリンピックのマラソンで銅メダルを獲得し、一躍国民的な英雄となった円谷幸吉が、1968年のメキシコオリンピックを目前にして「疲れきってしまいもう走れません」と遺書を残し、自死するという事件も起こった。このように、スポーツ場面で死にいたる事件が相次いで起こったことを受け、各方面からスポーツ批判が展開された。

　たとえば、スポーツにおける根性とは、どれほど苦しく不合理なことであっても、指導者や先輩にしたがって耐え忍び、頑張ることができる精神力にほかならず、勝利を絶対的な権威とすることから必然的に要求されてきたという（森川, 1974, p.33）。そのほかにも、スポーツにおける根性主義が勝利至上主義と結びついて方法的・技術的な観念として機能しているという指摘があり、そこには非民主的な実践の場が前提され、また非科学的な指導が反映されているという。この意味で、根性論はトップアスリートといわれる一流競技者に対してよりも、技術の向上に対する方法や理解が不十分なレベルの実践（中学・高校の運動部活動、ユーススポーツ等）に対してイデオロギー的な効果を発揮するものであると考えられた（草深, 1986, p.42）。

　このような批判的な見解から、スポーツにおける根性は体制側から意図された「強制する精神主義」とみなされ、しごきや暴力をともなった非民主的な指導や受動的な忍従をもたらし、歪曲されていったことが考えられる。さらに、根性は戦前の軍隊的な秩序を背景とした実践を支えた精神と同様のものとみなされ、それが実践の場に見出されていた。たとえしごきや暴力がふるわれたとしても、指導という名目で勝利のためだと正当化され、それに耐えられないのは根性がないからだという理屈が成立することとなる。このような理屈は、昨今の運動部活動の現場においても耳目にふれることが多い。

スポーツにおける根性は、トップアスリートのすぐれたパフォーマンスによって体現されるものであった。しかし、運動部活動やその指導の場に浸透していく際に、言葉や理念が先行してしまい、目標達成や勝利のための具体的な方法を示さず、「根性があれば勝てる」という幻想が人びとを呪縛し続けていたと考えられる。それがしごきや暴力をともなった指導とそれに部員生徒が黙って耐える状況をもたらしたといえる。

　東京オリンピックで優勝した女子バレーボールチーム「東洋の魔女」を率いた大松博文（1921-1978）や、わが国におけるレスリングの普及に貢献した八田一朗（1906-1983）といった指導者は、東京オリンピック以降の根性論の流行と上述の弊害との両面に少なからぬ影響を与えていた。とくに大松については、その取組に当時から批判的な見解がみられた。「鬼の大松」と呼ばれ、スパルタ的な彼の指導に対して、当時のチームの母体である日紡貝塚の社員をはじめ周囲からは苦情が殺到したという。それでも、大松の著書『おれについてこい！』がベストセラーを記録し、大松イズムと呼ばれた彼の哲学・信念は、スポーツ内外の各方面で取り上げられた。

　大松イズムは、敗戦による挫折・喪失の危機から再建・復興を果たした高度経済成長期の時代精神・社会通念と共振しながら、困難や危機に耐えて生き抜き、成功するための指針とみなされた。しかし、そのようにみなされ、説得力をもったのは、勝利という目標が明確に示され、実際に勝利・成功をおさめることができたからであろう。

　根性は、東京オリンピック以降にスポーツが大衆化していくなかで、勝利至上主義を正当化する理念として効力を発揮し、しごきや暴力をともなった指導や受動的な忍従をもたらしたと考えられる。このときスポーツにおける根性は、勝利至上主義的な風潮のもと、徹底した競争や勝利の追求のなかで閉塞状況におかれた際に、競技空間からの離脱や中断・切断を規制し、継続・接続を促すコード（規範）として機能すると考えられる。この点にスポーツにおける勝利至上主義との関係性が見出される。それは以下に示す図のように構造化することができる（岡部、2021, p.74）。

　近年、スポーツ界における体罰・暴力行為やハラスメント等が社会問題化され、その原因には根性論的な指導および実践があげられている。それは極言すれば、「勝てないのは根性がないからだ」といって奮起を促すだけの指導や、主体性が失われた、耐え忍ぶだけの練習である。このような状況から、勝利至

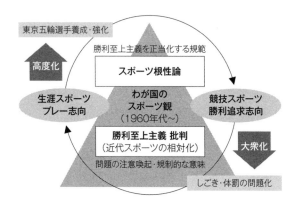

図 勝利至上主義をめぐるスポーツ観の構造（岡部，2021，p.74をもとに筆者作成）

上主義的なスポーツと、支配的なスポーツ観あるいはイデオロギーとしてのスポーツ根性論が今でも機能しているといえるだろう。

5. 運動部活動における勝利至上主義の「これから」

　スポーツおよび運動部活動における勝利至上主義の問題を克服するには、究極的には「近代の原理」が内包された業績主義・能力主義の社会およびスポーツの論理から解き放たれることを必要とする。しかし、「近代の原理」が反映された時代・社会の延長上を生きている私たちにとって、それは現実的に困難であるといえる。たとえそれが教育としての運動部活動であっても、競技志向のスポーツを中心とした実践である以上、上述のスポーツの論理へと組み込まれていくこととなる。試合に負けたり、結果が出なかったりすれば、能力不足・努力不足の烙印を押されてしまう。勝利を得た者や結果を出せた者でさえも、スポーツの論理や能力社会において終わりのない競争と卓越・勝利を追求し続けることにやがては疲労し、燃え尽きてしまう。

　このような問題状況を変えていこうとすることは、新時代の地域スポーツクラブ〈運動部〉活動に不可欠なミッションであると考える。現代およびこれからのスポーツならびに運動部活動は、近代競技スポーツとは別様に、あるいは

多元的なアプローチによって構想される必要があるだろう。

　現在、さまざまな領域において指摘されている社会課題や環境問題に共通するテーマは「有限性（不完全さ）」であると考える。スポーツもまた、無限の進歩や完全性を追求するよりも、有限性や不完全さを踏まえたパフォーマンスの最大化という方向へシフトするべきではないだろうか。とくに運動部活動では、伸びしろや不完全さといった余白があるからこそ、周囲の目を惹きつけるのであり、不完全さがあるなかで、それでもベストを尽くし卓越性を志向することから、人びとに訴えかけるものがある。それはまた、純粋な勝利の追求によって実現されるものであり、汚いプレーやファウルを自制し、公正な態度で競技に取り組むことで、フェアプレー精神やスポーツパーソンシップが育まれる。このような運動部活動であれば、勝利以外にも教育的な価値を求めることができ、勝利至上主義とは異なるスポーツのあり方を示すことができるだろう。

　スポーツや運動部活動において「勝利至上主義」という言葉が使用されるとき、そこには「勝利のためには手段を選ばず、勝利を得ることを最優先させる」という駆動的・過熱的な意図よりも、その弊害や問題性への注意を喚起するような、規制的・冷却的な意図が込められている。また、これまでのスポーツのあり方が反省的にとらえられるとき、勝利至上主義はキー・タームとして機能している。これからの地域スポーツクラブ〈運動部〉活動では、上述のような意図・機能を有する勝利至上主義というパワーワードを積極的に採用し、発信し続けていくべきである。また、活動の中心となる部員生徒や指導者・顧問教員をはじめ、運動部活動に関わる全ての人びとが勝利至上主義的な実践を適切にコントロールしていくことが求められる。

　新時代の地域スポーツクラブ〈運動部〉活動では、有限な環境において不完全さを踏まえつつ、ポスト・勝利至上主義のスポーツのあり方が豊かに構想され、実践されていくことを期待する。

〈引用・参考文献〉

K.H.ベッテ・U.シマンク，木村真知子訳『ドーピングの社会学 近代競技スポーツの臨界点』不昧堂出版，2001.

草深直臣「現代スポーツの構造とイデオロギー」，伊藤高弘ほか編『スポーツの自由と現代・上』pp.18-68，青木書店，1986.

森川貞夫「スポーツ根性論の歴史的・社会的背景」『女子体育』16巻5号，pp.32-36，日本女子体育連盟，1974.

中澤篤史『運動部活動の戦後と現在　なぜスポーツは学校教育に結び付けられるのか』青弓社，2014.

西山哲郎『近代スポーツ文化とはなにか』世界思想社，2006.

岡部祐介『スポーツ根性論の誕生と変容　卓越への意志・勝利の追求』旬報社，2021.

関朋昭『スポーツと勝利至上主義　日本の学校スポーツのルーツ』ナカニシヤ出版，2015.

杉本厚夫「混迷する学校運動部　学校と地域の狭間で」『現代スポーツ評論』28号，pp.36-47，2013.

竹内好「講座をはじめるに当って」，家永三郎編『近代日本思想史講座1 歴史的概観』pp.1-12、筑摩書房，1959.

丹下保夫『体育技術と運動文化』大修館書店，1963.

3-2

運動部活動の社会的変遷

深見英一郎

1. 運動部活動の社会的変遷

　学校の運動部活動は、戦前（明治時代）の旧制中学校や旧制高校の課外活動（校友会運動部）の伝統をもち、こんにちまで広く国民のスポーツ経験の保障および競技者養成の面において重要な役割を果たし、わが国のスポーツ振興を支えてきた。

　近年、教員の長時間労働が社会的な問題となっており、運動部活動がそのおもな要因の一つにあげられている。また、少子化の影響によりとくに中学校では部員が集まらず日頃の練習すらままならない状況や、生徒のやりたいスポーツの部活動がないなど生徒の多様なニーズに対応した活動機会が提供できない状況がみられる。このような運動部活動を取り巻く状況に鑑みて、従来通り学校単位で教員が指導する運動部活動を維持していくことはきわめて困難であり段階的に地域に移行していくことが検討されている。

　本節では、戦前期の運動部活動の成立過程からこんにちの地域移行までの変遷について、これまで運動部活動が果たしてきた役割やそれを生み出してきた仕組みを概観していく。

2. 戦前期の運動部活動の社会的機能

　運動部活動はおよそ140年前の明治時代に誕生した。それは、わが国のスポーツ史の始まりともいわれる。明治時代初期、文明開化により西洋から文物や産業さらには学問とともにスポーツ文化がわが国に輸入された。それらの受け入れ先は学校であり、その中心は大学であった。学問や技術を教授するために外国人医師や英語教員が大学に招かれ、そこで彼らはスポーツを紹介し大学から

スポーツが広まっていった。それまでのわが国には、柔術や剣術といった武術はあっても野球やサッカーといったスポーツはまだ存在しなかった。1886（明治19）年、帝国大学（現在の東京大学）で、学内の各運動部を取りまとめるわが国初の学生スポーツ団体である「帝国大学運動会」という大学体育会組織（学生スポーツ団体）が誕生した（中澤，2014，p.93）。同じような組織は、ほかの高等教育機関でも次々に設立されていった。大学の運動部員たちはスポーツを楽しむだけでなく、スポーツのルールや練習方法を紹介した解説書を刊行したり直接小・中等学校に競技指導に訪問したりすることでスポーツを振興していった。その後、運動部活動は中等教育機関にも広まり、明治末期には現在の中学・高等学校の運動部活動の前身である旧制中学校の校友会が組織されていった。

　1900年代になると徐々に対外試合が盛んになっていく。当時の状況について竹之下（1950，p.84）は「黎明期を過ぎた我が國スポーツ界は普及期を迎え勃興の機運を見せはじめた。…この時期を端的に表現するならば校内試合から対校試合へ、運動会から競技会へ、國内試合から國際試合への段階であつて、同好者の間にたのしまれた練習から組織的練習に入るにつれて世人の関心も高まり、…新聞社主催の競技会もその頻度を加えるようになつた。」と述べている。

　大正期には、中等学校においてもさまざまな種目の対外試合が行われるようになり、全国大会も開催されるようになった。1915（大正4）年に全国中等学校優勝野球大会（夏の甲子園大会）の開始を皮切りに、サッカー（1917）、ボート（1925）、水泳（1927）、庭球（1934）などさまざまな種目で中等教育段階での全国大会が開催された。対外試合が活発になることで運動部活動は人気を博し、しだいに過熱化するようになる。当時、すでに学業との両立が難しい、激しい練習によるケガ、勝利至上主義といった問題が発生し、運動部活動の弊害が指摘されていた（岸野・竹之下，1959，pp.84-85）。この状況を憂えた文部省は1926（大正15）年に「体育運動の振興に関する訓令」を出し、運動精神（スポーツマンシップ）の昂揚、大会参加には学校長の承認を得る、勝敗のみにとらわれない、学業に支障を与えないことなどを求めた。この当時、指摘された問題の多くはこんにちの運動部活動においても通じる内容といえる。

　昭和期に入ると戦争時代に突入する。1941（昭和16）年に「国民学校令」が出され、国による教育への統制・管理が強まり学校教育の目標が皇国民の錬成にあることが明示された。当然、その影響は体育（当時の體操科）の内容にもおよび、體操科は體錬科に改められ、「身体の鍛錬」「精神の錬磨」「国に奉仕す

る態度や実践力」が強調された。運動部活動でも體錬科と同様の指導が行われ、校友会は総力戦に向けて学徒の労働力を勤労作業に充てるための部隊「学校報国団（隊）」に改変された。運動部は鍛錬部や国防訓練部として再編成され、それまでスポーツをしていた運動部員たちは勤労奉仕作業に従事したり射撃や軍事訓練を行ったりすることを余儀なくされた（神谷、2011a、pp.74-77）。

　学校報国団（隊）として再編成された校友会運動部は、「大日本学徒体育振興会（略称・学体振）」という文部省の外郭団体下に統制されることとなった。学体振は、国が主導して運営し、戦意高揚を目的としていた。1942年に開催された学体振主催の全国大会では、陸上競技、水泳、相撲、戦場運動、蹴球、籠球、射撃、柔道、剣道に野球を加えた10競技が総合体育大会形式で開催された。奈良県・橿原神宮の外苑運動場で行われた開会式には、全10競技に出場する選手約7500人が参加し軍服姿の将校たちが居並ぶなか東条英機首相が祝辞を述べたという（結、1983、p.106）。

　開会式の翌日、甲子園で開催された中等野球では、周辺住民が空襲警報と誤認してしまうという理由から試合開始の合図がサイレンではなくラッパが用いられた。「ストライク」や「ボール」はまだ使えたが、ユニホームのローマ字表記は漢字に変更させられた。スコアボードには「勝って兜の緒を締めよ」「戦い抜かう大東亜戦」など戦意高揚のための横断幕が掲げられた。選手は「選士」と呼ばれ、敢闘精神と突撃精神が求められ、続行不能のケガ以外では交代は認められず、投球をよけることも許されなかった。そして戦況が深刻化した1943（昭和18）年には体育大会はもちろん、野球、庭球、籠球、排球、蹴球などは「敵性スポーツ」として廃止され（木村、1987、p.1090）、多くの生徒が戦争へと駆り出された。1945（昭和20）年8月に終戦を迎えるが、大日本学徒体育振興大会に参加した「選士」のなかには、「戦士」として戦場に散った生徒たちも少なくなかった（早坂、2012、pp.17-18）。

3. 対外競技基準の緩和と1964東京五輪

　国による統制・管理が教育の軍国主義化を招いた反省から、終戦から一ヶ月後に文部省は、「新日本建設の基本方針」を発表し、軍国主義の払拭を掲げた。1946（昭和21）年「新教育指針」において、「明朗闊達なる精神を涵養する為大いに運動競技を奨励し純正なスポーツの復活に努め」る方針が示され、体育

やスポーツが学校教育の民主化政策に利用された。

　1947（昭和22）年に改訂した学習指導要領（以下、「要領」と記す）では選択教科として「自由研究」が制度化され、そこに「クラブ」が位置づけられた。特別教育活動（中学校、高等学校）に位置づけられたクラブでは、生徒の自主的な活動が求められる一方で、全員に履修させることもめざされた。戦前の運動部活動では対外試合をめぐって練習や応援が過熱化したり勝敗に囚われるあまりスポーツの機会が一部の生徒だけに限られたりした反省から、クラブ本来の目的、全ての生徒たちのための自治集団活動がめざされたのである。特別教育活動について、宮坂（1975, pp.13-14）は子供自身の自由意思と行動の主体性が必須要件でなければならない。一方で、子供の自由と主体性を尊重することは子供を放任することではなく、学校と教員が責任をもって意図的に教育していく必要があると述べており、特別教育活動は子供の個性・特長を伸ばす教育的価値の高い教育活動として認識されていたことがわかる。

　このように運動部活動は、教科の枠に収まらず生徒が自由にスポーツ種目を選び自治的に活動する点で、まさに民主主義を象徴する活動であると考えられた。当時、対外試合に関して宿泊をともなう遠征や全国大会への出場が認められていたのは新制高校の運動部活動だけであった。一方で、義務教育段階となった新制の中学校は学業優先で、宿泊をともなう遠征や全国大会への出場は認められておらず校内のスポーツ活動の振興を目的としていた。しかしその後、対外競技基準は緩和されることとなる。その背景には1964（昭和39）年の東京オリンピック大会の開催が大きく関係していた。幻の東京オリンピックと呼ばれる1940（昭和15）年大会は、日中戦争の勃発を機に開催権を返上し、以降わが国はスポーツの世界においても国際社会から孤立した。わが国のオリンピックへの復帰が認められるのは、1952（昭和27）年開催の第15回ヘルシンキ大会からであるが、この大会での成績はふるわなかった。奇しくも1952年サンフランシスコ平和条約が発効し独立国としての地位を回復した。平和憲法のもと新しい国家体制になったわが国が、独立国として再び国際社会に復帰したことを世界にアピールすると同時に、青少年に対して希望を与え自信を回復させるためには再びオリンピックを招致することが最重要課題となった（石坂、2004）。

　1959（昭和34）年、西ドイツのミュンヘンで行なわれた第56次IOC総会において、第18回東京オリンピックの開催が決定し、その翌年には日本体育協会内に「選手強化対策本部」が設置され。そこには競技団体代表、学識経験者、

文部省などの関連団体のほか、中学校・高等学校体育連盟も参加して組織された。それは、1960（昭和35）年ローマ・オリンピック大会での成績不振を払拭すべく「（自国開催のオリンピック大会では）日本国民の代表としてなんとしても日の丸をあげなければならないし、外国選手を迎えるホストとしては最後まで試合に残って応対しなければならない」という悲壮なまでの決意であった（前川, 1973, p.214）。

　こうした背景から、水泳連盟をはじめとする競技団体が対外試合基準の緩和を要求した。それは、低年齢から選手養成を行わなければ国際大会で勝てる選手を養成できないからであり、選手発掘のためには全国レベルの大会を開催する必要があったからである。結果的に、こうした競技団体の要請が受け入れられ、1961（昭和36）年、「中学生生徒の個人競技については、とくにすぐれた者を国際競技会または全日本選手権大会もしくはこれに準ずる大会に参加させることができる。なお、水泳競技については、その特殊性に鑑み、一定の水準に達した者を選抜して開催される全国中学生選抜水泳大会に参加させることはさしつかえない。…」と基準が緩和され、それまで制限されてきた中学生の宿泊をともなう遠征や中学校水泳競技の全国大会が認められるようになった（神谷, 2011b, pp.68-71）。

　1960（昭和35）年の保体審答申「オリンピック東京大会の開催を契機として国民とくに青少年の健康、体力をいっそう増強するために必要な施策について」では、学校体育における体力づくりを基盤にしてすぐれた選手を育成しなければならない、スポーツ層の底辺拡大やスポーツ・体力科学の振興などに関する総合対策の必要性が提案された。

　1964（昭和39）年に、アジア初のオリンピックとして東京オリンピックが開催され、355名の日本選手団のなかには高校生14名が含まれたという（中澤, 2014, p.116）。東京オリンピックという国家的イベントの流れに巻き込まれながら、運動部活動は競技力を向上させる役割が期待されたのである。その結果、運動部活動はだれもが気軽にスポーツを楽しむ場というよりも、一部の生徒を一流選手として養成する場へと変化していった。また、東京オリンピック大会後は国民のスポーツに対する関心が高まった一方で、児童生徒の体に関して「…体格が向上しているのに体力は伸びていない…」と体力の低さが問題視されるようになった（文部省, 1966, p.107）。国際大会においてすぐれた成績をおさめるためには、その根底に「体力づくり」が必要であること、真の選手強化のた

めにはなによりも底辺拡大が必要であることが強く認識され全国民の体力を高めようという関心が高まった。1965（昭和40）年には、文部省、厚生省など11の官庁と168の民間団体からなる官民一体の推進機関として、「体力づくり国民会議」が発足し、翌年には体力づくり推進全国大会が開催された。こうした取組は、当然選手強化との関連で中学校、高等学校の運動部活動のあり方にも大きな影響を与えた。

4. 必修クラブ活動と非行対策としての運動部活動

　1950（昭和25）年、朝鮮戦争の勃発を機に米国による日本の占領政策の転換が図られ、公職追放令が廃止された。このとき戦争責任を免れた政界・財界の要人たちは国の教育政策に対して自分たちの教育要請・要望などを受け入れやすくするために、文部省の諮問機関「中央教育審議会」を設置して財界・官僚主導による中央集権的教育政策が進められた（堀切, 2010）。それまで「試案」とされてきた文部省の要領は、「特に示す場合を除き、いづれ（原文ママ）の学校においても取り扱うことを必要とする」として教育内容の国家基準を示すものになった。これは、教育の中央集権化という行政的な意図であるが、他方で教員によるカリキュラムの自主編成の成果があまり上がらないという現場への批判に基づくものでもあった（前川, 1973, p.202）。こうした背景から、1958（昭和33）年に改訂された要領に「必修クラブ」が制度化された。改定された要領が法的拘束力をもって告示されたことで、クラブ・部活動の実施が各学校で義務づけられるようになったのである。

　東京オリンピック開催を背景に児童生徒の対外試合基準が緩和されたことにより教員の負担が増大し、長時間労働という新たな問題が深刻化した。国際的には1966（昭和41）年に、専門家としての「教員の地位に関する勧告」がユネスコの特別政府間会議で採択され、教員の身分保障について社会の関心が高まっていた。国は、勤務時間外に部活動を担当する教員には時間外手当を支給する必要があったが、休日も含めた膨大な勤務時間をカバーする財源を確保することは不可能であった。そのため、必修クラブを制度化して、時間割（教員の勤務時間内）にクラブ活動を実施する一方で、これまで取り組まれてきた部活動を教育課程外の活動として位置づけることで、手当問題を解決しようとした。このとき時間外労働に対して超勤手当を支払う代わりに給料月額4％相当の調

整額を支払う「公立の義務教育諸学校等の教育職員の給与等に関する特別措置法（1971年）」（いわゆる「給特法」）が成立し、部活動の指導は教員の業務から除外されたのである。しかし同年、人事院は「…臨時で長時間にわたる業務については別途、特殊業務手当を検討する」ことを示した。具体的には「人事院が定める対外運動競技等の指導業務で泊をともなうもの（若しくは勤務を要しない日・休日に行うもの）」に特殊業務手当を支給する方針を打ち出したことで、宿泊をともなう場合（8時間程度）、休日における終日の勤務で1,000円が支払われることとなった。この背景には、当時部活動中に発生した複数の判例において「勤務時間外に行われる部活動指導の責任は学校・教師にある」という判決結果が出されたことも影響した（神谷, 2007）。

　そもそも必修クラブの制度化は、教員の勤務時間外に行われる対外試合の運営を地域に移行することを念頭においていた。しかし、先の人事院規則では地域の対外試合に参加する場合でも一定の条件を満たせば手当が支給されることになり、部活動は教員の雑務であると同時に教員の業務としても位置づけられるという矛盾を引き起こした（神谷, 2012, pp.68-71）。

　さらに、必修クラブの制度化は新たな問題を引き起こした。それは、公教育において全ての生徒たちに対して彼らが関心のあるスポーツを経験させるという点で教育の機会均等を実現することができるが、その一方で本来、生徒たちが自発的な意思により参加し活動するべきものというクラブの本質が保障されなくなったのである。

　1974（昭和49）年、高等学校への進学率が9割を超えほぼ義務化するなか学校に適応できない生徒が増えてきて、それに端を発した問題行動がみられるようになった。いわゆる「校内暴力」事件が多発して社会問題となり、1980年代の学校は生徒の非行問題への対応に迫られた（藤田, 1991, pp.161-169）。東京・下町のS中学校教員は、当時の校内暴力について次のように述べている。「…授業中に突然奇声を発したりボールを投げたりして注意する教師にくってかかり、顔にツバをかけ、あげくのはてほかの生徒をけしかけて教室の外、学校の外へ出て行ってしまう。トイレのドアを蹴破りガラスをたたき割り、水道の栓を抜いて水浸しにする。消火器、非常ベルのいたずら、喫煙は日常茶飯事で、教師を挑発し集団で暴力をふるう。卒業式には私服の警察を校内に配備して、どうやら形をととのえるといった有様であった」（能重, 1982, pp.26-27）。これは極端な事例であるが、こうした問題行動に対して多くの学校で取られた対策

は教員が運動部活動を通して生徒たちと関係性を築き、非行防止や更正を図るという生徒指導的な取組であった。生徒たちにとってもっとも身近な社会である学校生活への不適応は、問題行動を引き起こす重要な要因となるため（伊藤,1993）、生徒たちの「居場所」としての部活動は重要な存在であった。

実際に、中学校教員の登坂（1981, pp.43-47）や教育委員会指導主事の茨田（1981, pp.48-51）は、部活動に参加させることで非行生徒は更正できる、部活動が生徒の非行防止に役立つと報告し、非行防止や更正の手段として運動部活動が学校に必要だとする主張につながっていった（鈴木, 1981, pp.14-16）。また、生徒の問題行動の背景には、「根性がない、耐えることを知らない」という耐性が不足していることも原因の1つと考えられ、運動部活動に対してこの耐性強化の役割が期待された（鈴木, 1980, pp.9-11）。

5. 生涯スポーツの弊害になり得る運動部活動

非行防止や生徒指導の手段として運動部活動を位置づけたことで、学校や教員は運動部活動への関わりをいっそう強くし、その規模はかつてないほど拡大した。一部の学校や教員は、入部を望まない生徒やスポーツをしたくない生徒を入部させるなど、本人の意思に関係なく生徒指導のために生徒に運動部活動の加入を推奨し、あるいは強制するようになった。このように生徒を管理するための運動部活動は、その対象を問題行動が目につく非行生徒からやがて一般生徒へも拡げていき、広範囲な生徒指導へとつなげていった。当然、生徒指導の手段とするような管理主義的な運動部活動のあり方には、多くの批判が寄せられた（神谷, 2013a, pp.64-68）。

たとえば佐伯（1988, pp.18-20）は、「早朝から夜間にいたるまでの激しい練習、心身ともにくたくたに疲れさせ、自由時間もエネルギーも消耗させる。…ここでは本来、レジャーにおける教育、レジャーのための教育であったものが奴隷的労働に変貌する。…隷属が強制される抑圧的管理の状況では内面的自己統制の機会はない。だから非行は単に先送りされて行くに過ぎないし、むしろ潜在的な可能性を醸成することになりかねない…」と批判している。

また、森川（1988, pp.20-23）によれば当時の状況は、「『フォア・ザ・チーム』の声によってレギュラーでない部員たちの練習制限や下級生部員に対する雑務押しつけがなされている。…これをいつまでも続けていると『落ちこぼれ』が

出てきたり、あるいは指導者の見えないところでの『非行・怠業』をやらかす者が出てくる。やむを得ず部員管理としての生活指導を考えて、…『協調性』とか『団結』『規律』に力を入れる。同時に、部員に暇をもたせると何をしでかすかわからん。だから時間的にも肉体的にも余力を残させないように目一杯練習させよう」というものであった。

　他方で当時、学校教育の外から運動部活動の位置づけやあり方に影響を与える議論が台頭してきた。それが生涯スポーツ論である。中学校の野球部顧問Mが、卒業した教え子から自身の過去の勝利至上主義指導を指摘され生涯スポーツの重要性に気づいた話である。「…教え子たちの思い出話に出てきた内容の多くは私に殴られた話と先輩にいじめられた話であった。『1，2年の間は、いつ監督に殴られるかと思うと練習どころではなかった。ひたすらミスしないように目に付かないようにと、そればかり考えて緊張しどうしだった。上級生になったら生き残り競争が激しく、一時（いっとき）も気をゆるめることができず、仲間のけがを喜ぶ仲間もいて空しい気持ちになることが多かった』…特に目をかけ、厳しく指導したチームの中心選手だったTとOは『もうこれ以上野球は続けたくない』というのである。…私は大きなショックを受けた」（森，1988，pp.34-37）。生涯スポーツとは、自分の好きなスポーツを気の合う仲間と楽しく取り組むことで、人生をより豊かにすることであり、そのためには外から強制されず安心して自分のペースで取り組めることが大前提である。顧問Mは、生徒たちの将来を期待してときに暴力的な厳しい指導で愛情をもって育ててきたつもりであった。しかし、その結果将来有望な生徒に「(大好きな)野球をやめる」と思わせてしまったのである。彼は、自身のこれまでの指導方法は明らかにまちがっていたと反省し、その後生涯スポーツを意識した生徒中心の新しい指導方針に切り替えたのであった。

6. 学校のスリム化と運動部活動

　1989（平成元）年要領で、部活動参加をもって必修クラブ活動の一部又は全部の履修を認める、いわゆる「部活代替措置」が設けられた。1992（平成4）年に月1回で開始された「学校週5日制」が2002（平成14）年に完全実施されていくなかで、授業時数の確保に苦慮する多くの学校は、部活代替措置を用いて必修クラブ活動を時間割から無くしていった。1995（平成7）年、経済同友会

は拡大化する学校の負担を軽減するために「学校のスリム化」論を提唱した。その背景には、学校が多様な役割を抱え込み過ぎており、この学校過剰の状態を変えない限り学校も教育もよくならないのではないか。地域と連携・協力して子供を教育していくことも大切ではないかとの考え方であった。1996（平成8）年の中央教育審議会答申では、「地域において活発な文化・スポーツ活動が行われており学校に指導者がいない場合など、地域社会にゆだねることが適切かつ可能なものはゆだねていくことも必要である」という方針が示され、運動部活動を地域社会へ移行する方向性が示された。1998-99（平成10-11）年に改訂された中学校と高校の要領において、課外の部活動との選択が認められた必修クラブは、「学校のスリム化」政策を背景に廃止される。その結果、必修クラブの関連領域として位置づけられてきた部活動も教育制度上の位置づけが曖昧になった。

　一方で、部活動を簡単に地域移行できない理由もあった。それは、1980年代から「特色ある学校づくり」が進められ、部活動の競技成績は、推薦入試において欠くことのできない「個性の評価」となっていたからである。また、当時においては部活動手当も増額され〈注1〉、指導の条件整備が進められていた。これらの要素がからみあって、部活動は要領に明確に位置づけられず、かつ地域移行もしないという曖昧な状態が生じたのである（神谷, 2013b, pp.68-71）。

　2000（平成12）年に「スポーツ振興基本計画」が制定されるが、その策定に向けた特別委員会において、「ゆとり教育」政策と運動部活動の関係が議論された。それは、当時学校週5日制が進められていたが多くの運動部活動では上位大会出場を目標に1つの種目を土日も活動し、子供と教員は「ゆとり」とはかけ離れた状況におかれている点が問題視されたからであった。そのため、委員会では土日の活動は休止する、複数の競技種目を体験する機会を確保する、学校対抗形式にとらわれず同じレベルや年齢層による試合、合同チームや地域のクラブの参加も認めるなどの意見が出された。実際に制定された「スポーツ振興基本計画」では、これらの意見が反映され、今後の運動部活動の具体的展開方針が示された。

　しかし、翌2001（平成13）年、文部科学省が通知した「児童生徒の運動競技について」では、それまで過熱化を抑止していた「対外試合基準」を廃止するというスポーツ振興基本計画を無視した方針が示された。新しい対外試合基準では、小学校の対外運動競技が認められ、中学校と高校では地方ブロック大会

や全国大会の開催数が緩和されることとなった。その背景には、「学校が自らの判断で特色ある学校づくりに取り組むことが必要」であり、運動部活動についても「各教育委員会や学校の判断により行われることが適当である」こと。また、「そもそも運動部活動は生徒たちの主体的な活動であることから、それを休めと命じるのはいかがなものか」などの意見が反映されたからであった（神谷, 2013c, pp.58-61）。

7. 運動部活動の地域移行に関する本格的検討

　近年、運動部活動は持続可能性という面で厳しさを増している。とくに、中学校では深刻な少子化を背景に生徒数の減少が加速化し、部員が集まらず大会への出場ができないだけに止まらず、休部や廃部に追い込まれることで、生徒のやりたいスポーツの部活動が存在しないなど生徒の多様なニーズに対応した活動機会が提供できない状況がみられる。また、部によっては競技経験のない教員が指導せざるを得なかったり休日も含めた運動部活動の指導が求められたりするなど、教員にとって大きな業務負担が指摘されている。学校において働き方改革が求められるなか運動部活動が教員の長時間労働のおもな要因の一つとなっていることから早急な対応が必要である。このような運動部活動を取り巻く状況に鑑みて、従来通り学校単位で教員が指導する運動部活動を維持していくことはきわめて困難であり、段階的に地域に移行していくことが検討されている。

　これまで文部科学省は、部活動指導の負担軽減を進めようと平成22（2010）年に地域のスポーツ指導者を「外部指導者」として受け入れ、また平成29（2017）年からは担当教員がいなくても大会等に生徒を引率できる「部活動指導員」を制度化してきた。しかしながら決して待遇がよいわけではなく、なかなかみつけるのが難しかったり、みつかっても学校に理解のある人とは限らず保護者からの苦情対応でかえって手間取るといった指摘もみられた。こうしたなか、教員の働き方改革を推進し、将来にわたり子供たちがスポーツに継続して親しめる機会を確保するために、地域の持続可能で多様なスポーツ環境を一体的に整備しようとする動きがみられた。これが、令和3（2021）年10月-同4年（2022）5月にわたり全8回開催された「運動部活動の地域移行に関する検討会議（スポーツ庁, 2022）」である。具体的には、「令和5年度以降、休日の運動部活動の段階

的な地域移行を図るとともに休日の部活動の指導を望まない教員が休日の部活動に従事しないこととする」ことが示された。

　ここではスポーツへの多様な関わり方を意識して、特定の運動種目に専念するだけでなく、休日等におけるスポーツ体験教室や体験型キャンプ、レクリエーション活動、複数の運動種目を経験できる活動、障害の有無に関わらずだれもが参加できる活動など、生徒の状況に適した機会を確保しようとしており、従来の運動部活動のイメージを覆す豊かな活動内容が想定されている。また、指導者の確保に関しては、引き続き外部指導者や部活動指導員を活用したり、これまで通り部活動を指導したい教員には兼職兼業の機会を与え、指導に対して適切な対価を支払うことになっている。さらに、大会等に指導者として引率する際に、公認スポーツ指導者資格の取得を義務づけ、専門性や資質を有する指導者を全てのスポーツ指導現場に適切に配置しようとしている。このような新たな方策は、生徒の多様なニーズに対応した活動機会の提供につながると考える。

　その一方で、地域移行にともない運営費など生徒側に一定程度の費用負担が発生することも指摘されている。スポーツ庁の委託調査では、外部運営になった場合、生徒1人当たりの負担が年間平均で1万7千円多くかかるという試算が出ている。これまで運動部活動は学校の施設・用具を使うことで、希望する全ての生徒に無償で（用具代や部費などを除く）スポーツに参加する機会を提供してきた。今後も引き続き家庭の経済事情などで部活動を諦めなければならないような「部活動格差」が生じないように整備すべきである。

　歴史的にみるとこれまで何度も部活動の地域移行が検討されてきた。これまでの論議は、競技力向上や指導者の負担さらには手当の問題などどちらかといえば「大人の事情」で検討されてきたように思われる。一方で、今回の地域移行の議論はもちろん教員の働き方改革もあるが、なにより生徒の多様なニーズに対応した活動機会を提供することを主眼とした、「生徒の視点」を重視した改革であるように思われる。これまでわが国は部活動を通して生徒たちの豊かなスポーツ・文化活動を推進してきた。今後、本格的に地域移行が進められれば、歴史的にみて日本型スポーツ教育システムの大きな転換点となる。いずれにしても子供たちにとって充実したスポーツ環境づくりと教員が働きやすい環境づくりの両方が実現できる改革が望まれる。

〈注〉
1）部活動指導（土日）の手当は、1989年にそれまでの500円から620円へ、1993年には750円へ、1996年に1200円へと増額され、対外試合の引率手当も、1989年にそれまでの1,200円から1,500円へ、1996年には1,700円に増額されている（神谷, 2015, p.236）。

〈引用・参考文献〉
中央教育審議会「21世紀を展望した我が国の教育の在り方について（第1次答申）」『文部時報』1437号, pp.8-125, 1996.
藤田英典『子ども・学校・社会「豊かさ」のアイロニーのなかで（UP選書）』pp.161-169, 東京大学出版会, 1991.
早坂隆『昭和十七年の夏 幻の甲子園 戦時下の球児たち（文春文庫）』pp.17-18, 文藝春秋, 2012.
堀切勝之「戦後の教育行政再編成に伴う教育政策と歴史事情に関する一考察 教育民主化政策から中央集権体制移行期の教育成策の陥穽」『近畿大学教育論叢』21巻2号, pp.1-31, 2010.
茨田勇「非行生徒を変えたもの」『学校体育』34巻9号, pp.48-51, 日本体育社, 1981.
石田友司「国家戦略としての二つの東京オリンピック 国家のまなざしとスポーツの組織」, 清水諭編『オリンピックスタディーズ 複数の経験・複数の政治』pp.108-122, せりか書房, 2004.
伊藤裕子「現代青年の特徴」, 落合良行・伊藤裕子・斎藤誠一編『青年の心理学』pp.209-226, 有斐閣, 1993.
神谷拓「必修クラブの制度化と変質過程の分析 クラブ, 部活動に関する「判例」を中心に」『スポーツ教育学研究』26巻2号, pp.75-88, 2007.
神谷拓「教育の軍国主義化と運動部活動」『体育科教育』59巻7号, pp.74-77, 大修館書店, 2011a.
神谷拓「東京オリンピックと運動部活動」『体育科教育』59巻13号, pp.68-71, 大修館書店, 2011b.
神谷拓「運動部活動の地域移行の背景」『体育科教育』60巻1号, pp.68-71, 大修館書店, 2012.
神谷拓「管理主義教育と運動部活動」『体育科教育』61巻2号, pp.64-68, 大修館書店, 2013a.
神谷拓「『無色透明』な部活動の行方」『体育科教育』61巻9号, pp.68-71, 大修館書店, 2013b.
神谷拓「『スポーツ振興基本計画』と運動部活動」『体育科教育』61巻10号, pp.58-61, 大修館書店, 2013c.
神谷拓『運動部活動の教育学入門 歴史とのダイアローグ』p.236, 大修館書店, 2015.
木村吉次「部活動」, 日本体育協会監修『最新スポーツ大事典』p.1090, 大修館書店, 1987.
岸野雄三・竹之下休蔵『近代日本 学校体育史』pp.84-85, 東洋館出版社, 1959.
前川峯雄編『戦後学校体育の研究』不昧堂, 1973.
宮坂哲文（1975）『宮坂哲文著作集Ⅲ』pp.13-14, 明治図書出版, 1975.
文部省『教育白書第8集 青少年の健康と体力』p.107, 1966.
森薫「勝利至上主義を排して」『体育科教育』36巻3号, pp.34-37, 大修館書店, 1988.
森川貞夫「期待される部活動の指導者像」『体育科教育』36巻3号, pp.20-23, 大修館書店, 1988.
中澤篤史『運動部活動の戦後と現在 なぜスポーツは学校教育に結び付けられるのか』青弓社, 2014.
能重真作「子どもの暴力」『体育科教育』28巻2号, pp.26-27, 大修館書店, 1980.
佐伯聰夫「転機に立つ運動部活動」『体育科教育』36巻3号, pp.18-20, 大修館書店, 1988.
沢田稔行「『公立中学校』部活動取材記」『体育科教育』45巻7号, pp.28-31, 大修館書店, 1997.
スポーツ庁「運動部活動の地域移行に関する検討会議提言」, 2022. https://www.mext.go.jp/sports/b_menu/shingi/001_index/toushin/1420653_00005.htm （閲覧日2023年7月10日）
鈴木清「子どもの非行化と学校体育」『体育科教育』29巻4号, pp.14-16, 大修館書店, 1981.
鈴木清「子どもの心の健康と体育」『体育科教育』28巻2号, pp.9-11, 大修館書店, 1980.
竹之下休蔵『体育五十年』p.84, 時事通信社, 1950.
登坂晴世「非行ゼロの学校をめざして」『学校体育』34巻9号, pp.43-47, 日本体育社, 1981.
結踏一朗『われは真ん中高め』p.106, ベースボール・マガジン社, 1983.

3-3

運動部活動の歴史的総括

梅垣明美

1. わが国の運動部活動の史的考察の意義

　学校における運動部活動は、全ての子供たちにスポーツをする機会や競技力向上の機会を提供するなど、わが国におけるスポーツの発展に大きな役割を果たしてきた。その一方で、運動部活動は、多くの問題を抱えながらこんにちに至っている。

　第1に、運動部で横行する体罰（暴力）やいじめの問題があげられる。2013年1月には、バスケットボール部顧問の体罰により生徒が自殺したというショッキングな事件が報じられた。この事件以降、体罰根絶に向けたさまざまな取組が行われてきたが、未だ体罰根絶には至っていない。また、選手同士、あるいは、先輩後輩関係からくる暴力やいじめの問題もなくならない。

　第2に、指導者の問題があげられる。近年、教員の長時間労働が問題視されているが、「ブラック部活」という言葉に象徴されるように、とくに運動部顧問の負担が問題となっている（文部科学省、2018）。指導者の問題は、労働時間の長さにとどまらない。学校では、ほとんどの教員が顧問を任されることから、自身の専門でない運動部を任されたり、指導経験がないのに担当したりという問題が生じている。これらは、教員の大きなストレスになっているばかりか、非科学的な練習から生徒のケガや故障を引き起こすという危険性をはらんでいる。このほか、転勤を余儀なくされる公立学校では、顧問の交代とともに指導方針が変わり指導の一貫性を担保できないという問題も見受けられる。

　第3に、少子化により学校単位での運動部の継続が難しいという問題があげられる。生徒数の減少にともない、各学校で組織できる運動部が減り、生徒の入部したい運動部がないという問題が生じている。さらには、大会出場に必要な部員数を確保できず大会に出場できないという事態が起こっている。学校対

抗戦という単純明快な対立軸での展開が限界にきているといえよう。

　わが国における運動部活動は、生徒の自主的、自発的な活動として、子供たちの成長を促し、日本人の豊かで幸せなスポーツライフの形成に大いに貢献してきた。しかし、その功績の影で、暴力による排除や、「生徒のため」という一言で教員に犠牲を強い、学校に固執することにより運動部存続の危機を招いている。

　今、曲がり角に来ている運動部活動は、どの道を進むべきなのか。文化的な遺産としてよいものを継承し、さらに発展させるために、これまで歩んできた道のりを振り返り、どのように歩んできたのか、多くの問題が生じた原因はどこにあるのかを探ることは有意義なことである。運動部活動の改革にあたって、問題を生じさせた地点に戻り、そこからやり直す必要があるだろう。

2. 競技の論理と教育の論理の葛藤

　ここでは、わが国の運動部のはじまり、そして、運動部活動がどのような経緯を経てきたのかについて、とくに、戦後、文部省・文部科学省から公布された通達を中心にみていきたい。

　わが国の運動部は、明治以降、イギリスやアメリカ生まれのスポーツが紹介されるなか、大学生がそれらに夢中になり、校友会を組織したことから始まる。最初は、大学生による校内競技として、それが対外競技へと発展し、中等学校の生徒へと広がりをみせていった。

　校友会が組織され対外競技が行われると、新聞社主催による競技会が開催されたり、ラジオやテレビで試合が放送されたりした。メディアは、売上を伸ばすため、大衆受けするように、「A県代表A学校対B県代表B学校の決戦！」などと対立軸を作り、勝利至上主義を煽っていった。戦前では、オリンピック参加による日本人メダリストの誕生や、極東選手権競技大会の開催と、学校教育という枠組みを超えて競技スポーツが人々の心をとらえていた。このように運動部活動は、当初から商業主義と強く結びついており、勝利至上主義へと突き進む要素を含みもっていた。

　メディアと結びつきながら発展してきた運動部活動には、勝利至上主義の考え方のもと、過度の練習、それによる選手の健康被害、学業への悪影響、特定の選手による施設・道具の独占、対外競技にともなう経済的な負担などの問題

が山積していた。これらを解決すべく、1932（昭和7）年、文部省は、野球統制令を公布し、対外競技の制限や商業主義の払拭などに努めた。戦後この野球統制令は廃止されたが、代わって児童生徒の運動競技を統制する通達が文部省から公布されるようになる。表1に、戦後、文部省・文部科学省から公布された児童生徒の運動競技に関する通達を示した。

友添は、わが国の運動部活動の発展を、「運動部を選手養成の場と捉える各種競技団体とあくまで教科活動では得られない生徒の自治能力や主体性を涵養する場と考える文部省・教育委員会・学校との、『競技』と『教育』という対立する論理の葛藤の歴史であり、競技の論理が教育の論理を押し切ってきた過程」（友添，2013，p.11）と理解している。戦後公布された通達の変遷をみると、文部省・文部科学省が、「教育」の論理のもと運動部活動に制限を加えるが、各種競技団体からの要望、あるいは、当時みられた通達違反への対応として、徐々に「競技」の論理に譲歩していった過程をよみとることができる。

戦後すぐに公布された1948（昭和23）年の通達では、戦前にみられた勝利至上主義にともなう問題への対策として、小学校では対外競技を禁止し、中学校では宿泊をともなわない対外競技に留め、高等学校でも全国大会への参加を年1回程度にするなど、かなりの制限が加えられた。競技会の主催も、戦前の商業主義を払拭すべく、教育関係団体とされている。新聞社の主催は例外とされていたが、1949（昭和24）年に、新聞社は後援とされた。

しかし、1948（昭和23）年からわずか6年しか経たない1954（昭和29）年の通達において、中学校における全国大会や国際競技への参加が認められるようになった。1954（昭和29）年の改訂前には、中学生の全国大会参加を認めていない通達に反して、1953（昭和28）年開催の「全日本水上競技選手権大会」に中学生が参加している（宮畑・梅本，1959，p.26）。当時通達の効力を疑わざるを得ない状況が認められた。1954（昭和29）年の通達以降、水泳、フィギュア・スケート、陸上競技などの個人競技において、すぐれた中学生の全国大会あるいは国際競技への参加が可能になった。

主催者についても同様に、通達違反の後に改訂がなされている。1956（昭和31）年の全国高等学校野球選手権大会では、全国高等学校野球連盟は、新聞社を後援と定めた通達に反して、新聞社を共同主催とした（宮畑・梅本，1959，pp.28-29）。この後、1957（昭和32）年の通達で、教育関係団体以外の団体を協力者として主催者に加えることができると改訂された。

表1 児童生徒の運動競技に関する通達（戦後）

公布年・通達	競技会の開催・参加			主催者	特記事項
	小学校	中学校	高等学校		
1948年3月20日 学徒の対外試合について①	・校内競技	・校内競技に重点をおく ・対外試合:宿泊無	・地方的大会に重点をおく ・全国大会:年1回	・教育関係団体 ・(例外)新聞社	
1949年2月1日 学徒の対外試合について①	・校内競技	・校内競技に重点をおく ・対外試合:宿泊無、例)郡市内	・地方的大会:府県単位、または、地域単位 ・全国大会:年1回	・教育関係団体:各種学校体育連盟、日本体育協会およびその加盟競技団体とその下部組織団体、各都道府県体育会または体育協会とその下部組織 ・新聞社:後援 ・(例外)競技団体主催の全国的、地方的選手権大会:学校長承認のもと高校生が個人として参加	
1954年4月20日 学徒の対外競技について②	・対外競技禁止 ・隣接校との連合運動会	・府県大会(宿泊無) ・隣県およびブロック大会(宿泊無) ・全日本選手権大会・国際競技(個人:審議機関の審査)	・府県大会 ・地方大会、全国大会:年1回 ・(例外)国民体育大会	・教育関係団体:日本体育協会およびそれに加盟している競技団体、これに準ずる競技団体、学校体育スポーツ団体およびその下部組織 ・教育関係機関:文部省、教育委員会等の教育行政機関	
1957年5月15日 学徒の対外運動競技について③	・対外競技禁止 ・隣接校との連合運動会	・都府県大会(宿泊無) ・隣接県大会(教育委員会の承認) ・全日本選手権大会・国際的競技会(文部省に協議)	・都道府県大会 ・地方大会、全国大会:年1回 ・(例外)国民体育大会 ・国際的競技会(文部省に協議)	・(小学校)学校または教育委員会 ・(中学校)教育関係団体または教育関係機関 ・(高等)教育関係団体、教育関係団体以外の団体を協力者として主催者に加えることができる	
1961年6月10日 学徒の対外運動競技について④	・対外競技禁止 ・隣接校との連合運動会	・都府県大会、隣接県大会(宿泊制限緩和) ・国際的競技会、全日本選手権大会等:参加資格の緩和および参加手続きの簡素化(個人) ・水泳競技:全国中学生選抜水泳大会	・都道府県大会 ・地方大会、全国大会:年1回 ・国際的競技会、全日本選手権大会等:参加資格の緩和および参加手続きの簡素化(個人)	・(小学校)学校または教育委員会 ・(中学校)教育委員会、もしくは、学校体育団体の主催またはこれらと関係競技団体との共同主催 ・(高等学校)教育委員会、もしくは、学校体育団体の主催またはこれらと関係競技団体との共同主催、ほかの団体を協力者として加えてもよい	
1969年7月3日 児童生徒の運動競技について⑤	・対外競技禁止	・(原則)都道府県大会 ・隣接都府県大会:年1回 ・国際的競技会(教育委員会に協議、文部省に報告)	・(原則)都道府県大会 ・地方的および全国的大会:年1回 ・国際的競技会(教育委員会に協議、文部省に報告)	・(中学校・高等学校)教育機関、もしくは、学校体育団体の主催またはこれらと関係競技団体との共同主催	「学校教育活動以外の運動競技について」:国際的競技大会等への参加状況の把握
1979年4月5日 児童・生徒の運動競技について⑥	・対外競技禁止 ・同一市町村または隣接市町村の地域内	・(原則)都道府県大会 ・地方ブロック大会、全国大会:年1回	・(原則)都道府県大会 ・地方ブロック大会、全国大会:年2回	・国、地方公共団体、もしくは、学校体育団体の主催またはこれらと関係競技団体との共同主催	
2001年3月30日 児童生徒の運動競技について⑦	・(原則)都道府県大会	・(基本)都道府県大会 ・地方ブロック大会、全国大会:年1回	都道府県大会 ・地方ブロック大会、全国大会:年2回	・国、地方公共団体、もしくは、学校体育団体の主催またはこれらと関係競技団体との共同開催	

†通達の数字は出典を示している:①学校体育研究同好会『学校体育関係法令並びに通達集』体育評論社、1949。②現代日本教育制度史料編集委員会『現代日本教育制度史料　6』東京法令出版、1985。③現代日本教育制度史料編集委員会『現代日本教育制度史料　12』東京法令出版、1986。④現代日本教育制度史料編集委員会『現代日本教育制度史料　20』東京法令出版、1987。⑤現代日本教育制度史料編集委員会『現代日本教育制度史料　36』東京法令出版、1989。⑥森川貞夫・遠藤節昭編『必携　スポーツ部活動ハンドブック』大修館書店、1989。⑦大阪教育法研究会HP「児童生徒の運動競技について」、kohoken.chobi.net/cgi-bin/folio.cgi?index=sch&query=/notice/20010330.txt。

1959（昭和34）年に東京オリンピックの招致が決定すると、「教育」の論理よりも「競技」の論理が加速度的に優先されるようになった。1961（昭和36）年の通達では、中学生の宿泊制限が緩和され、全国大会、国際競技への参加資格や参加手続きが簡素化された。水泳競技にいたっては、全国中学校選手権水泳大会の開催が明記された。東京オリンピックに向けて青少年の育成強化が開始し、1962（昭和37）年、学校における運動部活動とは別に、日本スポーツ少年団が組織された。

　特筆すべきは、小学生の対外競技は禁止されていたが、1966（昭和41）年の全日本選手権女子種目（200m背泳ぎ）において、小学生が2位を獲得したという記録がある（日本体育協会, 1970, p.223）。どうやら通達違反は後を絶たなかったようである。

　1969（昭和44）年の通達では、「学校体育のみならず広く一般社会における体育スポーツをいっそう活発にし、その健全な普及発達をはかるという見地から」（現代日本教育制度史料編集委員会, 1989, p.147）、学校教育活動以外の運動競技に関する基準が設けられた。1969（昭和44）年に、保健体育審議会から文部大臣宛に出された『学徒の対外運動競技の基準の改善について（答申）』を読む限り、1969（昭和44）年の通達は、学校教育活動以外の運動競技に制限を加えるものではなく、適正な実施を図るために一般的な留意事項を示したに過ぎない（現代日本教育制度史料編集委員会, 1989, pp.149-151）。これに対して、舛本（2001, p.273）は、「学校教育活動以外の運動競技」を社会体育に移行しようとしたが、教育現場に混乱をもたらすだけの結果に終わったと分析している。

　表2には、校種毎の規定を理解しやすくするため、競技会の開催・参加だけを一覧にした。この一覧からも、当初「教育」の論理を掲げてスタートしたが、「競技」の論理に譲歩する形で、校内競技に重点をおくところから都道府県大会、ブロック大会、全国大会へと大きな競技会の開催・参加を認める方向で改訂されていることが理解できよう。

　1959（昭和34）年に出版された『学校スポーツの管理　対外競技』には、試合回数や大会規模を制限する要望として、「中体連や高体連がいまよりいっそう権威ある団体に成長し、自主性を持ち、会員校は実質的に連盟の主催する大会以外の大会には出場できないという程度になりたいものである」（宮畑・梅本, 1959, p.176）と書かれており、当時から学校体育団体と各競技団体との微妙な力関係があったことをうかがい知ることができる。

表2 競技会の開催・参加について

		校内競技	隣接市町村	都道府県大会	隣接都道府県 ブロック大会	全国大会
1948 1949	小	○				
	中	○	○宿泊無			
	高			○	○	○年1回
1954	小		○			
	中			○宿泊無	○宿泊無	○
	高			○	○年1回	○年1回
1957	小		○			
	中			○宿泊無	○	○
	高			○	○年1回	○年1回
1961	小		○			
	中			○	○年1回	○
	高			○	○年1回	○年1回
1969	小					
	中			○	○年1回	○
	高			○	○年1回	○年1回
1979	小		○			
	中			○	○年1回	○年1回
	高			○	○年2回	○年2回
2001	小			○		
	中			○	○年1回	○年1回
	高			○	○年2回	○年2回

　そもそも通達には、法的拘束力がないため、「教育」の論理が「競技」の論理を凌駕することは難しかったのではないかといえば、いい過ぎであろうか。

3. 運動部活動と学習指導要領の変遷

　では、学校の運動部活動は、学習指導要領（以下、「要領」と記す）ではどのように位置づけられてきたのであろうか。学校における部活動（要領の用語を示す場合、運動部活動ではなく部活動と記す）と類似した活動にクラブ活動があるが、クラブ活動は教育課程内の活動であるのに対し、部活動は、教育課程外の活動であり、部活動は、クラブ活動とは区別される活動であることを確認しておく。
　戦後、学校において継続的に行われてきた運動部活動であるが、要領におい

て学校教育の一環として位置づけられるのは、2008（平成20）年告示の中学校要領および2009（平成21）年告示の高等学校要領まで待たなければならなかった。戦後60年以上を経て初めて、生徒の自主的、自発的な参加により行われる部活動について、「学校教育の一環として、教育課程との関連が図られるよう留意すること」（文部科学省，2008）と明記された。同様の記述は、2017（平成29）年告示の中学校要領および2018（平成30）年告示の高等学校要領の総則でも踏襲された。運動部活動は、生徒の健康、体力の向上という身体的発達のみならず、知的、社会的、情緒的な発達を促す効果が認められる。なにより日本の競技力向上に果たしてきた役割は非常に大きい。このように教育的価値の高い運動部活動であるが、教育課程外の活動であるがゆえ、長い間、制度的な裏づけがなされないまま継続されてきたといえる。

　一方、要領では、教育課程内の活動として、先に示したクラブ活動が位置づけられていた。ここでは、北川（1995）の整理を参考にしながら、戦後要領におけるクラブ活動の位置づけについてみていきたい。

　戦後すぐに、クラブ活動は、1947（昭和22）年の要領一般編（試案）で、自由研究のなかに位置づけられた。そこでは、「同好のものが集まって、教員の指導とともに、上級生の指導もなされ、いっしょになって、その学習を進める組織、すなわち、クラブ組織をとって、この活動のために、自由研究の時間を使って行くことも望ましいことである」（文部省，1947）と説明されている。

　1951（昭和26）年の要領一般編（試案）改訂版では、自由研究ではなく特別教育活動がおかれ、そのなかにクラブ活動が位置づけられた。法的拘束力をもつようになった1958（昭和33）年の要領でも、特別教育活動の内容の一つにクラブ活動が示された。ここでも、クラブ活動は、生徒の自発的な活動であり、同好の生徒によって組織され共通の興味・関心を追求する活動であると説明された。

　1969（昭和44）年の要領では、特別教育活動から特別活動とされ、クラブ活動は、特別活動の内容の一つに位置づけられ、全生徒が履修すべきものとされた。ここで、いわゆる「必修クラブ」が登場した。1977（昭和52）年の要領でも同様に、クラブ活動は、全生徒が履修すべきものとされた。

　「必修クラブ」の登場以降、生徒は、一週間に1時間、授業としてクラブ活動を行い、放課後、有志による自主的、自発的な活動として部活動を行っていた。森川・遠藤（1999）は、この「必修クラブ」の登場を、部活動を社会教育

に移行させることを望んだ日本教職員組合の要望とセットで考えなければならないと述べている。すなわち、生徒の自主的、自発的な活動としてのクラブ活動の教育的価値を高く評価していた文部省は、部活動を社会教育に移行する代わりとして、クラブ活動の必修化に踏み切ったというのである。先に示した1969 (昭和44) 年の通達による「学校教育活動以外の運動競技」を社会体育に移行しようとした試みと同様、部活動を社会教育に移行するという試みについても、教育現場に大きな混乱がもたらされたと分析されている (森川・遠藤, 1999, pp.13-14)。

「必修クラブ」と部活動の存在は、教育現場に、どのような混乱を招いたのであろうか。1989 (平成元) 年の要領では、クラブ活動は全生徒が履修すべきものとして示されたが、「部活動に参加する生徒については、当該部活動への参加によりクラブ活動を履修した場合と同様の成果があると認められるときは、部活動への参加をもってクラブ活動の一部又は全部の履修に替えることができるものとする」(文部省, 1989) と明記された。ここでクラブ活動の代替措置が提示されたが、これにより、事実上、クラブ活動は解体された。1989 (平成元) 年の要領では、特別活動の内容としてクラブ活動は取り上げられなくなり、もちろん部活動に関する記述もみられなかった。

ところが、2008 (平成20) 年の中央教育審議会の答申『幼稚園、小学校、中学校、高等学校及び特別支援学校の学習指導要領等の改善について』において、部活動を教育課程に関連する事項として、要領に記述することの必要性が主張された (中央教育審議会, 2008, p.39)。その結果、要領で部活動の位置づけがなされたのである。友添 (2016) が指摘するように、運動部活動が要領で長い間位置づけられてこなかったのは、運動部活動が生徒の自主的、自発的な活動であるからにほかならない。2008年以降は、要領で学校教育の一環として位置づけられたのであり、国や各都道府県の教育委員会、学校、地域社会 (各競技団体を含む) が互いに協力しながら、なによりも未来社会を担う子供たちの豊かなスポーツライフを保証するために、教員だけに過度に負担がかからないあり方を模索する必要があるだろう。

4. 運動部指導と教員職務の位置づけ

これまでみてきたように運動部活動は、教育課程外の活動に位置づいている

が、運動部の顧問を任された教員にとっては、負担の大きい職務になっている。ここでは、運動部の指導は、教員の職務としてどのように位置づけられてきたのかについて確認しておく。

北川（1995, pp.18-19）によれば、1960年代後半頃から全国各地で起こった超勤手当の支払いを求める訴訟の結果、1971年5月24日に「国立及び公立の義務教育諸学校等の教育職員等の給与等に関する特別措置法」（いわゆる「給特法」）が制定された。これは、超過勤務手当を支給しない代わりに、給与4％の「教職調整額」を支給するというものであった。さらに、1971年7月には、「教育職員に対し時間外勤務を命ずる場合に関する規程」が制定され、教員に時間外勤務を命じることのできる業務が定められた。すなわち、①生徒の実習に関する業務、②学校行事に関する業務、③学生の教育実習の指導に関する業務、④教職員会議に関する業務、⑤非常災害等やむを得ない場合に必要な業務、であった（文部省, 1971）。後に、③の業務が削除され、超勤4項目として引き継がれている。

部活動は、特殊勤務手当〈注1〉の対象ではあるが、時間外勤務を命じることのできる業務には含まれない。部活動は、長い間教員の熱意とサービスによって支えられてきたといえる。部活動が時間外勤務を命じることのできる業務ではないということは、仮に勤務時間を超えて指導したとしても、それは教員がボランティアとして行っていると解釈されるということである。

2019年に発表された中央教育審議会の答申『新しい時代の教育に向けた持続可能な学校指導・運営体制の構築のための学校における働き方改革に関する総合的な方策について』では、部活動に対して重要な提言がなされている。そこでは、部活動は、学校の業務だが、必ずしも教員が担う必要のない業務とされた。「部活動の設置・運営は法令上の業務ではなく、学校の判断により実施しない場合もあり得る」（中央教育審議会, 2019, p.67）と明記された。これが部活動の正しい位置づけである。しかし、現状、ほとんどの中学校および高等学校では部活動が実施されている。授業よりも部活動指導を重視したり、勤務時間を超えて熱心に指導したりする教員が一定数いることも事実である。

運動部活動が抱える問題状況をみる時、行き過ぎた部活動指導にはブレーキをかける必要があるだろう。その一つの手立てとして、先に示した答申では、教員の意識改革が必要であり、「教育委員会は、採用や人事配置等において、教師の部活動の指導力を過度に評価しないように留意すべきである」（中央教育

審議会, 2019, p.68）と述べられた。

　部活動指導に対する人事評価の見直しが主張されるということは、これまで部活動指導による教員の評価が行われていたことを意味する。2006年に制定された「教職員表彰実施要項」によれば、教育実践などに顕著な成果を上げた教職員を表彰する制度の選考基準に、「部活動等において、特に顕著な成果を上げた者」が掲げられていた。

　部活動指導は、教員の人事評価のみならず、教員採用の際にも、考慮されてきた過去がある。学習院大学の長沼豊研究室では、教員採用試験における部活動の扱いについて、全国の教育委員会（47都道府県および20の政令指定都市）に対する調査結果（46自治体の回答；回収率69％）を分析している。それによると、全体の20％程度が部活動の経験による特別選考の類を実施しており、全体の93％が出願書類・面接票などに部活動に関する記載項目を設けていた（長沼豊研究室HP）。

　運動部指導の過熱化を問題視しながら、一方で部活動指導を評価するという矛盾が生じている。これは、ブレーキをかけながら、一生懸命アクセルを踏んでいるようなものである。

5. 運動部活動史からみた地域移行

　これまで、運動部活動の歴史的変遷をみてきた。現在、運動部活動の問題状況の整理とともに、運動部活動改革に向けたさまざまな取組がなされている。ここでは、とくに、運動部活動の地域移行と教員の意識改革について述べることとする。

　まず、運動部活動の地域移行について述べるが、1969年頃にも、運動部活動を社会教育に移行させる動きが認められた。森川・遠藤（1999, p.13）は、これらの移行が上手くいかなかった原因として、社会教育のなかに受け皿を作らないまま運動部活動を制度的に教育課程外に位置づけたことをあげた。

　今、まさに、運動部活動を地域に移行しようとする動きが認められる。同じ轍を踏まないためには、地域移行のための受け皿づくりが重要な鍵になる。近年の運動部活動改革の動きは、これまでとは異なり、運動部活動の地域移行を可能にするため、合理的かつ効率的・効果的な活動推進のための取組（指導手引の発行）、地域との連携、生徒のニーズを踏まえた運動部の設置、学校単位で

参加する大会の見直しなどが着々と進められている。

　次に、教員の意識改革について述べるが、運動部活動は教育課程外の活動であり、必ずしも教員が担う必要のない業務であることを真摯に受け止める必要がある。運動部活動の教育的価値を認めるならば、部活動指導員を積極的に活用すること、地域移行に積極的に協力することなど、運動部指導を学校が抱え込まないで、社会に開いていくことが重要ではないかと考えられる。まさしくパラダイムの転換が必要で、なにもかも学校が抱え込んできた古いスタイルを脱ぎ捨て、負担も、利得も、社会と分かち合いながら歩んでいくという新しいスタイルを身にまとう時代がきている。社会から閉ざされた学校運動部ではなく、社会に開かれた地域スポーツクラブ〈運動部〉をめざして、わが国の未来を希望で輝かせるために、学校、家庭、地域社会がお互い心を合せ一致して子供たちの育成に携わる時代がきている。

- -

〈注〉
1）表3に、ある自治体の部活動指導に関わる特殊勤務手当を示した。対外運動競技等の引率業務に関わる手当は、7時間45分以上で5,100円、部活動の指導業務に関わる手当は、4時間以上で3,600円となっている。

表3 A自治体の特殊勤務手当

業務	区分		手当の額
対外運動競技等の引率業務 人事委員会規則で定める対外運動競技等において、児童又は生徒を引率して行う指導の業務で泊をともなうもの	その日において、従事した時間が7時間45分以上であるとき		5,100円
部活動指導業務 学校の管理下において行われる部活動（正規の教育課程としてのクラブ活動に準ずる活動をいう。）における児童又は生徒に対する指導の業務	1	週休日又は指定日等において、従事した時間が引き続き4時間以上であるとき	3,600円
	2	4時間勤務日等において、正規の勤務時間以外に従事した時間が引き続き4時間以上であるとき	
	1	週休日又は指定日等において、従事した時間が引き続き2時間以上4時間未満であるとき	1,800円
	2	4時間勤務日等において、正規の勤務時間以外に従事した時間が引き続き2時間以上4時間未満であるとき	

†A自治体「職員の特殊勤務手当に関する条例」（令和3年10月15日施行）をもとに、筆者が作成した。参照：職員の特殊勤務手当に関する条例（osaka.lg.jp）

〈引用・参考文献〉

中央教育審議会「幼稚園、小学校、中学校、高等学校及び特別支援学校の学習指導要領等の改善について（答申）」, 2008. https://www.mext.go.jp/b_menu/shingi/chukyo/chukyo0/toushin/_icsFiles/afieldfile/2009/05/12/1216828_1.pdf. （閲覧日2023年7月11日）

中央教育審議会「新しい時代の教育に向けた持続可能な学校指導・運営体制の構築のための学校における働き方改革に関する総合的な方策について（答申）」, 2019. https://www.mext.go.jp/component/b_menu/shingi/toushin/__icsFiles/afieldfile/2019/03/08/1412993_1_1.pdf. （閲覧日2023年7月11日）

現代日本教育制度史料編集委員会『現代日本教育制度史料　36』東京法令出版, 1989.

北川邦一「学校の運動部活動・クラブ活動のあり方の検討　文部省の指針・施策におけるその学校教育上の位置づけ」『大手前女子短期大学・大手前栄養文化学院・大手前ビジネス学院研究収録』15巻, pp.1-26, 1995.

舛本直文「学校運動部論」, 杉本厚夫編『体育教育を学ぶ人のために』pp.262-280, 世界思想社, 2001.

宮畑虎彦・梅本二郎『中学校高等学校　学校スポーツの管理　第3巻　対外競技』ベースボール・マガジン社, 1959.

文部省『学習指導要領　一般編（試案）』, 1947. https://erid.nier.go.jp/files/COFS/s22ej/chap3.htm. （閲覧日2023年7月11日）

文部省「教育職員に対し時間外勤務を命ずる場合に関する規程（文部省訓令）について」, 1971. 国立公文書館デジタルアーカイブより閲覧. 2802772.pdf.

文部省『中学校学習指導要領　第4章　特別活動』, 1989. https://erid.nier.go.jp/files/COFS/h01j/chap4.htm. （閲覧日2023年7月11日）

文部科学省『中学校学習指導要領』, 2008. https://erid.nier.go.jp/files/COFS/h19j/chap1.htm. （閲覧日2023年7月11日）

文部科学省「公立小学校・中学校等教員勤務実態調査研究　調査研究報告書」, 2018. https://www.mext.go.jp/component/a_menu/education/detail/__icsFiles/afieldfile/2018/09/27/1409224_005_1.pdf. （閲覧日2023年7月11日）

森川貞夫・遠藤節昭編著『必携　スポーツ部活動ハンドブック』大修館書店, 1989.

長沼豊研究室HP「教員採用試験の出願書類・面接票における部活動に関する項目についての調査結果」

日本体育協会編『日本スポーツ百年』日本体育協会, 1970.

友添秀則「学校運動部の課題とは何か　混迷する学校運動部をめぐって」『現代スポーツ評論』28号, pp.8-18, 創文企画, 2013.

友添秀則「これから求められる運動部活動とは」, 友添秀則編『運動部活動の理論と実践』pp.2-15, 大修館書店, 2016.

部活の「地域移行」の反対論をめぐって

　運動部活動の地域移行については、現時点でも少なくない反対があります。運動部活動の歴史を考えれば当然であり、確かに、反対論にも一理あると思われるものがあります。おもな反対論を簡潔にみておきます。

　第1に、なによりも学校での部活は、すべての生徒が参加するかどうかの選択権を保障されています。学校の生徒であれば、だれもが部活に参加する権利をもつわけです。しかも、身近にある学校施設で、正規教員から日常的に無料の指導が受けられます。このような子供たちのスポーツ権が侵害されるのではないか、という反論です。

　第2に、運動部が子供たちに学校での居場所を提供している、という指摘があります。授業には行きたくない。しかし、部活や部活の仲間が好きだから、(昼からでも)部活のために学校に行く、という子供が少数であってもいるのです。スポーツで汗を流した後、部室でみんなとおしゃべりして、部活の仲間と下校し、翌日、部活に参加するために再び登校します。地域移行は、こういった子供たちの学校での居場所をなくすことにつながるのではないか、という反対意見です。

　第3に、部活で育成される自主性や主体性、自治能力などの教育的資質は、学校外に出すと育成が難しい。学校だからこそ育成できる。だから、部活は学校に存在すべきだ、という反対論があります。

　現実の部活は残念ながら、少子化と教師の多忙化で豊かなスポーツ環境を生徒に保障できなくなっています。そして、これまで多くの教師の犠牲と負担の上に成り立ってきた事実を再度、確認しておくべきでしょう。また、従来の部活には、季節ごとに種目を変えるシーズンスポーツ部や、スケボー部、ストリートダンス部などの自分のやりたい種目の部活がない、あるいは学校にある運動部の多くが競技志向で入りたくない、という子供も少なからずいます。いわば、子供たちのスポーツ権が保障されていないのです。

　加えて、上述の教育的資質の育成は、学校運動部にそのような教育的機能があるのではなく、スポーツそのものに内在する教育可能性であって、その可不可は指導者の力量に依存する、という報告があります。専門性を備えた指導者の指導下で、多(他)世代との交流や自らクラブづくりに参画することで、教育成果は地域でのスポーツクラブの活動の方が大きくなるという見解もあります。また、すでに現実には、水泳、体操競技、サッカー、レスリングなどの種目で、地域クラブ化が進行しています。私たちは今、部活に対するこれまでの考え方を、抜本的に変えなければならないのかもしれません。

(友添秀則)

地域スポーツクラブ〈運動部〉活動の リスクマネジメント

4-1

スポーツ活動によるケガや病気と
リスクマネジメント

笠次良爾

1. 本節のねらい

　地域スポーツクラブ〈運動部〉活動においては、ケガや病気のリスクが常に
つきまとう。これらのスポーツ活動にともなうリスクから選手を守り安全に活
動を行うためには、指導者は児童生徒のスポーツ現場におけるケガや病気の現
状と要因について知り、予防医学と学校安全の考え方を理解した上で、ケガや
病気の予防と発生時の対応、すなわちリスクマネジメントを選手、保護者や関
係者と協力・連携して行う必要がある。本節ではこのスポーツ活動中のリスク
マネジメントを指導者が実践するためにおさえておきたいポイントとして、最
初にケガや病気の現状と発生要因について述べる。次に予防医学の一次予防、
二次予防、三次予防という3つの予防について、三つ目に学校安全の考え方と
して安全管理と安全教育という2つの柱について説明する。それらを踏まえた
上で、リスクマネジメントを事前対応、発生時対応、事後対応という3つの局面
に分けて、予防医学と学校安全の観点から効果的な実践方法について提案する。

2. 中学・高校生年代に多いスポーツ中のケガや病気とその要因

　日本スポーツ振興センター（JSC）の『学校の管理下の災害』によると、中
学生・高校生の負傷の半数以上が課外活動中に発生し、その大半は運動部活動
中である。種類別では骨折と挫傷・打撲が多く、頻度は低いが死亡事例も毎年
起きている。この死亡事例には心臓が原因の突然死や頭頚部外傷によるものな
どがある。ここではとくに指導者にぜひ知っておいてほしいケガや病気のうち、
重症度が高いものと、指導方法の工夫で予防可能なケガの代表的なものについ
て述べる。なお、熱中症と女性アスリートの三主徴もぜひ知っておくべき病気

であるが、これらについては第5章1節で詳細に述べられているので参考にされたい。

（1）ケガや病気の代表例

1）心臓震盪

　心臓震盪は、若者の胸にボールなどがぶつかり鈍的な力が加わったときに、心室細動・心室頻拍から突然の心停止を起こす病態で、わが国では平成9年〜31年の23年間に49例発生している（輿水, 2020）。この疾患は成長途上の胸郭で心臓の真上に衝撃が加わると、条件次第で基礎疾患がなくてもだれにでも発生する可能性がある。もっとも多い原因が野球のボールであるが、フットサルやサッカーボール、バスケットボール、柔道などでも起きている。この治療にはAEDが必要不可欠であり、近年救命できる事例が増えていることから、指導者は選手が胸部打撲後に意識を失い倒れた場合、心臓震盪を念頭におき迅速な救命措置を施す必要がある。

2）頭頚部外傷

　学校の管理下における平成10〜23年度の14年間で、体育活動における頭頚部の死亡・重度の障害事故は、167例（死亡57例、障害110例）発生していた（JSC, 2013）。死亡事故では頭部外傷が約90％を占めていたが、この原因は運動部活動では柔道がもっとも多く、次にラグビーであった。一方重度の障害事故は約70%弱が頚部外傷であったが、この原因は運動部活動ではラグビーがもっとも多く、次に柔道であった。柔道の事故防止に関しては、受（投げられる側）の受け身の重要性だけでなく、取（投げる側）が引き手を離さず膝を伸ばした姿勢を維持し、受が頭をぶつけないよう支えることも大切である。ラグビーにおいてはタックルやラック、スクラム時に頭が下がり頚部を過屈曲されることの危険性が指摘されており、予防にはHeads-Up（頭を上げること）で頚椎伸展位を保持することの重要性が唱えられている。

3）疲労骨折

　各スポーツ種目でよくみられるが、もっとも多いのは陸上競技であると報告されている（内山, 2003）。この陸上競技における疲労骨折は、全日本中学生陸上競技選手権大会（以下全中）で18.5％、インターハイで16.1%にみられる（田原ほか, 2017, 2021）。部位は全中の短距離で足部30.6%、背骨16.1%、骨盤16.1%、すね12.9%、中長距離ではすね33.3%、足部29.2%、インターハイの

短距離で足の甲28.3%、すね13.2%、背骨13.2%、中長距離ではすね34.3%、足の甲31.3%であった。オーバートレーニング症候群の自覚症状が一つでもあった選手は自覚症状がなかった選手と比較して疲労骨折の発症が有意に多く、とくに女性において中学時代に自覚症状があった選手は無かった選手よりも有意に疲労骨折が多かった。また練習の休日がない選手（男女）、初経発来遅延がある選手、中学1、2年時に無月経があった選手、複数の学年で無月経がある選手、平均週間走行距離が85km以上で無月経の経験がある選手に疲労骨折が有意に多くみられた。これらのことから、男女ともに練習による過負荷が誘因となるが、とくに女性においては無月経がリスク因子としてあげられる。

(2)ケガや病気の発生要因

　ケガや病気の発生には何らかの要因が関与していることが多い。この発生要因には、大きく分けて内的要因、外的要因、練習要因の3つの要因がある。

①内的要因：選手自身

　年齢、性別、体格、既往歴、関節弛緩性、筋柔軟性、フィットネスレベル、O脚・X脚・扁平足などの骨配列（アライメント）、フォーム、骨塩量、体調、睡眠時間、ストレスなど。

②外的要因：他者、道具（物）、周囲の環境

　他選手や審判、シューズ、スパイク、道具（各競技固有）、床面、地面、気象条件など。

③練習要因：練習負荷

　量、強度、頻度、内容（誤ったトレーニング方法など）など。

　オーバーユースのケガについては③の練習要因が主因であるが、ケガや病気の発生には3つの要因が単独あるいは複数関与していることが多い。指導者はこれらを常に念頭において選手を観察しながら指導を行うことが、ケガや病気の予防、さらには再発予防を行う上で重要である。

3. 予防医学の考え方

　予防医学には一次予防、二次予防、三次予防の3つがある。一次予防は病気が発生しないように予防すること、二次予防は病気の早期発見・早期治療、三次予防は後遺症を防ぎ、再発防止を行うことである。一般に予防というと一次

予防を思い浮かべるが、病気が発生したとき、さらに発生した後も含まれることをぜひ知ってほしい。これをスポーツ現場に当てはめると、以下の通りである。

一次予防：ケガや病気の発生予防。具体的には安全点検、選手に対する安全教育、日常の体調管理などである。

二次予防：ケガや病気の早期発見・早期治療。具体的には運動器検診や各種スポーツ検診、練習や試合前の体調チェック、ケガや病気が発生したときのファーストエイドなどである。

三次予防：ケガや病気にかかった後の後遺症と再発を防止することである。後遺症を防いだり症状を長引かせたりしないためには、医師の指示に基づきリハビリテーションを行うこと、ケガや病気の発生した状況を振り返り、要因を分析し、再発防止に活かすことなどである。

　スポーツ現場におけるケガや病気を予防するためには、上記の3つの予防の考え方を押さえておく必要がある。

4. 学校安全の考え方

　リスクマネジメントは直訳すると危機管理であるが、管理だけでは不十分である。このリスクマネジメントには学校安全の考え方が役に立つ。これは、学校安全が「安全管理」と「安全教育」という2つの柱から成り立つというものである（文部科学省，2010）。安全管理は目の前の選手の安全を直接指導者が守ることであり、安全教育は選手が自分の安全について主体的に考え自己管理できるように教育し、選手自ら安全に行動するよう、指導者が導くことである。

　安全管理は、安全点検や体調管理など、指導者が選手に対して安全配慮義務を尽くす非常に重要なことである。ただしこの安全管理の目的や意義を選手に説明しないまま指導者が手取り足取り手厚く管理を行うと、選手は受け身の姿勢のままでよいため、指導者無しでは安全について自律的な行動がとれず、指導者が直接管理を行った現場だけの安全しか期待できない。

　一方、安全教育は選手が自ら安全に関して判断・行動をできるように教育するものである。この教育は目の前の安全だけでなく、将来の安全管理にもつながる。この際に大切なことは、「なぜ」という根拠を示すことである。

　この管理と教育の割合は、選手の年齢が低いほど管理の割合が高く、年齢が

上がるにつれ教育の割合が高くなる。ただし「三つ子の魂百まで」というように、年齢が低いときの教育も非常に重要である。教育によって選手が自己管理できるようになると、指導者が管理すべき部分は生命に関わる重要な部分に集中させることができる。

　つまりスポーツ現場の安全は指導者だけで管理するものではなく、教育によって選手と一緒に作り上げるものであると考えるのがよい。

5. リスクマネジメントの3局面―事前対応・発生時対応・事後対応

　リスクマネジメントにはケガや病気が発生する前に行う事前対応、発生したときに行う発生時対応、発生した後に行う事後対応の3つの局面があり、それぞれの局面において指導者は安全配慮義務を尽くす必要がある。この際に、前述した予防医学の3つの予防と学校安全の2つの柱をそれぞれの局面に当てはめると、体系立てたリスクマネジメントが可能になる。予防医学の観点からみると、事前対応はケガや病気の予防と早期発見であり一次予防ならびに二次予

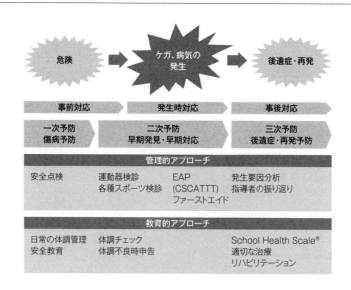

図1 スポーツ現場におけるリスクマネジメント

防の一部が含まれ、発生時対応は早期対応であり二次予防、事後対応は後遺症および再発予防であり三次予防である。そしてそれぞれの局面に対して、安全管理と安全教育の両面からアプローチするのがよい（図1）。以下、事前・発生時・事後それぞれの対応について、安全管理的アプローチと安全教育的アプローチという両面から述べる。

（1）事前対応

　事前対応はケガや病気の予防と早期発見である。ケガや病気の予防は一次予防で、安全点検、日常の体調管理、安全教育などがあげられ、早期発見は二次予防で、運動器検診や各種スポーツ検診、練習や試合前の体調チェックなどがある。

1）安全管理的アプローチ

①安全点検

　場所と人に関して、練習や試合前にケガや病気の原因になるものがないかを毎回確認することである。JSC（2014）では熱中症予防の際のチェックリストを紹介しているが、これは熱中症に限らず普段の安全点検にも使用可能である（図2）。生徒が点検し指導者がダブルチェックを行うことは、安全教育にもつながる。

②運動器検診

　2016年度から学校における健康診断に四肢および脊柱の状態を確認する運動器検診が加わった（図3）。この票を予め健康診断前に家庭で確認し、学校における様子も踏まえて、陽性項目を学校医が検診する。この結果をクラブ活動においても積極的に活用し、選手の運動器の状態を把握しておくのがよい。

③各種スポーツ検診

　近年は野球における上腕骨外顆離断性骨軟骨炎等早期発見のための野球肘検診、サッカーにおけるオスグッド病やJones骨折の検診など、競技に特化した検診が全国各地で開催されている。筆者は奈良県における野球肘検診、下肢検診に関わっているが、まだ全ての都道府県に普及している訳ではない。近隣で開催されている検診を調べ、積極的な利用の検討をお勧めする。

2）安全教育的アプローチ

①日常の体調管理・体調チェック

　選手が日々体調管理を自ら行うよう、指導者が教育することである。この体

部活動チェック表 【 屋外用 】

JAPAN SPORT COUNCIL

月　　日(　　)部活動名			天候				
			測定時刻	WBGT　℃	気温　℃	湿度　%	
参加状況	1年生	名	気候	：			
	2年生	名		：			
	3年生	名		：			
				：			

生徒が行う部活動場所等の安全確認　（○‥異状なし　×‥異状あり→状況・措置等を記入する。）

	項　　目	確認結果 （○・×）	状況・措置等
活動前	グラウンドの状態はよいですか。 （凹凸、ガラス片などの有無）		
	練習の障害となるものが置かれていないですか。		
	用具や施設はきちんと使用できますか。		
	他の部と共同使用のとき、お互いの活動場所について相談をしましたか。		
	救急箱（応急薬品等）や氷（アイスパック）等の準備はしていますか。		
	けが・体調不良者は、いましたか。	有　　無	
活動後	グラウンドの整備はしましたか。（凹凸、ガラス片などの有無）		
	使用した用具の後片付けはしましたか。		
	使用した用具や施設にいつもと違ったことはなかったですか。		
	けが・体調不良者は、いましたか。	有　　無	

活動中の取組状況の確認

項　　目	確認結果（○・×）		状況・措置の状況や改善すべき点等
WBGTの指針を確認しましたか。	実施	未実施	
必要に応じて水分補給の時間をとりましたか。	実施	未実施	
ウォーミングアップをしましたか。	実施	未実施	
クーリングダウンをしましたか。	実施	未実施	

記載者	□ キャプテン	顧問確認欄
	□ マネージャー	
	□ その他の部員（　　　　　　　　　　　）	

図2 チェックリスト (JSC. 2014)

部活動チェック表 【 屋内用 】

JAPAN SPORT COUNCIL

月　日(　)	部活動名		天候			
		気候	測定時刻	WBGT　℃	気温　℃	湿度　％
参加状況	1年生		名	:		
	2年生		名	:		
	3年生		名	:		

生徒が行う部活動場所等の安全確認　（〇‥異状なし　×‥異状あり→状況・措置等を記入する。）

	項　　目	確認結果 （〇・×）		状況・措置等
活動前	フロアの状態はよいですか。（破損、水ぬれなどの有無）			
	練習の障害となるものが置かれていないですか。			
	用具や施設はきちんと使用できますか。			
	他の部と共同使用のとき、お互いの活動場所について相談をしましたか。			
	救急箱（応急薬品等）や氷（アイスパック）等の準備はしていますか。			
	けが・体調不良者を確認しましたか。	実施	未実施	
活動後	フロアの状態はよいですか。（破損、水ぬれなどの有無）			
	使用した用具の後片付けはしましたか。			
	使用した用具や施設にいつもと違ったことはなかったですか。			
	けが・体調不良者を確認しましたか。	実施	未実施	

活動中の取組状況の確認

項　　目	確認結果（〇・×）		状況や改善すべき点等
WBGTの指針を確認しましたか。	実施	未実施	
必要に応じて水分補給の時間をとりましたか。	実施	未実施	
ウォーミングアップをしましたか。	実施	未実施	
クーリングダウンをしましたか。	実施	未実施	

記載者	☐ キャプテン
	☐ マネージャー
	☐ その他の部員（　　　　　　　　　　　　）

顧問確認欄

公益財団法人　運動器の健康・日本協会　　令和2(2020)年1月版

運動器（脊柱・胸郭，四肢，骨・関節）についての保健調査票

学校名	学年 組 出席番号	氏名（フリガナ）	性別	生年月日
学校	年　組　番	（　　　　　　　　）	□男 □女	平成　　年　　月　　日生

次の質問のあてはまる項目に☑印をつけてください。（↓保護者記入欄）　　記入日 平成　　年　　月　　日

I. 現在、どんな運動部活動やスポーツ少年団各種教室・クラブなどに入っていますか？
（例：小3よりサッカースクール、小1よりバレエ）
- □入っていない
- □入っている
- （　　　　　　　　　　　　　　　　　　　　　　）

II. 以前や現在、病院などで治療または経過観察を受けていますか？（例：10歳の時、右膝半月板手術）
- □なし
- □ある（　　　　　　　　　　　　　　　　　　）

III. 背骨についてあてはまる□にチェックしてください。（↓保護者記入欄）／**学校医記入欄（事後措置）**

1．背骨が曲っている。 ①②③④	□①肩の高さに左右差がある □②ウエストラインに左右差がある □③肩甲骨の位置に左右差がある □④前屈した背面の高さに左右差があり、肋骨隆起もしくは腰部隆起がみられる （※このチェックが最も重要です） □⑤①～④はない

学校医記入欄：
（全員に直接検診します）
- □①異常なし
- □②経過観察・簡易指導＊
- □③整形外科への受診要

IV. 腰と四肢についてあてはめる□にチェックしてください。（↓保護者記入欄）（支障があれば、直接検診します）

1．腰を曲げたり反らしたりすると痛みがある。
- □①曲げたら痛い　（いつ頃から：　　　　　）
- □②反らしたら痛い（いつ頃から：　　　　　）
- □③曲げても反らしても痛くない

学校医記入欄：
- □①経過観察・簡易指導＊
- □②整形外科への受診要

2．腕（うで）、脚（あし）を動かすと痛みがある。
（右の図に、痛い部位に○をつけてください。）
- □①痛みがある（いつ頃から：　　　　　）
- □②痛みがない

学校医記入欄：
- □①経過観察・簡易指導＊
- □②整形外科への受診要

3．腕、脚の動きに悪いところがある
（右の図に、動きが悪い部位に×をつけてください。）
- □①動きが悪い（いつ頃から：　　　　　）
- □②動きは悪くない

学校医記入欄：
- □①経過観察・簡易指導＊
- □②整形外科への受診要

4．片脚立ちが5秒以上できない。
- □①5秒以上できない
- □②できる

学校医記入欄：
- □①経過観察・簡易指導＊
- □②整形外科への受診要

5．しゃがみこみができない。
（足のうらを全部床につけて完全に）
- □①しゃがめない
- □②しゃがめる

学校医記入欄：
- □①経過観察・簡易指導＊
- □②整形外科への受診要

学校記載欄（養護教諭など）
学校での様子や運動・スポーツ活動での気付いたことなどがあれば記載する
・・・・・・・・・・・・・・・・・・・・・・・・・・

総合判定　　学校医名
- □①経過観察・簡易指導＊（親子のための運動器相談サイト参照）
- □②整形外科への受診要

備考（学校医記載欄）

図3 運動器検診用保健調査票（運動器の健康・日本協会，2020）

筋柔軟性チェックシート　　　　　年　　　組　　　氏名

セルフチェック

	検査年月日	/	/	/	/	/	/	評価肢位	評価指標
立って	①腰 前曲げ（立位体前屈）	3・2・1・0	3・2・1・0	3・2・1・0	3・2・1・0	3・2・1・0	3・2・1・0		3点：掌が地面につく、2点：指先が地面につく、1点：手が地面につかない、0点：痛みがある
	②腰 後そらし	1・0	1・0	1・0	1・0	1・0	1・0		1点：痛みがない、0点：痛みがある
	③しゃがみ込み（両手挙げ踵つけ）	3・2・1・0	3・2・1・0	3・2・1・0	3・2・1・0	3・2・1・0	3・2・1・0		3点：正しくできる、2点：踵がつかない or 太ももとふくらはぎがつかない、1点：バランスを崩してできない、0点：痛みがある

ペアチェック

		検査年月日	/	/	/	/	/	/	評価肢位	評価指標
仰向け	④SLR	右	3・2・1・0	3・2・1・0	3・2・1・0	3・2・1・0	3・2・1・0	3・2・1・0		3点：降ろした脚の膝と股関節を2等分した点を、挙げた脚のくるぶしが超えている、2点：降ろした脚の膝と股関節を2等分した点から挙げた脚のくるぶしから膝までの間に、挙げた脚のくるぶしがある、1点：降ろした脚の膝よりふくらはぎに挙げた脚のくるぶしがある、0点：脚を挙げると痛みがある
		左	3・2・1・0	3・2・1・0	3・2・1・0	3・2・1・0	3・2・1・0	3・2・1・0		
	⑤片膝前抱え	右	2・1・0	2・1・0	2・1・0	2・1・0	2・1・0	2・1・0		片膝を胸に引きつけるとき、伸ばした脚の 2点：膝が浮かない、1点：膝が浮く、0点：痛みがある
		左	2・1・0	2・1・0	2・1・0	2・1・0	2・1・0	2・1・0		
	⑥股関節屈曲水平内転	右	2・1・0	2・1・0	2・1・0	2・1・0	2・1・0	2・1・0		股関節屈曲で水平内転させたとき、2点：膝が体側よりも外に出る、1点：膝が体側より外に出ない、0点：痛みがある
		左	2・1・0	2・1・0	2・1・0	2・1・0	2・1・0	2・1・0		
うつ伏せ	⑦膝曲げ	右	2・1・0	2・1・0	2・1・0	2・1・0	2・1・0	2・1・0		2点：おしりが浮かない、1点：おしりが浮く、0点：痛みがある
		左	2・1・0	2・1・0	2・1・0	2・1・0	2・1・0	2・1・0		

図4　セルフチェック・ペアチェックシート（笠次ほか，2019を改変）

調管理の項目には、内科的項目と整形外科的（運動器）項目がある。内科的項目には体重、体脂肪、体温、睡眠時間、排便の性状、食欲、前日の練習強度（主観的）、現在の疲労度、体調、自覚症状の有無（有の場合は具体的症状）などがある。整形外科的項目は筋柔軟性と痛みのある場所をチェックする。我々が提案するチェックシートを例として示す（図4）。このシートはペアでチェックすることを念頭において作成したので、チームでバディを組み定期的に使用するのがよい。またこのシートはあらゆる競技で使用することを念頭においているので、競技特性に合わせてチェック項目を削れば、より短時間でチェック可能になる。これらの記録にはアナログとデジタルの2つの方法がある。アナログは、日誌に記入させるのがよい。日々の練習内容や感じたことなどを記載することで、客観的データと主観的データが蓄積され、自分を振り返ることが可能になる。運動器項目はシートを印刷して記入し、これを綴じていくのがよい。デジタルの方法には専用のアプリもあるが、google formで作成すれば無料である。これはインターネットを利用すれば指導者が管理することが可能であり、エクセルシートに書き出せば、選手の立場では自分の体調の時系列変化を可視化でき、指導者の立場では選手の体調の変化を早期発見することが可能になる。コロナ禍になり毎日の体調チェック、検温が当たり前になっていることと思われるが、アフターコロナになってもこの習慣はぜひ継続させてほしい。

②安全教育

　ケガや病気の発生要因と発育発達の特徴について選手に教育することは、選手の気づきを促し、ケガや病気の予防につながる。これは上記の安全点検、検診、日常の体調管理などの際に折にふれて行うのがよい。

(2) 発生時対応

　発生時対応はケガや病気への早期治療で二次予防であり、迅速なファーストエイドを行うことである。このためには、想定・準備・行動の3つが重要である。まず想定は、過去の事例に基づき、自分のスポーツで起きている重症度と頻度の高いケガや病気を知ることである。次に準備は、想定であげられたケガや病気に対して必要な資機材を揃え、救護体制を整備し、EAP（Emergency Action Plan：緊急時対応計画）を作成することである。最後に行動は、実際に現場でケガや病気が起きたときの対応を迅速かつ正確に行うことである。この想定・準備・行動について、安全管理ならびに安全教育それぞれの観点から述べる。

1）安全管理的アプローチ

①想定

　想定は、過去の事例に基づいて行うのがよい。

　まず自チームにおけるケガや病気の発生状況を記録し年度毎に集計する。全ての記録が難しいという場合には、少なくとも医療機関受診が必要な程度の事例の際には、選手本人あるいは保護者から傷病名を確認、記録し保存する。この記録を積み重ねると、チームにおけるケガや病気の発生頻度がわかり資機材の準備がしやすい。

　次にデータベースを利用する。容易に検索可能で信頼性の高いデータベースは、JSCのホームページ「学校安全web」のなかにある「学校事故事例検索データベース」である。ここでは学校における災害共済給付において平成17年度〜令和2年度に給付した、総数8,404件の死亡・障害事例がエクセルデータで閲覧可能である。このデータは学校におけるケガや病気のうち、療養費が5,000円以上かつ死亡や障害が残るような重症事例が全て網羅されている。競技名で検索すれば、自分が関わる競技における重症事例の発生状況の概要がわかり有用である。

②準備

　準備には資機材面と体制面の2つがあり、これらに基づきEAPを作成する。

〈EAP Emergency Action Plan：緊急時対応計画〉

　EAP（Emergency Action Plan：緊急時対応計画）は緊急事案発生時の対応計画であるが、そもそも学校では学校保健安全法第29条で危険等発生時対処要領の作成が義務づけられている。EAPはこの危険等発生時対処要領と同様に考えてよいが、学校の運動部活動だけでなく地域クラブ活動においてもEAPは作成した方がよい。この作成方法を資機材面と体制面に分けて説明する。

　まず資機材面は、限られた予算と資機材保管場所のなかで想定に基づいた必要最低限の資機材を準備する。ファーストエイドに必要な資機材のリストを例示する（図5）。想定されるケガや病気のうちでもっとも重症度の高いものはCPA（Cardiopulmonary arrest：心肺停止）であるが、これに対する準備はAED（Automated External Defibrillator：自動体外式除細動器）が最優先である。ただしAEDは高価であり容易に購入できない。したがって、活動時は常に施設内のAED設置場所を確認しEAPに明示することと、緊急時のAED到着時間をシミュレーションしておくことが必要である。想定に基づき資機材を準備した後は、

事案発生後ならびに毎年の振り返りで資機材リストを見直していくのがよい。

　次に体制面は、災害医療の考え方に基づいてEAPを作成する。この理由は、災害医療現場とスポーツ救護現場が似ているからである。医療における災害というのは需要（傷病者）が供給（医療）を上回る状態をさすが、スポーツ救護現場は、医療資源の供給がヒトも資材も限られているからである。災害医療の考え方は「CSCATTT」である。これは全ての災害時に共通する原理原則の頭文字を並べたもので、最小限の資源を最大限に活かすための考え方である。以下にCSCATTTをスポーツ救護現場に当てはめて、各項目を説明する。

CSCATTT

◇C：Command and control（指揮命令／連携）…役割の明確化と連携

　指揮命令系統、すなわち役割の明確化と連携である。緊急時には指導者一人で対応するのは困難である。指導者やスタッフだけでなく保護者やほかの選手も含めてone teamとして緊急事案に対応するためには、緊急時における役割を明確にすることが重要である。役割にはおもに以下の9つがあるが、人数が少ない場合は兼務する必要がある。

資機材	確認
AED	
自動血圧計	
体温計	
SpO2モニター	
ペンライト	
聴診器	
ボールペン	
記録板	
記録用紙	
不織布マスク	
ディスポ手袋(M, L)	
三角巾	
包帯・ネットサージカルテープ	
ガーゼ	
絆創膏(大中小)	
テーピングテープ(伸縮・非伸縮)	
消毒液	
シーネ(大小)	
ネックカラー	
ハサミ	
消炎スプレー	
コールドスプレー	
エマージェンシーブランケット	
小タオル	
ビニール袋	
アイシングラップ	
氷	
クーラーボックス	
充電式扇風機	
水ボトル	
ブドウ糖タブレット	
塩タブレット	
経口補水液	
収納バッグ	
担架もしくはバックボード	
車椅子	

図5 資機材リスト（例）

〈救護チームにおける役割分担〉

1.リーダー、2.資機材・応急手当担当者、3.胸骨圧迫担当者、4.AED担

当者、5.119要請・救急隊誘導者、6.時系列記録者、7.救急車同乗者、8.保護者ならびに関係機関への連絡者、9.他選手誘導・対応者

　これらの役割をEAPとアクションカード（後述）に記し、重症事案発生時には役割を明確にすると、現場での活動がスムーズになる。

◇S：Safety（安全）

　現場における安全は3つのS、すなわちSelf（自分）、Scene（周囲）、Survivor（傷病者）の安全を守る必要がある。自分の安全が最初にあることに抵抗を感じる指導者がいるかもしれないが、たとえば熱中症の現場で倒れた選手の対応をしている際に、指導者自身が倒れてしまっては元も子もない。また新型コロナウイルスなど感染症を疑う場合に感染予防策を怠ると、救助者まで感染する可能性がある。したがってまず自分（Self）の安全を確保する。次に周囲（Scene）の安全、これはたとえばグラウンドで負傷者の対応をしている場合には打球が飛んでくる可能性も考え行動するなど、傷病者だけに気を取られると二次災害の可能性があるからである。これら2つをおさえた上で傷病者（Survivor）に対応する。

◇C：Communication（情報伝達）

　主要な連絡先の明示と複数の情報伝達手段の確保が必要である。まず連絡先は、1.責任者、2.チーム内スタッフ、3.緊急時施設内連絡先、4.近隣の医療機関などであり、これらをEAPに記載する。

　次に複数の情報伝達手段はチーム内における情報共有の際に必要である。電話、インターネットやメーリングリストなど、一つの伝達手段が使えなくなってもバックアップとして別の伝達手段を使えるように複数の伝達手段を準備する。注意点はそれぞれの連絡手段の使用優先順位と使用目的を明確にすることである。これもEAPに記載する。

　なお、これら連絡先を記載した用紙やファイルについては、個人情報の保護・管理に配慮して携帯・保管する必要がある。

◇A：Assessment（評価）

　ファーストエイド時の救護現場評価と、事後の活動評価の2つがある。まず救護現場評価について述べる。災害時は以下のMETHANEの項目に基づき情報収集を行い評価する。この項目はスポーツ救護現場における傷病発生対応にも有用である。理由は、このMETHANEの全項目を押さえておくと、要救助

者を救急車で迅速に医療機関まで搬送できるからである。次に事後の活動評価
は、傷病者対応終了後には振り返りをチームで行う必要がある。

〈METHANE〉（傷病発生現場への対応時）

・M：Major incident（重傷事故かどうか）
・E：Exact location（正確な場所）
・T：Type of incident（事故の種類）
・H：Hazard（危険性）
・A：Access（現場への進入経路）
・N：Number of casualties（傷病者数）
・E：Emergency services（対応医療機関）

◇T：Triage（トリアージ）

　傷病者の搬送および病院受診の必要性の判断である。災害医療におけるトリ
アージとは異なり、重症度は3段階で、1.現場で対応可能、2.病院を受診する
レベル、3.救急車を要請するレベルかで判断する。

1.現場で対応可能：歩行可能、打撲・捻挫・擦過傷など現場で処置可能
2.病院受診レベル：歩行できない、骨折を疑う、頭部・頚部を受傷している（症
　状が続く場合は救急車要請）
3.救急車要請レベル：意識なし、反応なし、普段通りの呼吸なし、手足を動
　かさない、大量に出血している

◇T：Treatment（治療）

　傷病への現場対応である。現場にもち込める資機材は限られている。手元の
資機材で対応可能なケガや病気には可能な範囲で対応するが、スポーツ現場で
できることはあくまでトリアージ（重症度判定）とファーストエイドである。し
かし、熱中症は現場での冷却が最重要であり、捻挫や筋損傷も現場での初期対
応が予後を左右するので、非常に重要である。

◇T：Transport（搬送）

　搬送の際に重要なのは、傷病発生地点までの救急車のアクセスである。構内
で発生した場合には救急隊誘導者を正門まで向かわせ、傷病発生地点まで救急
車を誘導させるのが時間短縮に有効である。EAPには救急車の進入口と現場ま
での動線を記入しておく。大会の場合には事前に交渉して受け入れ可能な病院
をいくつか準備しておくと、現場で救急隊が搬送先を探す時間が短縮し、搬送
時間の短縮につながる。

緊急時対応計画（EAP）

傷病者対応フロー

反応・正常な呼吸 —なし→ 119 / BLS

↓あり

歩行 —可能→ 軽症・各種処置

↓不能

橈骨動脈触知 —100以上（触知不能も含む）→ 重症、119考慮　原因に対する処置

↓100/分未満

簡単な指示 —応じる→ 中等症、保温し処置　歩行困難継続時は救急搬送考慮

—応じない→ 重症、119考慮　原因に対する処置

AED・搬送資材設置場所（図）

救急車進入経路（図）

チーム名

役割	実施者
リーダー	
資機材持参・応急手当	
胸骨圧迫	
AED	
119要請・救急隊誘導	
時系列記録	
救急車同乗	
保護者ならびに関係機関への連絡	
他選手誘導・対応	

緊急時連絡先

順位	名称	連絡先
1		
2		

チーム内連絡先

優先順位	役職	氏名	連絡先
1			
2			
3			
4			
5			
6			

責任者名

資機材一覧	確認
AED	
自動血圧計	
体温計	
SpO2モニター	
ペンライト	
聴診器	
ボールペン	
記録板	
記録用紙	
不織布マスク	
ディスポ手袋(M,L)	
三角巾	
包帯・ネット包帯	
サージカルテープ	
ガーゼ	
絆創膏(大中小)	
シーネ(大小)	
ネックカラー	
ハサミ	
エマージェンシーブランケット	
バスタオル	
ブドウ糖タブレット	
経口補水液	
担架もしくはバックボード	
車椅子	

図6　EAP（例）

〈EAP作成〉

　以上、資機材準備と災害医療の原理原則に基づく体制の準備を踏まえて、現場に合わせたEAPを作成するのがよい（図6）。このエマージェンシーアクションプランと合わせて、緊急時に実施すべきこと、すなわち救護チームにおける役割分担を表に列挙したアクションカードを作成し、パウチしてヒモでぶら下げられるようにして、マジックをヒモに引っかけ、AED、救護セットと一緒に準備しておくと現場で使用しやすい（図7）。

③行動：シミュレーショントレーニングの重要性

　以上の想定と準備をもとに、傷病者対応を行う。重症事例の際には慌ててしまい思い通りの行動ができない。したがって重症事例を想定した訓練、シミュレーショントレーニングを行うことを勧める。この訓練は、資機材の点検を兼ねてシーズン前、年度末もしくはスタッフ交代時など、少なくとも年に1回は行い、不足物品を補充する。これを指導者やチームスタッフだけでなく、選手や保護者も含めてチーム全体で行うと、安全教育にもつながる。

2）安全教育的アプローチ

　発生時対応に関して安全教育で大切なことは、体調不良時に指導者へ申し出ることと、チーム内で傷病者が発生したときには指導者のファーストエイドを一緒に行えるよう教育すること、この2つである。

　体調不良時の自己申告は、とくに熱中症予防には選手が熱中症の初期症状に気づき、指導者へ申し出ることが重要である。この申告をしやすくするためには、指導者が根性論ではなく理論的根拠に基づいた指導を行うことと、選手がしんどいときにはしんどいといえる指導者の雰囲気、姿勢が大切である。そしてなによりも日頃から選手との信頼関係を築くことが重要である。

　ファーストエイドについては、傷病者発生時のシミュレーショントレーニングに選手も参加させ、ファーストエイドを選手も一緒に行えるように教育することである。応急手当は保健の授業で小学5年生から学ぶことから、中学生以上であれば十分対応可能である。こうして児童生徒にも役割を与え実践させることは、日常における緊急時対応力を養成することにもつながる。

（3）事後対応

　事後対応はケガや病気に罹った後の後遺症や再発を防止することであり、三次予防である。後遺症を防ぐためには、医師の指示に基づき適切な治療とリハ

役割	実施者	時刻
リーダー		
資機材持参・応急手当		
胸骨圧迫		
AED		
119要請・救急隊誘導		
時系列記録		
救急車同乗		
保護者ならびに関係機関への連絡		
他選手誘導・対応		

図7 アクションカード(例)

ビリテーションを行うことと、ケガや病気の発生状況を振り返り、要因を分析し再発防止に活かすことが重要である。できるだけ早く試合に復帰したい気持ちはわかるが、無理して組織の治癒が不十分な状態で復帰すると、後遺症が残ったり再発を繰り返したりする。したがって自分の状態、やってよいこととよくないことを理解した上でリハビリテーションを行う必要がある。また傷病者への一連の対応をチームで振り返り、今後の対応に活かす必要がある。

1) 安全管理的アプローチ

ケガや病気の発生要因を分析し、改善可能な要因は個人とチームの両方から可及的早期に改善する。とくに外的要因と練習要因は指導者が管理面から改善しやすい。この要因分析は事前対応における安全管理と連動させ、PDCAサイクルを回すのがよい。

また発生時対応に関する指導者の振り返り、すなわち活動評価は、自己を省察することでよりよいリスクマネジメントが可能になる。

2) 安全教育的アプローチ

選手が自分のケガの状態を理解しリハビリテーションを進めることが、後遺症を防ぐために重要である。この理解を促すためには、SHS (School Health Scale) ®が有効である (図8)。これはケガをした選手が医療機関を受診した際に使用する用紙で、自分の病名、復帰までの期間、現在の状態、やってよいこととよくないことを医師から聞いて自分で記入し、指導者と情報共有を行うためのコミュニケーションツールである。このSHSの使用を選手に対して促し、

SCHOOL HEALTH SCALE® （ケガ用）
子供のためのこの共通のさしを使った
学校の健康管理

基本情報	学年	クラス	番号
	名前		
	部活動		

ケガ情報	いつ	どこで	ケガをした時の状況と処置	どうしたら痛む
	月 日 時頃 体育・部活・その他（ ）		何をしている時	

復帰したい日 ❶
試合復帰までの目安 ❷

レベル	1	2	3	4	5	6	+α
	絶対安静	←日常生活に戻す→	ADL（日常生活→運動へ）	←スポーツの動きに戻す→	RTP（試合復帰）	←レベルアップトレーニング→	試合復帰

活動の目安

自分の評価
今現在の自分の状態に合うマスに色を記入

❸医療機関の評価
受診後に病院で記載してもらった状態をマスに記入

シート使い方
❹やってはいけないこと
❺自分でできるリハビリメニュー

図8 SHS（School Health Scale）®

選手がケガに向き合うように指導者が導くのがよい。このSHSは無料で使用可能であり、このリンク先には使用方法まで動画で提示されている。

　以上のリスクマネジメントを効果的に実施するためには、選手、チーム内スタッフ、保護者だけでなく、学校教員との連携も必要である。とくに中学校における休日の運動部活動が学外へ移行される流れのなかで、この連携は非常に重要である。ケガや病気の状況や学校における運動器検診の情報などを、選手ならびに保護者と、指導者、学校教員が共有することで、一次予防、二次予防、三次予防が非常にやりやすくなる。これからの指導者には、3つの予防と学校安全の2つの柱を理解した上で、リスクマネジメントを行うことが求められるといってよい。

〈引用・参考文献〉
学校事故事例検索データベース,学校安全web,https://www.jpnsport.go.jp/anzen/anzen_school/anzen_school/tabid/822/Default.aspx（閲覧日2022年10月27日）
與水健治「若年者における突然死　心臓震盪」『蘇生』39巻2号，pp.69-72，日本蘇生学会，2020．
笠次良爾ほか「学校現場における柔軟性ペアチェックの提案」『子どもと発育発達』16巻4号，pp.238-242,杏林書院，2019．
文部科学省『「生きる力」をはぐくむ学校での安全教育』pp.22-25，東京書籍，2010．
日本スポーツ振興センター『学校の管理下の災害［令和3年版］』，2021．
日本スポーツ振興センター学校災害防止調査研究委員会編『学校の管理下における体育活動中の事故の傾向と事故防止に関する調査研究　体育活動における頭頸部外傷の傾向と事故防止の留意点　調査研究報告書』，2013．
日本スポーツ振興センター学校災害防止調査研究委員会編『体育活動における熱中症予防　調査研究報告書』，2014．
SCHOOLHEALTHSCALE®，東山書房，https://www.higashiyama.co.jp/user_data/shs.php（閲覧日2022年10月27日）
田原圭太郎ほか「高校陸上競技選手のスポーツ外傷・障害調査における疲労骨折に関する検討　全国高等学校総合体育大会・全国高等学校駅伝競走大会の調査」『日本臨床スポーツ医学会誌』29巻，pp.372-379，2021．
田原圭太郎ほか「陸上競技ジュニア・選手のスポーツ外傷・障害調査における疲労骨折に関する検討　全日本中学校陸上競技選手権大会・全国中学校駅伝大会の調査」『陸上競技研究紀要』13巻，pp.289-292，2017．
内山英司「疲労骨折の疫学」『臨床スポーツ医学』20巻増刊号，pp.92-98，文光堂，2003．
運動器の健康・日本協会　学校での運動器検診[1] 検診のための準備印刷物　1. 運動器検診保健調査票．https://www.bjd-jp.org/wp/wp-content/uploads/2020/01/surveysheets.pdf（閲覧日2022年10月27日）

4-2

スポーツ事故をめぐる
指導者の法的責任と注意義務

森 浩寿

1. スポーツ事故の発生状況とリスクマネジメントの必要性

(1)スポーツ事故の発生状況

　運動部活動の地域移行はこれまでの学校運動部のあり方をさまざまな側面で大きく変えることになる。したがってここでは最初に、中学校の運動部活動でどのような事故が発生しているのかをみてみる。

　独立行政法人日本スポーツ振興センター（JSC）が公表している災害共済給付制度の給付状況によると、2005（平成17）年度から2020（令和2）年度に給付した死亡・障害事故は8,404件あり、そのうち中学生の死亡事故が309件で、障害事故が1,995件であった。さらに、中学校の運動部活動中の事故は、死亡事故が85件で、障害事故が831件であった。1年平均にすると、全国の中学校の運動部活動中に5～6件の死亡事故、55～56件の障害事故が発生していることになる。

(2)リスクマネジメントの必要性

　このように、中学校運動部活動では、変わらず重大事故が発生している。スポーツにケガはつきものであるが、だからといって放置しておいて済む問題ではなく、活動が学校から地域に移ったとしても、事故のリスクが変わるわけではない。スポーツ参加者の減少が懸念されているなか、スポーツが危険なものであるなら、なおさら参加者の増加は期待できない。

　スポーツ基本法（平成23年、法律第78号）では、国や地方公共団体に対して「スポーツ事故その他スポーツによって生じる外傷、障害等の防止及びこれらの軽減に資するため、指導者等の研修、スポーツ施設の整備、スポーツにおける心身の健康の保持増進及び安全の確保に関する知識の普及その他の必要な措置を

講じるよう努め」ることを求めている（第14条）。さらに、第3期スポーツ基本計画においても、今後5年間に取り組む施策の1つに「(11) スポーツを実施する者の安全・安心の確保　③スポーツ事故・スポーツ障害の防止」を規定し、「国民一人一人が安全・安心に、楽しくスポーツを実施できるような環境を整備する」と目標を掲げている。

　また、具体的には後述するが、スポーツ事故において指導者の責任を追及するケースが後を絶たず、指導者の損害賠償責任が争われたり、刑事責任が問われたりする事例もある。これまで、学校の部活動中の事故であれば、顧問教諭などの指導者の過失の有無などが争点になり、なかには約3億円の損害賠償が命じられたケースもある。学校の部活動であれば設置者（国や自治体、学校法人など）が責任主体となるが、今後、地域クラブ活動に移行した場合に、活動主体によっては、指導者個人の責任ということもあり得る。

　これまでに発生している体育・スポーツ事故は、ほとんどが前例のあるものである。なぜ同様の事故が繰り返されるのか。理由の一つは、原因究明が適切に行われていないことである。文部科学省の委託調査によれば、体育・スポーツに限らず学校事故が発生した際に検証（調査）委員会が設置されたケースはわずか19.3％に過ぎないという。徹底した原因究明を行わないから再発防止策が講じられないし、事故情報の共有ができない。そうすると、事実関係を明らかにし事故原因を判断するのは法廷の場となる。子供たちが先生の過失を追及して訴えるという構図は決して好ましいものではない。訴訟がちらつくから責任逃れの行動に走り、被害者側の不信感を増幅させる悪循環におちいる。そうならないためにも、学校と子供たち、そして被害者家族が協働して事故原因を究明する必要がある。

　したがって、スポーツに参加する者の安全な環境を確保し、参加者および指導者が安心してスポーツに参加するためにも、正しい知識をもつことと効果的なリスクマネジメントが重要となる。

2. スポーツ事故と法的責任

(1) スポーツ事故の発生原因

　スポーツ事故の発生原因としては、大別すると以下の5つが考えられる。
1. 指導者の過失によるもの、

2.加害行為者の過失によるもの、

3.施設・設備に原因があるもの、

4.被害者本人の過失によるもの、

5.避けることができないもの、

　スポーツ事故をめぐる法的責任を考える場合、この5つのうち、5.はスポーツ活動に内在する偶発的・不可避的な事故と解されるが、1.から4.までは、程度の差はあれ、責任追及の対象となり得る。

　加害行為者の過失や被害者本人の過失によるものについては、参加者が子供であったり、経験が浅かったりする場合には、指導者がその活動に付随する危険を教えておかなければならず、その程度において、指導者の責任の範疇となる。

(2) 指導者が負う法的責任

　スポーツ指導において指導者が負う責任には、道義的責任と法的責任が考えられる。道義的責任とは、人の行うべき正しい道であるとか倫理的な責任となる。地域のスポーツ指導に関する法的責任には、民事責任と刑事責任がある(図1)。

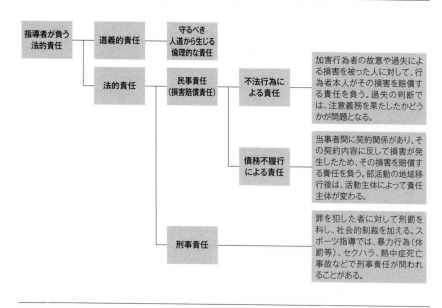

図1 指導者が負う責任の構造

1）民事責任
①民事責任の種類

　ここでいう民事責任とは損害賠償責任をさす。民法では、不法行為（709条）による損害賠償と債務不履行（415条）による損害賠償を定めていて、前者が過失を根拠とする損害賠償責任で、後者は契約違反による責任である。

　一般論として、不法行為による損害賠償責任とは、加害行為者の故意や過失により損害を被った人に対して、行為者本人がその損害を賠償する責任を負うというものである。不法行為が成立するためには、加害行為に故意・過失があること、損害が発生していること、発生した損害と加害行為の間に因果関係があること、などが必要となる。過失の判断に当たっては、事故（危険）の発生を予見し得たかどうか（予見可能性）、結果（危険）を回避する義務を尽くしたかどうか（危険回避可能性）が問題となるが、注意義務の内容は、参加者自身、指導者、主催者、施設管理者等、それぞれの立場によって異なる。

　ところで、国公立の学校の教育活動中や自治体主催の活動中における事故では、国家賠償法が適用され、公務員の公権力の行使により被害者に損害が発生した場合には、国立であれば国が、公立であれば設置者である地方公共団体が賠償の責任を負う。また、私立学校では、民法の債務不履行責任が適用され、契約当事者である学校法人が損害を賠償する責任を負う。

　債務不履行による損害賠償責任とは、当事者間に何らかの契約関係がある場合に、契約には当該スポーツ活動に参加する者の身体の安全を保障することが含まれ、その契約内容に反して損害が発生したため、その損害を賠償する責任を負うというものである。契約違反に当たるかどうかの判断に当たっては、主として過失の有無が問題となる。今後、中学校の部活動が地域へ移行した場合には、活動主体がどうなるかによって責任主体が変わってくる。地域スポーツクラブ活動であるならクラブが主体と考えられるが、クラブと参加者の関係は会員契約にもとづく契約関係となり、クラブの活動中に事故が起きれば、債務不履行責任が適用される。しかしながら、ここで注意しなければならないのが、契約の当事者となるのは個人か法人であるので、クラブが何らかの法人組織でなければ、指導者個人が責任主体となる点である。部活動の地域移行の受け皿として、既存の組織としては地域のスポーツクラブ、スポーツ少年団や総合型クラブなどが考えられるが、このような団体は規模の小さな非営利団体なので、特定非営利活動法人(NPO法人)などの資格を取得することが重要となる。フィッ

トネスクラブなどは株式会社であることが多く、これらは営利法人であるので、契約の当事者となる。

テニスやバドミントンをはじめ、スポーツには用具が欠かせない。使用する用具の安全管理も指導者らの義務の1つであるが、もともと用具自体に欠陥があり、それが原因で事故が発生した場合には、製造物責任法に基づき用具の製造者に損害賠償を請求することができる。

また、施設・設備の欠陥が原因で事故が発生した場合、国公立の学校や公共の施設であれば公の営造物の管理として国家賠償法第2条が適用され、設置主体である国または地方公共団体が責任を負う。私立学校や民間の施設では土地工作物責任（民法717条）が適用され、第一義的には、施設の占有者が責任を負うことになり、学校法人や企業が責任主体である。この場合、通常の使用に耐え得る安全性（通常有すべき安全性）が確保されているかが重要となる。

②わが国の損害賠償制度

前項で取り上げた通り、重大事故や負傷による民事責任（損害賠償責任）には、不法行為責任と債務不履行責任が考えられる。いずれの場合においても、賠償の方法は民法の規定（第417条ほか）にもとづき、「別段の意思表示がないときは、金銭をもってその額を定める」と規定され（民法417条・722条1項）、加害行為により発生した損害を填補するもの、すなわち損害額＝賠償額である。考え方の基本は原状回復であり、負傷などの場合は、治療費等の支払いを負担することになる。

③損害賠償の内訳

損害とは、被害者が被ったさまざまな不利益をさし、財産的損害（現実に生じた不利益、逸失利益など）と非財産的損害（苦痛や不快感といった精神的損害など）がある。

賠償額の算定においては、被害者が被ったさまざまな不利益を金銭に勘案することになる。

逸失利益とは、その被害にあわなければ得られたであろう利益のことで、一般的には、将来に得られる収入などが該当するが、中学生などの未就労者の場合には、この算定が難しい。したがって、通常は、政府が毎年実施する「賃金構造基本統計調査」に基づいて、労働者の性別や年齢、学歴などの別に、その平均収入をまとめた「賃金センサス」に依拠して算出される。また、最終的には、障害の程度に応じた労働能力喪失分や過失相殺分などが組み込まれて計算

される。

逸失利益の算定に関して、これまで最終学歴や男女格差などが議論となってきたが、進学校の在学など客観的に大学進学の確率が高ければ大卒として判断され、不明であれば、平均化した金額が採用される。男女の逸失利益については、以前は格差がみられたが、現在では、平均化した金額で計算されている。

また、非財産的損害すなわち慰謝料の算定に関して、これをどうやって金銭に勘案するかは難しいので、現状は、態様に応じて定額化している。

④損害賠償金額の高額化

およそ3億円の損害賠償の支払いが命じられた高校サッカー部員試合中落雷事故における裁判所の算定をみると、被害者は、卒業生の大半が4年制大学へ進学する進学校の生徒であったこと、そして労働能力喪失100%であると認められている。そして、大卒で22歳から67歳まで45年間就労すると想定し、逸失利益を約1億1,708万円と算出した。そのほか、治療関連費が3,000万円余り、自宅改造費が約2,000万円、将来におけるリハビリ、検診費用や、自宅ホームエレベーターの将来の保守点検費用、日常生活用具・器械類の将来の買い換え費用などを加算しているが、これまでの事例ととくに変わりはない。慰謝料は、本人が3,500万円、保護者が300万円、兄弟が100万円ずつとなっている。

従来の事例と大きく異なるのは、将来介護費の算定といえる。職業介護者について1日当たり12,000円で計算し、家族介護がその半分の1日当たり6,000円となり、症状固定の平成18年当時の本人の年齢（26歳）から平均余命が51年とし、年間365日、合計で1億2,000万円余りが加算されている。

このように、損害賠償金額が高額化している背景には、なにかの評価が高くなったのではなく、介護保険が制度化されたことにより、計算項目が増えたことによる。

2）刑事責任

刑事責任は、罪を犯した者に対して刑罰を科し、社会的制裁を加えるものである。スポーツ指導でよくみられる刑事事件としては、暴力行為（体罰等）、セクシュアルハラスメントそして熱中症死亡事故がある。

暴力行為などは傷害罪（204条）や暴行罪（208条）が適用される。2012年12月に起きた大阪市立桜宮高校バスケットボール部員自殺事件を契機に、スポーツ界において暴力根絶の動きが活発化したが、残念ながら、いまだに指導者による暴力が報告されていて、最近では、刑事事件化するケースが増えている（た

とえば、「暴行容疑で顧問教諭を逮捕」2022年8月26日12:02讀賣新聞オンライン）。

　セクハラ事件などでは強制わいせつ罪（176条）などが適用される。熱中症による死亡事故をめぐっては、指導者の業務上過失致死傷罪（211条）が適用され、刑事責任を追及するケースが増えてきている。このような背景には、熱中症は防止が可能であるという医学界からのレポートがあり、防止可能であるのに発生せしめた点に重大な過失があるという判断が働いている。そして、しごきなどの過剰な練習等による事故ではなく、通常の練習における熱中症死亡事故においても追及されているので、十分注意する必要がある（参照：平成14年9月30日横浜地裁川崎支部判決）。

　格闘技に代表されるように、スポーツには相手を殴る、蹴る、投げるなどの行為が含まれる種目があるが、このようなスポーツ活動中に事故が発生しても、直ちに刑事責任が発生するわけではない。なぜなら、スポーツには社会的に認容されたルールがあり、そのルールに基づいたプレーには正当性が認められ、互いにルールやある程度の危険を承諾してそのスポーツに参加しているため、違法性が阻却される。違法性が阻却されるためには、不可抗力、正当防衛、緊急避難、危険の引き受け、正当行為などの正当化事由が必要となる。

3. 指導者に求められる具体的注意義務

　具体的に、スポーツ指導者は、どのような注意を求められているのだろうか。第一に危険を予見すること、第二に、その予見された結果（危険）が発生しないように回避策を講じること、に集約される（図2）。

（1）危険予見義務

　裁判のなかで加害行為者に過失があったかどうかを判断する際、まず検討されるのが、その事故の発生を予見できたかどうかである。予見するためには、事前に指導計画をたててシミュレーションをする必要がある。計画には短期的なものと長期的なものがあるが、それぞれの活動において、どのような危険が潜んでいるのか、事前に予測・把握しておくことが求められている。「思いもよらなかった」では済まされないが、指導者の経験や能力が異なることから「あなたなら予見ができたかどうか」が基準となり、経験の浅い者と豊かな者では、当然ながら基準が異なる。

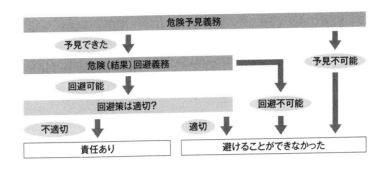

図2 危険の予見と回避の流れ

(2)危険（結果）回避義務

　危険の予見が可能であった場合、その予見された危険が現実に発生しないよう、適切な回避策を講じることが求められる。なにをもって適切と判断するかは、事故発生当時の指導方法の水準、熱中症や落雷など事故防止に関する医学的・科学的知見のレベル、指導者の経験・能力、そして子供たちの年齢や能力などとの兼ね合いで判断される。

4. 指導者の責任追及の事例

(1)高校サッカー部試合中落雷事故

　私立高校サッカー部が出場した大会の試合中、生徒が落雷の直撃を受け、重度の障害が発生した事故につき、一審の高知地裁（平成15年6月日）および二審の高松高裁（平成16年10月29日）では、「社会通念上、遠雷が聞こえていることなどから直ちに一切の社会的な活動を中止又は中断すべきことが当然に要請されているとまではいえない」などとして顧問教諭らの過失を否定したため、原告が上告していた。最高裁は、「教育活動の一環として行われる学校の課外のクラブ活動においては、生徒は担当教諭の指導監督に従って行動するのであるから、担当教諭は、できる限り生徒の安全にかかわる事故の危険性を具体的に予見し、その予見に基づいて当該事故の発生を未然に防止する措置を執り、ク

ラブ活動中の生徒を保護すべき注意義務を負うものというべきである。（中略）前記事実関係によれば、A高校の第2試合の開始直前ころには、本件運動広場の南西方向の上空には黒く固まった暗雲が立ち込め、雷鳴が聞こえ、雲の間で放電が起きるのが目撃されていたというのである。そうすると、上記雷鳴が大きな音ではなかったとしても、同校サッカー部の引率者兼監督であったB教諭としては、上記時点ころまでには落雷事故発生の危険が迫っていることを具体的に予見することが可能であったというべきであり、また、予見すべき注意義務を怠ったものというべきである。このことは、たとえ平均的なスポーツ指導者において、落雷事故発生の危険性の認識が薄く、雨がやみ、空が明るくなり、雷鳴が遠のくにつれ、落雷事故発生の危険性は減弱するとの認識が一般的なものであったとしても左右されるものではない。なぜなら、上記のような認識は、平成8年までに多く存在していた落雷事故を予防するための注意に関する本件各記載等の内容と相いれないものであり、当時の科学的知見に反する」とし、顧問教諭に落雷事故発生の危険が迫っていることを予見すべき注意義務があったと認定して、さらに審理を尽くすよう、原審に差し戻した（平成18年3月13日、最高裁）。

差戻審は、落雷事故発生を回避するための保護区域があったにも関わらず、「少なくとも当面同校の生徒らを上記保護範囲に避難させ、他校の監督らとともに、会場担当者らに対し、落雷の危険が去るまで同試合の開始を延期することを申し入れて協議をするなどしていれば、本件落雷事故を回避できた」として、引率顧問教諭と大会主催者の過失を認め、約3億円の損害賠償の支払いを命じた（平成20年9月17日、高松高裁）。

（2）中学校野球部練習中障害事故

　公立中学校野球部の生徒が、練習中にボールの直撃を受け、右眼網膜萎縮、視力の大幅な低下等の傷害を負った事故について、野球部顧問教諭らが防球ネットの配置を徹底しなかった、生徒に防具等を装着させなかった、複数箇所の同時投球を避けるなどの指導監督義務を怠った過失があるとして、損害の賠償を求めた。

　裁判所は、「本件野球部の活動は、教育課程外のいわゆる部活動であり、生徒の自主的、自発的な参加により行われるものであるとはいえ、教育課程との関連をもって学校教育の一環として行われる以上、本件顧問教諭らは、当該活

動について生徒の安全を確保し、事故の発生を未然に防ぐべき一般的注意義務がある」とした。そして、「野球の練習の中でもフリーバッティング練習は、ボール係や守備についている生徒にバッターが放つ高速の打球が衝突して生命身体に対する危険の生じる危険性が高い」ことから、「安全指導の手引における記載や本件ピッチングマシーンのパンフレットの記載等を参考にした上で、フリーバッティング練習において適切な位置に本件各ネットを設置しなければ、バッターの打球によってボール係の生命身体が害されるおそれがあることを容易に予見し得た」ところ、「顧問教諭らが、部員らに対し、フリーバッティング練習におけるボール係等の生命身体の侵害の危険性について、その高度な危険性を理解させるに十分な理解を得させる指導を行っていたとは到底認められない」と過失を認めて、約2,000万円の損害賠償の支払いを命じた（平成25年9月6日、横浜地裁）。

(3) 中学校バレーボール部練習中障害事故

　公立中学校女子バレー部の1年生が、体育館内のバレーボール用支柱に設置されたステンレス製ネット巻き器を使用してバレーボールネットを張る作業をしていた際、当該ネット巻き器が急激に跳ね上がって顔面を直撃し、前額部挫創、頭蓋骨開放骨折、脳挫傷などの傷害を負った事故について、被害生徒が、本件中学校を設置する地方公共団体に対し、公の営造物である上記支柱およびネット巻き器の設置又は管理に瑕疵があったなどとして、損害の賠償を求めた。

　裁判所は、「中学生が、バレーボールネットを張るに際し、張力につき、通常にバレーボールネットを張るより多少強く2450ニュートン（250キログラム重）の張力がかかる程度に、本件ネット巻き器のハンドルを回すことは十分に想定されるところであり、この程度の張力で、本件事故当時、本件ネット巻き器が、急激に跳ね上がる状態であったのであるから、本件ネット巻き器は、通常有すべき安全性を有しておらず、その設置又は管理に瑕疵があったものと認められる」として、3,000万円余りの損害賠償を命じた。（平成26年6月30日、大分地裁）。

(4) 中学校野球部熱中症死亡事故（刑事）

　平成12年8月21日、川崎市内の少年野球場およびその付近の河川敷において練習を実施した際、「同日は高温多湿の晴天で、同所付近の河川敷にはほとんど日陰がなく、真夏の炎天下に10日間の休暇後初めて練習を実施するのであ

るから、練習中は適宜休憩を取らせ、数回に分けて十分に水分補給させるとともに、激しい運動を避け、練習再開初日で暑さになれていない部員が熱中症等に罹患することを未然に防止すべきはもとより、持久走のごとき熱負荷の大きい運動をさせる場合には、熱中症に罹患しやすい太り気味で体力がない部員の健康状態に特に気を配り、部員に熱中症の症状が現れた場合に、直ちに運動を中止させて体温を下げるなどするために水、救急箱、携帯電話等を持って集団の後方から監視するなど迅速かつ適切な救護措置を講じられる態勢で部員を指導監督し、その健康保持に留意すべき業務上の注意義務があった。（中略）被告人は、大学の体育学部において運動生理学等の専門教育を受け、保健体育の教員として生徒に熱中症について教えるとともに、教育委員会などからも再々熱中症についての注意を喚起されるなどしていたものであって、熱中症の発生機序や発症時の対処方法などには相当程度の知識を有していたと認められる。にも関わらず、判示のとおり、炎天下における持久走を実施するに当たり、部員の健康状態への配慮に欠け、適切な救護措置を執りうる態勢にも欠けていたのであるから、体力的に十分の成長を遂げているとはいい難い中学生の部活動の指導を託された者として、その注意義務の懈怠は、厳しく非難されても仕方がないというべきである」として、罰金40万円を命じた（平成14年9月30日、横浜地裁川崎支部）。

5. 地域スポーツクラブ活動における補償制度

（1）補償制度の課題

　これまでの部活動は学校の教育活動の一環として考えられていたため、部活動中に発生した負傷や疾病に対しては、JSCが実施している「災害共済給付」が利用されてきた。しかしながら、今後、部活動の地域移行が進むと学校の教育活動ではなくなり、この「災害共済給付」制度は利用できないことから、新たな補償制度の導入、あるいは民間の保険会社との契約が必要となる。

（2）スポーツ安全保険（公益財団法人日本スポーツ安全協会）

　1970（昭和45）年に、地域のスポーツ活動や社会教育活動の普及振興を図るため、当時の文部省（現文部科学省）や日本体育協会（現公益財団法人日本スポー

協会）等によって財団法人日本スポーツ安全協会（現公益財団法人日本スポーツ安全協会）が設立された。スポーツ安全協会は、業務の一環として「スポーツ安全保険」を展開していて、スポーツや文化などの団体・グループ活動（社会教育活動）に対して、スポーツ安全協会が加入の取りまとめ機関・契約者となり、東京海上日動火災保険株式会社を幹事会社とする損害保険会社8社との間で保険契約を締結している。

　現在まで、子供から大人にいたる多くの地域活動参加者が、この安全保険に加入している。

　「スポーツ安全保険」には、傷害保険、加入者が第三者に賠償責任保険、そして突然死葬祭費用保険があり、加入手続きを行った団体の活動中や往復中の事故が補償となり、学校の管理下の活動は対象外となっている。

　一般的に、傷害保険とは、急激で偶然な外来の事故により被った傷害による死亡、後遺障害、入院、手術、通院を保障するものであり、賠償責任保険とは、他人にケガをさせたり、他人のものを壊したことにより、法律上の損害賠償責任を負うことによって被った損害を補償するものである。

　スポーツ安全協会では、中学校部活動の地域移行に対応させるべく、2023（令和5）年度より「スポーツ安全保険」の制度を改定し、補償の充実を図っている。具体的には、年額掛金はそのままで、中学生以下の子供を対象とするA1区分の傷害保険死亡保険金額を現行の2,000万円から3,000万円に、後遺障害保険金額の最高額を現行の3,000万円から4,500万円に引き上げ、ワイドコースのAW区分の団体活動中・往復途上中についても同様に引き上げられている。

〈引用・参考文献〉
学校事故事例検索データベース，日本スポーツ振興センター，2022．https://www.jpnsport.go.jp/anzen/anzen_school/anzen_school/tabid/822/Default.aspx
森浩寿「体育・スポーツ事故と体育教師の法的責任」『体育科教育』63巻6号，pp.22-26，大修館書店，2015．
大阪教育大学『学校事故対応に関する調査研究報告書（文部科学省委託事業）』，2015．

4-3

地域スポーツクラブ〈運動部〉活動に求められる
スポーツ・インテグリティ

竹村瑞穂

1. スポーツ・インテグリティとは

(1)スポーツ・インテグリティという用語について

　近代スポーツが文化として確立して以降、オリンピックの規模拡大にみられるように、スポーツは国際化するとともに技術の向上も高度化の一途をたどってきた。スポーツにおいては、光と影は表裏一体であるといわれるように、輝かしいスポーツの進歩、進展とともに、負の側面もまた抱えてきたのである。

　スポーツ界における負の側面としてまずあげられるのは、ドーピング問題であろう。記憶に新しい事例としては、2022年北京冬季大会にロシアオリンピック委員会（ROC）が派遣した、当時若干15歳であった女子フィギュアスケートのワリエワ選手をめぐるドーピング違反があげられる。オリンピックの場では、1968年にドーピング検査が正式に導入され、厳しく取り締まりがなされてきたものの、その後も違反事例は後を絶たない状況が続いている。このようにドーピング問題は、近代スポーツが抱える大きな問題の一つであり、本節の後半部分において詳述したい。

　ドーピングの問題はあくまでも一例であり、それ以外にも、スポーツ界が抱える倫理的逸脱状況は多様な形で存在する。試合の不正操作、暴力、不平等、ハラスメント、差別、違法賭博、ガバナンス違反など、対応すべき倫理的問題は数多く存在しているのが実状である。このような問題を背景に、スポーツの価値や健全性の保全を目的として取り組まれてきたのが、スポーツ・インテグリティの確保のための対策である。わが国では、2017年に文部科学省が策定した第2期「スポーツ基本計画」において、スポーツが価値ある高潔な状態（スポーツにおけるインテグリティ）を保つことが政策目標として掲げられ、対策が取られてきたところである。

そもそも、インテグリティ（Integrity）という用語は、辞書的にみれば、「誠実さ」「正直」「高潔さ」「品位」「完全性」といった意味をもつ。その原義を反映し、スポーツ・インテグリティ（Integrity of Spots）は、「スポーツの高潔さ」や「スポーツの健全性」と訳される。

　さらに、各スポーツ関係組織や会議等が、このスポーツ・インテグリティという概念をどのような形で定義しているか確認してみたい。勝田（2018）は、国内外の各スポーツ関係団体等による当該用語の意味や定義づけをまとめている（表1を参照）。とりわけ、日本スポーツ振興センター（JSC）においては、スポーツ・インテグリティとは、「スポーツがさまざまな脅威により欠けることなく、価値ある高潔な状態」と説明されている。このJSCの定義は、「スポーツ・インテグリティ・ユニット」というJSC内部の部署が策定したものであり、国内においてもスポーツ・インテグリティの確保に向けた取組が強化されてきたことが読み取れる。

　スポーツが文化として社会に位置づけられ、その意義や価値が認められ、またスポーツそのものが有する力を十全に発揮するためには、その大前提として、

表1　各スポーツ組織・会議等にみられるスポーツ・インテグリティの意味に関する記述

組織	記述内容（抜粋）
国際オリンピック委員会	Integrity of sportとはクリーンなアスリートを守るという意味である。
国際ラグビー連盟	Integrity とは、ゲームの核をなすものであり誠実さとフェアプレーによって生み出される。
オーストラリア・スポーツコミッション	インテグリティとは、内面の価値と実際の行動が一貫していること。インテグリティを有する個人は、自らの価値観、信念、原則にしたがって行動することができる人である。
日本スポーツ振興センター	・「インテグリティ」とは、高潔さ・品位・完全な状態、を意味する言葉。 ・スポーツにおける「インテグリティ」とは、「スポーツがさまざまな脅威により欠けるところなく、価値ある高潔な状態」をさす。
国際コーチングエクセレンス評議会	自身の価値観や行動に忠実であること。ロールモデルとして行動すること。
日本スポーツ仲裁機構	インテグリティ（高潔性）とは、「高潔性、すなわち、誠実であるとともに強固な倫理原則を維持できている状態」を意味します。とくに、スポーツ界においては、インテグリティ（高潔性）を脅かすとして社会的に問題視されている事象として、ドーピング、八百長、差別、暴力、パワーハラスメント、セクシャルハラスメント、スポーツ事故等、が掲げられています。

勝田隆著、友添秀則監修（2018）スポーツ・インテグリティの探求 スポーツの未来に向けて．大修館書店．15頁の表を参照（部分的に引用）。

インテグリティが保たれていることが肝要なのである。

(2) スポーツ・インテグリティの確保における地域移行にともなう課題について

　スポーツ・インテグリティをめぐる問題は、オリンピック・パラリンピックのような、トップレベルにおける競技スポーツのみで発生する問題とはいいきれないであろう。とりわけ、わが国独自の課題としてみれば、スポーツ指導における暴力・ハラスメントの問題は、深刻な社会的問題として認識されてきた。2013年には、文部科学省が「スポーツ指導者の資質能力向上のための有識者会議」を設置したが、この取組の背景には、学校運動部活動における暴力的な指導や、不適切な生徒との関わり方の問題が存在してきた。

　当時から、スポーツ指導における暴力・ハラスメントの問題は、わが国のスポーツ史上最大の危機ととらえられ、スポーツ指導から暴力を根絶する必要性が訴えられてきた経緯がある。しかしながら、現在においてもこの問題は解決にはいたっておらず、新たなスポーツ指導のあり方や、健全な子供のスポーツ環境について検討が重ねられているのは周知の通りである。その中心的検討課題ともいえるのが、運動部活動改革であり、地域スポーツクラブ〈運動部〉活動への移行も含まれるのである。

　わが国において、学校運動部活動は、スポーツを基盤とした教育活動の一角をなすとともに、競技力向上の場として重要な役割を果たしてきた。一方、この学校教育における運動部活動という空間では、不適切なスポーツ指導や、上意下達の文化、偏った勝利至上主義に基づく暴力・ハラスメントの問題も多発してきたのである。2012年には、大阪の高等学校運動部において、顧問による暴言・暴力的行為を苦にして生徒が自死したという痛ましい事案が発生した。このような事案を背景に、「運動部活動の在り方に関する調査研究協力会議」が設置され、2013年には「運動部活動での指導のガイドライン」を含めた報告書も提出された。さらに教育界、スポーツ界においては、日本中学校体育連盟や全国高等学校体育連盟などが共同で「スポーツ界における暴力行為根絶宣言」を発出し、課題解決に向けて努力を重ねてきたといえる。しかし残念ながら、この種の問題は、根絶するどころか根強く残っているといわざるを得ない。

　スポーツ指導における暴力の問題は、単に運動部活動を地域へ移行するというように、場所や空間を変えただけでは解決し得ない課題といえる。もとより、学校における運動部活動を地域移行することにともなう課題は、種々指摘され

ている。第1章第1節で友添が指摘するように、①地域での受け皿（運営団体・実施主体）、②指導者および人材確保、③施設、④大会のあり方、⑤会費、⑥安心安全と事故・保険、⑦地域スポーツクラブ活動の今後の位置づけ、と課題は多岐にわたる。このなかでも、とりわけ、②指導者および人材確保、⑥安心安全と事故・保険の問題は、指導者による暴力・ハラスメントからの脱却や、安全で安心なスポーツ活動の確保のためには必要不可欠な問題といえるだろう。児童生徒に対する適切で安全・安心なスポーツ指導や環境が保障されるような、指導者の質の確保の問題や、スポーツ・インテグリティを深く理解できる指導観をもった指導者育成の課題については、地域と連携したうえで真摯に取り組んでいかなければならない。

　一方、地域スポーツクラブ〈運動部〉活動指導者の負担が増えることも想定される。これまでのように各種目の技術指導を行うだけではなく、生徒や選手間のトラブル対応や保護者対応も求められるからである。学校現場における生徒の様子を把握することや、教員との連携（学校と自治体の連携）のあり方も模索していく必要がある。

2. 地域スポーツクラブ〈運動部〉活動におけるコンプライアンス

（1）スポーツとコンプライアンス

　一般にガバナンスとは、「組織を統治したり、統制すること。また、そのような能力」のことをさし、組織を運営するに際して適切かつ公正な判断がなされるように監督することをいう。

　スポーツ界においても、さまざまな不適切な言動や倫理的に逸脱した言動によって、スポーツの価値や意義を棄損しないようにするために、スポーツ庁によって「スポーツ団体ガバナンスコード」が策定された。スポーツを振興・普及する担い手であるスポーツ団体が、ガバナンスの重要性を理解し、また組織の透明性や公正性を高めることが意図されており、中央競技団体（NF）と一般スポーツ団体がその対象である。

　ここでいうスポーツ団体とは、スポーツ基本法第2条第2項で述べられている「スポーツの振興のための事業を行うことを主たる目的とする団体」のことをさしている。このように、競技力向上を目的とした中央競技団体だけではなく、一般にスポーツを振興したり、普及させるための団体も対象となっている

のであり、当然のことながら、地域スポーツクラブ〈運動部〉活動も含まれる。とりわけ、暴力行為の根絶に向けたコンプライアンス意識の徹底を図ることについては、一般スポーツ団体向けの規程においても、下記のように具体的に示されている。

スポーツ団体ガバナンスコード〈一般スポーツ団体向け〉（スポーツ庁、2019年）**抜粋**

原則3　暴力行為の根絶等に向けたコンプライアンス意識の徹底を図るべきである。

(1) 役職員に対し、コンプライアンス教育を実施すること、又はコンプライアンスに関する研修等への参加を促すこと

(2) 指導者、競技者等に対し、コンプライアンス教育を実施すること、又はコンプライアンスに関する研修等への参加を促すこと

このように、適正なガバナンスの実施は、地域スポーツクラブ〈運動部〉活動も含めたスポーツ団体が取り組むべきコンプライアンス強化事業の一環であることがわかる。なお、「コンプライアンス」という用語は、日本語に訳すと「法令順守」という意味になるが、広く倫理規範や社会規範を逸脱しないという意味も含まれる概念である。

このコンプライアンスの遵守は、学校運動部活動が地域スポーツクラブ〈運動部〉活動へと移行してからも、そこで活動する指導者はもちろんのこと、生徒（会員）にも求められることはいうまでもない。各論でいえば、1）体罰・暴力的言動を行わないこと、2）指導者－選手（生徒）の関係性、あるいは、選手（生徒）同志の関係性において相互尊重の大切さを学ぶこと、3）ドーピングに対する正しい知識と考え方を理解すること、4）適切な組織のガバナンス体制の重要性を知ること、などがあげられる。また、このような問題を引き起こしかねない理由となっている意識（総論）にも着目し、1）勝利至上主義（スポーツにおいて勝つことを唯一絶対の目的とすること）からの脱却の必要性を認識し、適切かつ健全な範囲で勝利をめざすといった、望ましい勝利追求のあり方を理解すること、2）スポーツ価値教育を通して、スポーツパーソンシップやスポーツの意味などについて学ぶこと、などが大切である。

地域スポーツクラブ〈運動部〉活動への移行によって、これまで学校運動部

活動が抱えてきた負の側面を少しでも解消し、よりよくしていくためにも、上述した諸点を学ぶことができる研修機会の提供、あるいは教材の開発も含めた研究開発も進めていく必要がある。

(2) 体罰・暴力的指導の禁止

　殴る、蹴るというような暴力行為は当然のことながら違法行為であるが、いわゆる体罰も法律で禁止されていることは、周知の通りである。学校教育法第11条では、児童および生徒への体罰が禁止されている。ただし、この法律では、懲戒（しつけ）は許される行為であるとされており、スポーツ指導を行う現場では、体罰と懲戒の境目が曖昧であるという批判や、指導者のとまどいも少なからず存在していた。

　このような声を受け、文部科学省では、学校教育法第11条に規定する児童生徒の体罰と懲戒の具体的事例について、以下のように指摘している。

1) 体罰（通常、体罰と判断されると考えられる行為）

① 身体に対する侵害を内容とするもの

・体育の授業中、危険な行為をした児童の背中を足で踏みつける。

・部活動顧問の指示にしたがわず、ユニフォームの片づけが不十分であったため、当該生徒の頬を殴打する。

② 被罰者に肉体的苦痛を与えるようなもの

・放課後に児童を教室に残留させ、児童がトイレに行きたいと訴えたが、一切、室外に出ることを許さない。

2) 認められる懲戒（通常、懲戒権の範囲内と判断されると考えられる行為）（ただし肉体的苦痛をともなわないものに限る。）

※学校教育法施行規則に定める退学・停学・訓告以外で認められると考えられるものの例

・放課後等に教室に残留させる。

・学習課題や清掃活動を課す。

・立ち歩きの多い児童生徒を叱って席につかせる。

　文部科学省が指摘している体罰と懲戒の事例を一部抜粋してみたが、この基準を地域スポーツクラブ〈運動部〉活動の場にあてはめて考えてみたい。たとえば、スポーツ指導中に選手（生徒）が指導者の指示をきちんと聞かずに態度が悪かった場合に、叩いたり引きずったりなど、手を出して威圧的にしたがわ

せようとする行為は体罰である。あるいは、練習中にミスをしたなどの理由で、罰として水分補給を一切させないとか、練習中にトイレに行かせないなど、必要以上に負荷をかけたり苦痛に感じることを課すこともしてはならない。一方、必要に応じて練習中にその場で選手（生徒）に注意したり叱ること、場合によっては一定の時間見学をさせたり、後片付けを課すなどの指導は適切といえる。このように、認められている懲戒行為と体罰（暴言や暴力的行為も含め）とは、行為の程度の差ではなく、質的に異なるものであり、その違いについて正しく理解する必要がある。すなわち、懲戒行為の延長線上に体罰が存在するのではない。

　また、競争性がともなうスポーツでは、指導者も選手も（あるいは選手の保護者も）、だれもが感情的になりがちである。実際の指導場面では、指導に熱が入り過ぎてしまった指導者が、選手（生徒）がなかなか上達しない場合に、「なんでできないんだ！何度いえばわかるんだ！そんなんだったら辞めてしまえ！」など怒鳴りつけてしまうようなことは往々にしてみられることである。選手（生徒）同志でも、ゲームや試合中に仲間がミスをした際に、不適切な言葉で必要以上に相手を責めてしまうこともあるかもしれない。このようなことは「生じないこと」ではなく、「生じ得ること」と認識したうえで、適切なタイミングで感情をコントロールするための練習（アンガーマネジメント）を取り入れることも重要である。このアンガーマネジメントとは、怒らないことが目的なのではなく、怒りの感情と上手くつき合い、人間関係をよくしていくための心理教育である。たとえば、一般社団法人日本アンガーマネジメント協会では、アンガーマネジメントファシリテーター養成講座の開催や、研修事業なども行っているので、是非参考にされたい。

（3）人権感覚を育むコミュニケーションスキル

　なお、しつけと称して暴力的行為を受けた結果、いのちを落としてしまった生徒の事例や事案も残念ながら見受けられる。このような深刻な事態を受け、2020年4月には、改正児童虐待の防止等に関する法律および改正児童福祉法が施行されている。厚生労働省のガイドラインでは、「おまえなんか生まれてこなければよかった」など、子供の存在を否定することや、「きょうだいを引き合いにしてけなした」など、尊厳を傷つけるような暴言も禁止事項の対象事例としてあげられている。スポーツ指導以前の問題として、他者（生徒や選手など）との関係性を構築するに当たり、子供の人権の尊重という視点が必要不可欠で

あること、根本的には、他者の人格を尊重しつついかに向き合うかということの深い考察が大事であるといえよう。スポーツ指導という具体的場面においても、「勝つために」「強くなるために」といった大義名分のもと、生徒を追い込むような暴言が発生しているが、生徒の人権を侵害することは許されることではない。

　当然のことであるが、地域スポーツクラブ〈運動部〉活動に従事する指導者も、このような基本的な諸点について学ぶ教育の機会が必要である。部活動改革においては、指導者育成や資格制度、指導者研修などは核となる重要課題であるが、すでにこの点をカバーしようとする試みがみられている。たとえば、三井住友海上火災保険株式会社は、部活動の地域移行にともない、指導者をサポートするための認証制度を新たに創設した。具体的内容として、1）救急救命・救護、2）コンプライアンス・ハラスメント（適切な関係構築や体罰防止）、3）メンタルヘルスケア（いじめ対応等）などの学習項目があり、インターネット上で学べるeラーニングシステムを活用しながら研修を実施し、認証を付与するなどの取組を始めている。このような指導者に対する企業の取組は、指導者だけではなく生徒（選手）やその保護者にとっても、安心してスポーツ活動に従事できる支援となるだろう。

3. アンチ・ドーピング教育について

（1）スポーツとドーピング

　近代スポーツが誕生して以降、スポーツの世界ではドーピング問題が深刻化してきた。21世紀の現代社会においても、依然としてドーピング問題は、スポーツにおける中心的な、倫理的に逸脱した問題であるといえる。

　オリンピックにおいても多くのドーピングをめぐる問題が発生し、1990年代後半には、国際オリンピック委員会（IOC）により、国際的かつ独立したアンチ・ドーピング機関設立の必要性が訴えられ、1999年12月に世界アンチ・ドーピング機構（WADA）が開設された経緯がある。現在、このWADAが、スポーツ界におけるドーピング問題に関する対応を一元的に取り扱っているといってよい。

　なお、スポーツの価値を守るために、スポーツの世界からドーピングを撲滅するために行う活動のことを「アンチ・ドーピング活動」という。アンチ・ドー

ピング活動においては、その主たる内容として、「ドーピング検査（ドーピングの取り締まり）」と「アンチ・ドーピング教育」がある。

ドーピング問題は、トップレベルにおける競技スポーツ界の出来事であると思われがちである。しかしながら、ドーピング違反は、オリンピック・パラリンピック選手だけが関わる問題ではなく、学生アスリートも無関係ではない。たとえば、2008年には、日本体育大学の運動部に所属する学生から、学生選手権大会後のドーピング検査で禁止物質が検出され、規則違反となった事例がある。このドーピング違反事例は、悪質かつ意図的なドーピング違反ではなく、慢性疾患の治療のために服用していた薬が禁止物質であったにも関わらず、事前に行うべき申請（治療使用特例申請、TUE申請）をせずに使用していたことで違反となった事例である。このように、アンチ・ドーピング規程においては、禁止物質・禁止方法を治療目的で使用する際には、事前に申請し承認を得ることが求められている。逆にいえば、禁止物質であっても、適切な形で事前に申請を行えば、治療薬として使える場合もある。

国民体育大会（国体―2024年から「国民スポーツ大会」と改称）でもドーピング検査は実施されており、未成年が検査対象となる場合もある。使用可能な薬を把握しておくことや、インターネット等を通して安易にサプリメントを購入して摂取しないこと、市販薬にも注意することなど、スポーツの指導者が把握し、注意するべきことを十分に学んでおく必要がある。また、選手、指導者ともに、サプリメントを服用するメリットと、服用することによって生じるデメリットについて、よく検討しておくことも重要である。

とはいえ、WADAが発行している禁止表国際基準の内容はきわめて専門的であり、選手や指導者だけで判断が難しい場合も認められる。たとえば、服用したい薬に禁止物質が含まれているか否かの確認の際には、医師やスポーツファーマシストなどの専門家に相談することが望ましい。スポーツファーマシストとは、JADAによって認定されている、最新のアンチ・ドーピングに関する専門知識を有した薬剤師のことである。日本全国に存在するスポーツファーマシストはデータベース化されており、インターネット上でも検索することが可能である。

・スポーツファーマシストへの相談：https://www.sp.playtruejapan.org/

(2)アンチ・ドーピング活動の展開とアンチ・ドーピング教育の重要性

　先述したように、アンチ・ドーピング活動とは、スポーツの価値を守るために、スポーツ界からドーピングを撲滅することを狙いとしている。そのなかでも、アンチ・ドーピング教育は非常に重要な役割を担うが、わが国おいては、日本アンチ・ドーピング機構（JADA）がその中心となって取り組んできた。

　競技者がドーピングに際して気をつけるべきことなど、薬の服用方法や医薬品の知識に関する教育活動に加え、スポーツの教育的価値や文化的価値についての研修も充実している。たとえば、『アンチ・ドーピングを通して考える－スポーツのフェアとはなにか－』という教材を作成し、教育を提供する機会を設けるなど、競技者がスポーツそのものに向き合うための教育的活動が展開されてきた。

　ドーピングに手を染めてしまう理由は、金銭的報酬に目がくらむ場合、地位や名誉を手に入れたい場合など多種多様であるが、いずれも歪んだ勝利至上主義の考え方が根底にある。不正に他者よりもアドバンテージを得た上で勝利することは、まさにチート行為（cheating）の一つであるが、これはスポーツの根幹を揺るがしかねないものである。

　21世紀に入り、遺伝子ドーピングの出現など、ドーピング技術は深化の一途を辿っている。そのなかで、今まで以上に効果的な教育プログラムを立案、実行することは、アスリートを守るだけではなく、将来世代にわたってスポーツ文化を守り、継承していくために、今後もっとも重要な事柄であるといえる。

4. インテグリティのあり方からみる 地域スポーツクラブ〈運動部〉活動：実践的事例

　最後に、地域スポーツクラブ〈運動部〉活動に求められるコンプライアンスの遵守について、身近な問題として発生しやすい事例や、それらに対する対応例について紹介する。下記事例はいずれも想定上の架空のものであるが、生徒、指導者、運営団体や実施主体のいずれもが認識しておく必要のある問題ともいえる。

(1)他者へのリスペクト

事例：地域スポーツクラブ〈部活動〉活動でのバスケットボールでの試合において、自分のチームが攻撃している際にチームメイトがファウルをとられ

たが、その審判の判定に不満があった。そのような場面で生徒が審判に対して不満を示し、大声で抗議しただけではなく、審判に「ふざけるな！」という暴言を吐いた。

> **➡対応例**：スポーツの価値の一つに、リスペクト（他者への尊重）が存在する。スポーツは「する」「みる」「ささえる」といったさまざまな視点からの関わりがあるが、多くのサポートのうえに成り立ってスポーツをすることができている。たとえば、対戦相手や審判がいなければ試合は成立しない。生徒（選手）は自分自身に対する尊重はもちろんのこと、対戦相手や審判といった他者に対する尊重の気持ちをもち、気持ちよくプレーする姿勢が求められる。生徒（選手）が不適切な言動を審判や対戦相手にしてしまった場合は、指導者が即時に介入し、不適切言動を指摘し、冷静に対処する必要性を教えることが大切である。

(2) 指導者の審判への不適切介入

事例：指導者の子供が空手の試合に出ており、審判に不適切に介入したうえで、自分の子供が優位な立場で試合を進められるように不正な操作を行った。審判の判定に対して、「今の判定はこうだろう、こう判定するべきだ！」と介入し、自分自身の子供に有利になるように威圧的な態度で叱責した。

> **➡対応例**：審判は中立かつ公平な立場で判定を行う必要があり、その原則を守らなければ、試合そのものが破壊されてしまう。このような場合がもし生じた場合は、大会の審判団や主催者、管轄する地方自治体のスポーツ担当部局、あるいは該当する連盟の窓口に相談し、場合によっては指導から外れてもらうなどの措置が必要である。

　たとえば、神奈川県にはスポーツ局スポーツ課によって「スポーツに関するコンプライアンス相談窓口」が設置されており、電子メールや電話、郵送などで相談できる体制が構築されており、匿名で相談することもできる。困ったことが生じた際には、自分が居住し活動する自治体の相談窓口を調べることも有用である。

(3) 不適切な会計処理

事例：ある地域スポーツクラブ〈運動部〉活動の組織では、正規職員、嘱託職員、アルバイトによって運営がされており、財政面では会費収入、toto助成金、自治体からの補助金で運営している。このクラブは会計監査を受けておらず、長年働いている正規職員の一人が経理を担当していた。その間、恣意的かつ不適切な会計処理、不正な金銭授受の問題が発生してしまった。

➡ **対応例**：会計処理については透明性の確保が十分になされている必要がある。そのためにはまず任意団体である場合は組織を法人化し、会計処理に関しては情報公開を徹底していくことが重要である。実施団体は会計監査の必要性を認識し、また会員は情報公開を求めていくことも大切である。

　スポーツは、われわれ人間にとって大きな効用が存在し、よりよい社会を構築していくために貢献できる力ももち合わせている。そのスポーツによって、たとえば行き過ぎた指導で苦しんでいる子供たちがいたり、ドーピングの副作用に悩まされている選手がいたりもする。このような状況を改善し、人間が豊かな生活をおくるための文化としてスポーツが存立するために、また、よりよい形でスポーツを未来世代に引き継いでいくためにも、スポーツ・インテグリティの確保は、今の社会においてこそ必要不可欠なことであるといえる。

〈引用・参考文献〉
第一東京弁護士会総合法律事務所スポーツ法研究部会編『Q&Aでわかるアンチ・ドーピングの基本』同文館出版，2018.
藤井基貴・村越真・中村美智太郎・塩田真吾・満下健太・安永太地編著『自律的思考を促すスポーツ・インテグリティ教育　理論と実践の構築を目指して』ITSC静岡学術出版，2021.
勝田隆著，友添秀則監修『スポーツ・インテグリティの探究　スポーツの未来に向けて』大修館書店，2018.
成田和穂「『日体大アンチ・ドーピングガイドブック』創刊及び改訂の経緯と今後の展望」『オリンピックスポーツ文化研究』3巻2号，pp.75-85，2017.
世界アンチ・ドーピング機構『世界アンチ・ドーピング規程』2021年版.

地域移行と地域連携の違いって？

　地域移行と地域連携の違いはなんでしょうか。地域移行後の地域スポーツクラブは、地域の指導者が地域の生徒を対象（他の世代が一緒に参加する場合がある）に、地域で学校施設や公共スポーツ施設を使って行われる活動になります。学校の役割は、クラブの活動方針や活動状況、生徒の情報などを地域スポーツクラブと共有することで、学校はクラブの活動には関与しません。法律上は社会教育法の適用を受けることになります。費用は、用具代や交通費に加えて、指導者の指導料や施設使用料などを含んだ会費を払う必要があります。生徒は事故に備えて、民間の保険に入ることも求められるでしょう。

　このような地域移行の形のほかに、地域連携という形の部活動も生まれてきています。これは、地域移行を直ちに行うことが難しい場合、部活導指導員や関係校の教師が指導者となり、拠点となる学校を決めて、拠点校の体育施設を使いながら、複数校が拠点校に集まって行われる合同部活動方式です。この学校部活動の地域連携方式は、これまでの運動部と同様、実費にかかった部費の徴収、ケガなどの場合には日本スポーツ振興センター（JSC）の災害共済給付による給付金が支払われます。もちろん、学校教育法の適用を受けます。

部活改革は、最後のビッグチャンス

　第1章1節で検討してきたように、運動部活動をこのまま維持することは、やはり、難しい状況にあるようです。仮に、改革を行わず現状に委ねれば、部活は徐々に衰退・消滅し、人口減少社会のなかで地域スポーツが衰退するのも時間の問題のように思えてなりません。もちろん、その結果は地域コミュニティの衰退や荒廃に繋がっていくでしょう。

　地域移行は、これまでの運動部活動のシステムを大きくチェンジすることで、その持続可能性を最大化する挑戦だと思います。この挑戦は、運動部活動から地域スポーツクラブ活動への再生であり、この再生は、ダイレクトに地域の今後の創生にとっても必須なのではないでしょうか。換言すれば、運動部活動の地域移行は、部活と地域の再生・創生にとって最後のビッグチャンスなのだと思えてきます。

　単身世帯が多くなり、孤独死や社会的孤立、ひきこもりが社会問題となる現代社会にあって、親和的で緩やかな人間関係を創り、介護予防や健康寿命の延伸、日々の暮らしと命を大切にする町づくりに、スポーツは大きく寄与するきわめて大切な存在となります。その核に地域スポーツクラブが位置づき、新しいわが国のスポーツ風土が創られていく日もそう遠くないように思えます。

（友添秀則）

指導に活かすスポーツ医科学

5–1

スポーツ医科学の知見を指導に活かす

杉田正明

1. 子供の発育発達の特徴

　身体の発育発達が著しい若年期においては、1年の発育期間の差は身体的にも精神的にも少なからず差が生じる。同じ学年であっても、生まれ月が早い方が学業やスポーツでよい成績を収めやすい傾向があり、同じ学年内での生まれの早さ／遅さがもたらす影響を、相対年齢効果（Relative Age Effect, RAE）という。とくに小学校の高学年は、一生のうちでももっとも成長の著しい時期に当たるため、身体が発達し体格の大きい4～6月生まれの子供がスポーツの世界では出場の機会を得られやすいとされている。

　図1に、オリンピックや世界選手権に出場した陸上競技の日本代表選手（以下、「日本代表」）および小学校期以降の全国大会出場者の生まれ月分布を示した。この図から、小・中学期の全国大会出場者における相対的年齢効果は大きく、出場者の年齢が上がるほどその影響はみられなくなり日本代表にはその影響は全くみられないことが解る。一方、骨年齢という骨の生物学的成熟度を判定し

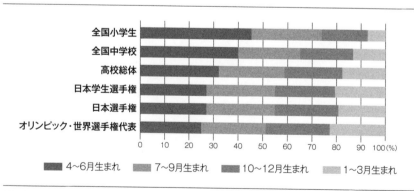

図1 2012年の全国大会出場者および日本代表選手の生まれ月分布 (森丘, 2015)

て早熟・晩熟についても考える必要がある。骨年齢は精度が高く、信頼性が高いもののX線撮影による生体への負担や経費などの点から、1年間の身長の伸びが最大になる年齢（Peak Height Velociy, PHV）で評価する方法が用いられている（図2-1）。PHV年齢は女子が9〜11歳、男子は11〜13歳が平均的で、女子の方が男子よりも2年ほど早いためこの時期は女子の方が体格的にも体力的にも男子よりすぐれている場合がある。小学生から中学生にかけて発育のもっとも著しい思春期では、個人差も大きく同学年内であっても、早熟と晩熟の間にはPHV年齢で最大4歳の年齢差が生じる（図2-2）。この時期では、発育の早い

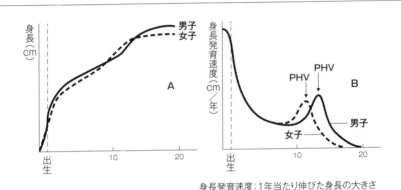

図2-1 出生から成人までの身長の推移と身長発育速度（高石ら，1981改変）

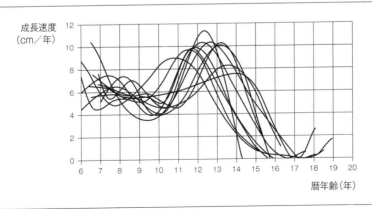

図2-2 陸上男子の各個人の身長測定値から作成した各身長成長速度曲線（松岡・村田，1996）

早熟選手が体力も高く（図3）競技成績に秀でる傾向が強く、たとえば陸上競技の全国小学生大会に出場できる選手は軒並み「早熟型」であるが、高校・大学のすぐれた選手では「早熟型」、「晩熟型」が混在することが確認されている。上述したように、同学年でも年長で身長の高い子は好成績を収めやすく、その結果さらに次の好機を得ることにつながりやすく（マタイ効果）、また、大人はその子に期待を向け、子供もその期待に応えようと努力し、成績が向上するという好循環を生み出しやすい（ピグマリオン効果）が、この場合「才能がある」と思い込み、早くから専門的かつハードなトレーニングを行ってしまう場合がある。加えて、周囲からの期待も大きくなり、その結果、ケガや燃え尽き症候群を引き起こしたり、身体発育の停滞にともないパフォーマンスの向上が滞って自信をなくし、早期に辞めてしまうこともある。このように、早期に特定の種目にしぼって専門化することは、早期の離脱の危険性を孕んでいる。逆に、早生まれで身長が低い（身長の伸びが遅い）子はそうした機会に恵まれず、高い意欲をもてず結果的に排除されてしまう場合もある。2016年のリオデジャネイロ夏季オリンピック出場選手の6歳までに経験した種目数は1.6±1.3種目（JOC，2016）であるが、海外のオリンピアンは3.3±1.6種目（Vaeyensら，2009）

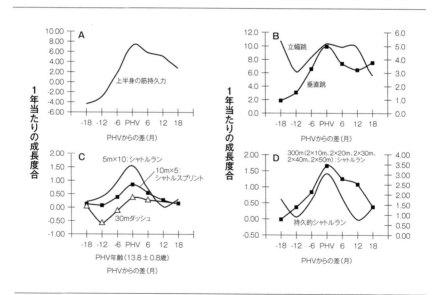

図3 男子サッカー選手33名を対象としたPHVと身体能力の縦断的変化（Philippaertsら，2006）

であり、ジュニア期に複数種目を経験することの好影響がうかがえる。ただし水泳や体操、卓球、テニスなどのように思春期開始前から早期に1つの種目に専門化する競技種目もあるため、ドロップアウトしてしまう子供が増えることのないように対策が求められる。

　子供の頃に形成される有能感や無能感は、成人になってからの運動への意欲や向き合い方にも大きく影響を与えるため、地域スポーツクラブ活動の指導者は、極端に高度・専門家することなく、教育活動の一環であることを認識したうえで、生涯にわたるスポーツキャリア全体を視野に入れた指導を念頭におく必要がある。子供たちを常に注意深く観察し、運動の楽しさを伝えるとともにジュニア期は、強化ではなく育成であり、子供たちの未来を預かる覚悟と責任感をもって指導に当たることが期待される。

2. ジュニア選手のトレーニング

　ヒトは生まれてから成人するまで、年齢に応じた体の器官の発達があり、それらの発達度合いを示したスキャモンの発育曲線の考えをもとに、図4には幼児期から成人にいたるまで、何歳でさまざまな能力がどの程度発達するかを示し、図5には各年代でトレーニングすべき内容等についてまとめられている。

　スキャモンの発育曲線は20歳時点での発育を100（％）としたときの成長パターンを一般型、神経型、生殖型、リンパ型の4つに分類したものである。出

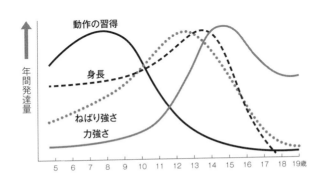

図4 子供の年齢と運動能力の発育発達パターン（宮下，1986を改変）

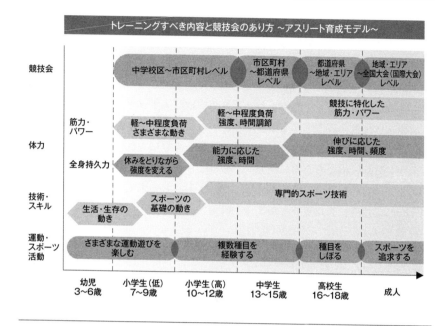

図5 トレーニングすべき内容と競技会のあり方（日本スポーツ協会, 2021）

生後から神経系の発育が盛んで5歳頃には80％まで達し、12歳頃にはほぼ100％の状態になるため、脳、神経系の関与が大きく運動能力の基礎となる動作の習得は、幼児期から小学生低学年期がもっとも発達するとされている。5〜8歳頃をプレ・ゴールデンエイジ、運動能力が著しく発達する9〜12歳頃をゴールデンエイジと呼び、体の動かし方や技術を短時間で習得することができる一生に一度だけの貴重な年代である。この頃にはさまざまな運動を体験させて多様な運動刺激を与えることが大切である。一般型は、身長や体重、筋肉、骨格、心臓などの内臓を示し、成長が著しい時期は、生まれてすぐの時期と第二次性徴期と呼ばれる時期となる。この頃には呼吸循環機能が発達し持久力の発達が著しく、12歳くらいから持久性を高めるトレーニングは適しているが、高強度の無酸素性運動は頻度高く行わせるべきではない。やや長い時間（20〜30分）運動を継続し基本的動作を長続きさせる能力の獲得をめざすのがよい。PHVを過ぎてから本格的な筋力トレーニングを開始してもよいが、それまでは、できる限り自重でのエクササイズが望ましい（表1）。また、過度の荷重や

表1 小・中学生の筋力トレーニングの実施条件の目安

エクササイズ	上肢や下肢の大筋群を動員する多関節エクササイズ（スクワット、腕立て伏せなど） 体幹のエクササイズ 導入時：3〜4種目 経験を積んだ場合：最大8〜10種目
負荷手段	自体重、軽めのウエイト（ダンベル、ペットボトルなど）、チューブ
負荷	正しいフォームで12〜15回反復できる負荷
反復回数	10回程度（最大反復は行わない）
セット数	1〜3セット
セット間の休息時間	1〜2分
1回のトレーニング時間	小学校低学年：10分程度 小学校高学年：20分程度まで可能 中学生：30分程度まで可能
週間頻度	週2〜3回

（NPO法人日本トレーニング指導者協会，2007）

エクササイズの正しいフォームができていない場合には、外傷・障害の原因となりやすい。障害を起こさない身体を作るためのストレッチ（静的、動的）、身体の正しい使い方や関節や筋肉の可動域を高める柔軟性トレーニングなども大切である。とくに中学生期には、骨に成長軟骨が残っていて繰り返しの動作や、強い負荷に耐えられないため、膝のオスグッド病や踵のシーバー病など成長期スポーツ障害に注意を払う必要がある。

　発育期は、トレーニングをすればする（やらせる）ほど、目に見えて競技力（成績）は伸びるため、その時期に適切なトレーニングだったかどうかは後になってみないとわからない。したがって、個人の発育発達に応じたトレーニングや適正な競技会等の参加を検討しながら、オーバートレーニングや競技会過多にならないように留意することと、この時期は土台作りの意識をもってトレーニング指導に当たることが大切である。

3. ジュニア選手のコンディショニング

　コンディションとは、スポーツにおいて変動する競技的状態を構成する心身の状態、およびアスリートのパフォーマンスに影響を与える全ての要因と定義され、現在のコンディションと目標とするコンディションとの間のギャップを最小化するプロセスがコンディショニングとされている。具体的には、心身の

自律的な諸機能の調整を図るとともに、目的に向かって心身の状態をより好ましい方向に整えるため、栄養、休養、リラクゼーション、比較的軽負荷および中強度までの身体活動を含む、総合的で短期的または継続的な対象者自身への働きかけである。すなわち、自分の体調やそのときの状態についてよく知り、そのコンディションに基づき体調や状態を改善していくことを意味する。

　2018年まで男子マラソンの日本最高記録（2時間06分16秒）保持者であった高岡寿成（当時：カネボウ）選手は、毎日のコンディションチェックの日課として、睡眠時間、脈拍、血圧、体温、体重を自分自身で計測し、走行距離（朝、午前、午後）、寝起きの体調、練習時の負担度、体調（いずれも10段階）、故障の程度（6段階）、合宿場所、昼寝の時間等を練習内容、記録とともに日誌に記載していた。10年に及ぶ記録から、本当に調子が悪いときには、脈拍数は上がらないこと、血圧や体温も同傾向であったこと、とくに高値を数日示した後に急激に低下す

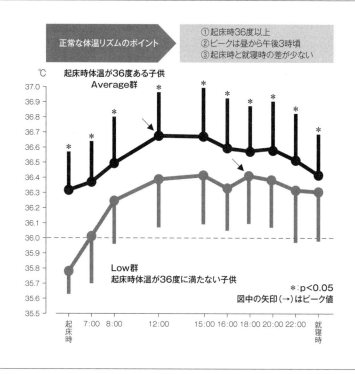

図6 健康な中高生452名を対象とした起床時体温の標準体温群と低体温群の比較（Noiら，2003を改変）

る場合は要注意であることなどが把握できたという。自身の身体を科学（知る）することによって、「引退まで記録し続けた日々のデータをグラフに表すと、取り組んできたことが面白いようにみえる。自分にしか当てはまらない唯一無二のデータは、競技を支える柱となった」と述べている。

　自分が感じる体調を「主観的コンディション」、体重や体温、起床時心拍数などを「客観的な指標」といいこの両方を用いて総合的にコンディションを評価し把握することが大切である。図6に健康な中高生452名を対象とした起床時体温の標準体温群と低体温群の比較を示した。これをみると、起床時体温が36度に満たない群では正常な体温リズムのポイントから明らかに逸脱しており、日中の間、脳や体の働きが鈍く、心身に不調が起きやすくなり、学習や運動の意欲が低下してしまうことが十分に考えられる。低体温の原因は、生活リズムの乱れにより体温調節に関わるホルモンや自律神経の働きが正常に働かないためと推察される。体温は、生活習慣を映し出す鏡のようなもので、起床時の体温を毎日、計測することはその日の調子や元気度を把握する指標として有用である。

　睡眠中には、脳下垂体から成長ホルモンが分泌され、眠っている間にさまざまな細胞の再生や新陳代謝などに作用する。その働きは、①免疫力を高める、②筋肉や骨の成長を促す、③脂肪を分解するなどの役割がある。疲れた身体の疲労回復や健康を保つためには、深く眠る熟睡状態（ノンレム睡眠：ステージ3）により成長ホルモンを分泌させることが大切である。成長ホルモンは眠りについてから約3時間（深く眠っている時間）の間に多く分泌され、浅い眠り（レム睡眠）の時間が多い後半は分泌量の水準は低くなる（図7）。コルチゾールは、起床の2時間ほど前から増える副腎から分泌されるホルモンで、起床に備えて血糖値と血圧を高めて活動の準備をする。毎日の規則的な睡眠は、こうしたホルモン分泌や自律神経などの脳神経系の働きを正常に保つが、睡眠不足や不規則な生活習慣は、脳の体内リズム形成を狂わせ、ホルモンバランスを乱れさせ、不眠、病気や精神疾患などの原因ともなるため、規則的な生活習慣と睡眠リズムを確立することが重要である。図8には、中高生年代のジュニア選手112名（平均年齢：15.2歳）を対象とした1日当たりの睡眠時間別の過去21ヶ月間の傷害発生率を示した。これによると、睡眠時間が8時間未満の選手のうち65%が傷害を経験し、睡眠時間が8時間以上の選手では31%を示し、睡眠時間が8時間未満の選手は8時間以上の選手と比べて、傷害リスクが1.7倍高かった。したがって、睡

眠時間の長さと傷害リスクとは密接な関係があることがわかる。普段の睡眠時間が7〜8時間の大学生選手を対象として、数週間の間、普段よりも2時間多く睡眠を取らせた（睡眠延長）後では、テニス選手のサーブの成功率、バスケッ

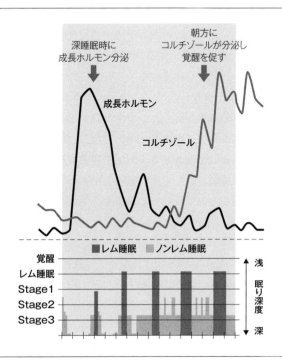

図7 睡眠中のホルモン動態と睡眠深度（櫻井，2017）

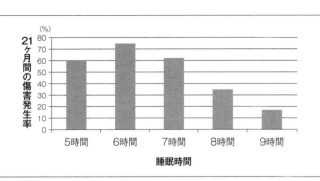

図8 1日当たりの睡眠時間別にみた21ヶ月間の傷害発生率（Milewskiら，2014）

トボール選手の走るタイムやシュートの成功率が向上するなど運動パフォーマンスの改善を認め、さらには反応時間や眠気および気分の状態も改善したことが報告されている。このことからアスリートにおける睡眠延長（睡眠時間の延長）の重要性が指摘されており、とくに発育期にあるジュニア選手においては十分過ぎるほどの睡眠が必要であるといえる。

　ジュニア選手の食事は、身体を維持するだけでなく、身体が大きくなるために十分な栄養が必要であるが、どれだけの量を食べたらよいのかは、年齢・性別・運動量・練習内容などによって異なる。成長と運動の両方で栄養素を消費するジュニア選手が身体に必要な栄養素を充たすためには、栄養バランスのとれた内容（図9）で朝、昼、晩の3回の食事摂取が大切である。しかし、2018年度の文部科学省「全国学力・学習状況調査」結果によると、朝食を「毎日食べる」は84.8％を示し、朝食の欠食割合は増加傾向を示している。朝食がもたらす効果として、体温を上昇させる、体を目覚めさせる、集中力を高める、1日の必要栄養量の確保、などがある。朝食を食べる習慣は、食事の栄養バランス、生活リズムと関係しており、心の健康や学力・学習習慣や体力とも関係している（図10）ことから、身体づくりと、競技力向上のためにも、規則正しい生活リズムを確立し、朝食を含めバランスのよい食事を3食毎日欠かさず食べ

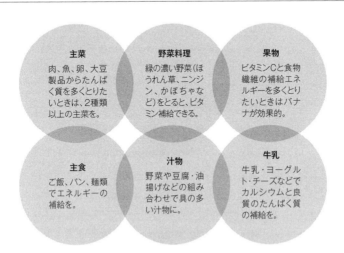

図9 スポーツ選手のための食の組み合わせ（伊藤. 2023）

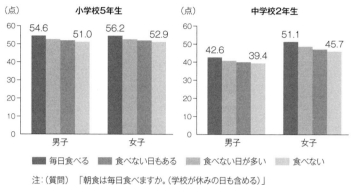

注：（質問）「朝食は毎日食べますか。（学校が休みの日も含める）」
　（選択肢）「毎日食べる」、「食べない日もある」、「食べない日が多い」、「食べない」

図10 朝食の摂取状況と新体力テストの体力合計点との関係（スポーツ庁，2018）

ることがジュニア選手には大切である。さらに10代は身体が形成される大切な時期であり、男女を問わず無理な減量は禁物である。

　ジュニア選手は、競技力向上を目的とした運動パフォーマンスを向上させること以上に、選手自身が自分の身体の調子を客観的かつ主観的に知るとともに、自分の体調に合ったトレーニングの実施、栄養摂取、睡眠や休養（疲労回復）のバランスを取りながら、規則正しい生活習慣、睡眠リズムおよび食習慣を確立し、ケガをしない身体づくりをめざすことがなにより大切であるといえよう。

4. 女子ジュニア選手への配慮

　女性アスリートの三主徴（female athletetriad）で定義される「摂食障害の有無によらない利用可能エネルギー不足（lowenergy availability：LEA）」、「視床下部性無月経」、「骨粗鬆症」はいずれも疲労骨折のリスクを高めるとされている。無月経は大きく分けて原発性無月経と続発性無月経に分けられるが、原発性無月経は満18歳を過ぎても初経を認めないもので、続発性無月経は月経が3カ月以上停止したことをいう（図11）。女性選手は、運動によるエネルギー消費量に見合うエネルギー摂取量が確保されていないことによるLEAによって視床下部性無月経となるケースが多い。日本人女性選手における疲労骨折を起こしや

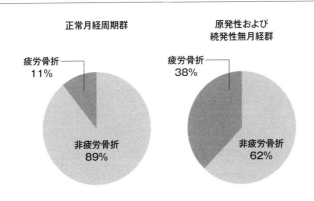

正常月経周期群

原発性および
続発性無月経群

疲労骨折
11%

非疲労骨折
89%

疲労骨折
38%

非疲労骨折
62%

図11 10代の女性アスリート239名における疲労骨折の有無と月経状態（能瀬ら，2014より引用作図）

　すい年齢は、競技レベルに関わらず16〜17歳といった成長期であり、無月経
の頻度が高い競技としては、長期にわたって厳密に体重管理が行われ、痩身・
低体重が有利となる持久系競技や、体操・新体操などの審美系競技等であるこ
とが明らかとなっている。無月経になると、卵巣からのエストロゲンの分泌低
下により十分な骨密度を増やすことができなくなるため、無月経を放置したま
ま過度なトレーニングを続けると、疲労骨折を誘発しやすくなる。中学生期は
初経発来を迎え、月経周期が安定する前の重要な時期であり、この時期に月経
異常をきたすと将来への影響も心配される。さらに生涯の骨量は、発育期の身
長増加が最大となる時期の前後4年程度で成人期の最大到達骨量の約40％にも
及ぶ骨量を得るとされ、この時期に十分な食事とカルシウムの摂取、適切な運
動負荷、順調な月経（正常なエストロゲンの分泌）があれば高い最大骨量を獲得で
きると考えられる。成長期は身長が高くなることにより、体重も増加すること
から、除脂肪体重量もそれにともない増加している状況であるため、エネルギー
摂取量が同じ場合には、成長期の利用可能エネルギーは相対的に低下すること
となる。エネルギー不足にならないように食べること、食べる量が上限に達し
た場合には、運動量を少なくして対応する必要がある。
　婦人科・女性アスリート外来受診を勧めるタイミングとしては、以下の通り
となるので留意されたい。1）15歳で初経がない場合、2）3カ月以上月経が止まっ
ている場合、3）パフォーマンスに影響を与える月経トラブル（月経痛、過多月経、
月経前症候群）がある場合、4）月経日のコントロールを希望する場合、5）繰り返

す疲労骨折や、無月経をともなった疲労骨折を認める場合。

　指導者には、無月経は生物としての極限のサインであることをきちんと認識し、女子選手の健やかな競技生活やその後の女性としての将来を守るために、生涯にわたる骨量変化を理解し、月経周期を把握したうえで十分な最大到達骨量を獲得できるような食事やトレーニングへの配慮が求められる。

　月経のある女子選手では鉄欠乏性貧血も多く見受けられる。貧血のおもな初期症状は、疲労感、倦怠感、めまいや立ちくらみがする、軽い運動でも動悸、息切れがする、練習についていけなくなるなどがあげられる。貧血が疑われる場合には、下まぶたの裏側が白っぽいかどうかを確認し、白ければ鉄欠乏性貧血を疑う。鉄欠乏性貧血の場合は、「貧血＝ヘモグロビン濃度の低下」の前段階として、貯蔵鉄（フェリチン）の減少→血清鉄の減少の状態がみられるので、異常を感じたら血液検査を受けて、これらの項目の値を正確に把握することが大切である。改善のポイントは、エネルギー消費量に見合うエネルギー摂取量が確保されていないエネルギー不足にならないように毎食、バランスのよい十分な量の食事や鉄の摂取量を多くすることなどの工夫をすること、体内への吸収を促すため胃腸の状態を良好にすること、トレーニングの量や時間および強度も低くすることである。鉄の摂取が食事からだけでは足りない場合には、医師や専門家の指導の下で鉄剤やサプリメントで補うこともある。そのほか、休息や睡眠をしっかりとることも大切である。

5. ジュニア選手と熱中症予防

　子供の発汗機能は未発達で、大人より発汗量が少なく、その差は多くの汗を必要とする条件ほど顕著になるので、夏季の炎天下の状況では、熱中症の危険性が増すため、とくに持久的運動は不向きである。学校管理下の運動部活動による熱中症死亡事故のスポーツ種目では野球がもっとも多く、屋外種目ではラグビー、サッカー、屋内種目では柔道、剣道で多く、練習内容では持久走やダッシュの繰り返しなど継続するランニングで多発している。また、発生時期では7月下旬〜8月上旬にかけて多く発生し、発生時刻では午前10時〜午後4時の間に多くみられている。

　暑熱環境の把握は、気温よりも暑さ指数として用いられている湿球黒球温度（WBGT）の活用が重要である。WBGTとは身体への熱負荷として影響の大きい

WBGT ℃	湿球温度 ℃	乾球温度 ℃		
			運動は原則中止	特別の場合以外は運動を中止する。とくに子供の場合には中止すべき。
31	27	35	厳重警戒（激しい運動は中止）	熱中症の危険性が高いので、激しい運動や持久走など体温が上昇しやすい運動は避ける。10〜20分おきに休憩をとり水分・塩分を補給する。暑さに弱い人※は運動を軽減または中止。
28	24	31	警戒（積極的に休憩）	熱中症の危険が増すので、積極的に休憩をとり適宜、水分・塩分を補給する。激しい運動では、30分おきくらいに休憩をとる。
25	21	28	注意（積極的に水分補給）	熱中症による死亡事故が発生する可能性がある。熱中症の兆候に注意するとともに、運動の合間に積極的に水分・塩分を補給する。
21	18	24	ほぼ安全（適宜水分補給）	通常は熱中症の危険は小さいが、適宜水分・塩分の補給は必要である。市民マラソンなどではこの条件でも熱中症が発生するので注意。

1) 環境条件の評価にはWBGT（暑さ指数ともいわれる）の使用が望ましい。
2) 乾球温度（気温）を用いる場合には、湿度に注意する。
　 湿度が高ければ、1ランク厳しい環境条件の運動指針を適用する。
3) 熱中症の発症のリスクは個人差が大きく、運動強度も大きく関係する。
　 運動指針は平均的な目安であり、スポーツ現場では個人差や競技特性に配慮する。

※暑さに弱い人：体力の低い人、肥満の人や暑さに慣れていない人など。

図12 熱中症予防運動指針（日本スポーツ協会，2019）

湿度、直射および輻射熱、気温の3つを総合的に評価した温度である。日本スポーツ協会のガイドラインにおいてはWBGTが21℃未満ではほぼ安全であるが、31℃以上では特別な場合を除いて運動は原則中止としており（図12）、熱中症発症率などと強い関係性を示していることから、子供のスポーツ環境を考えるうえでWBGTを基準とした運動実施の有無や内容、対策をしっかりと検討することが重要である。夏場の過酷な猛暑環境でのスポーツ活動について、2019年5月に東京都少年サッカー連盟では、子供の命、安全を守るため「夏季休暇の間の公式戦は基本的に行わない。この期間に試合を実施する場合は猛暑

対策をとり、日本サッカー協会 (JFA) の熱中症対策ガイドラインに沿って行うこと」としている事例もある。

　暑熱環境下で運動を実施する際のポイントは、⑴深部体温を上昇させないこと、⑵体内の水分損失を補うこと、⑶発汗にともなって失われた電解質やミネラルを補給することであり、それらを踏まえた対策を実施することが必要である。

　深部体温を上昇させないための具体策としては、積極的に身体冷却を実施することが重要であり、冷却方法はプールやバスタブなどを用いた冷水浴 (アイスバス) やアイスパック、送風などを用いて皮膚などを身体外部から冷却する身体外部冷却と、アイススラリー (液体に微細な氷の粒が混じったシャーベット状の飲み物) など冷たい飲料などを摂取して身体の内部から冷却する身体内部冷却とがある。冷却のタイミングは、運動前 (プレクーリング)、運動中、ハーフタイムなどの休憩時、運動後となるがどの局面でも数分間の冷却で効果が得られる。プレクーリングとはあらかじめ運動前に体温を低下させて、運動中の体温の許容量 (貯熱量) を大きくすることによって運動持続時間を延ばす目的で行うものである。短時間で体温冷却の効果が大きいのは全身冷水浴である (図

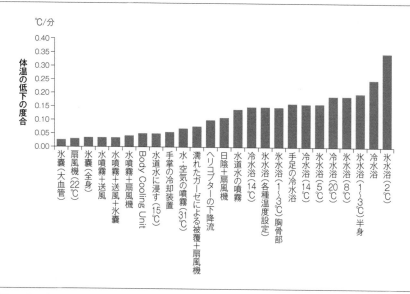

図13 さまざまなクーリング法による体温冷却速度 (Casaら, 2007)

13) が、実際の暑熱下のスポーツ活動時では、身体内部（アイススラリーの摂取）と外部からの冷却（送風、頚部冷却、クーリングベストの着用、手掌冷却など）を組み合わせることが効果的である。

　また、給水は、気温の高いときには15〜20分ごとに、1回200〜250mlの水分を1時間に2〜4回に分けて補給し、水の温度は5〜15℃が望ましい。食塩（0.1〜0.2%）と糖分を含んだものが有効。0.1〜0.2%の塩分とはナトリウムの量40〜80mg（100ml中）が目安である。運動量が多い、とくに1時間以上の運動をする場合には、4〜8%程度の糖分を含んだものが疲労の予防に役立つが、通常は2〜2.5%が適している。体内の水分が2%失われると、のどの渇きを感じ、運動能力が低下し始め、3〜4%体重減少すると、筋力は約2%、筋パワーは約3%、さらに高強度の持久力は10%低下するとされているので、必ず練習や試合の前後には体重計測を行い、汗で失われた体重減少量を確認し、運動終了後1時間以内に、体重減少分と同量、またはそれより2割程度プラスした量を補給することが推奨されている。

　夏場の子供の安心、安全なスポーツ環境を確保するうえで、WBGTを基準とした運動実施の有無や身体冷却の方法、給水の摂取などの対策をきちんと講じることが重要である。

〈引用・参考文献〉
Casaほか「Cold Water Immersion: The Gold Standard for Exertional Heatstroke Treatment」『Exerc Sport Sci Rev』35 (3)：141-149, 2007.
伊藤マモル『基礎から学ぶスポーツトレーニング理論 健康づくりをサポートする最新知見を徹底解説』日本文芸社, 2023.
Judelson DAほか「Hydration and muscular performance: Does fluid balance affect strength, power and high-intensity endurance?」『Sports Med』37：907-921, 2007.
小林寛道「コンディショニングとは」, トレーニング科学研究会編『コンディショニングの科学』朝倉書店, 1995.
Mahら「The effects of sleep extension on the athletic performance of collegiate basketball player」『Sleep』34：943-950, 2011.
松岡尚史・村田光範「身長を図る意味」『Guide Bookジュニア期の体力トレーニング』日本体育協会, pp.12-16, 1996.
Milewskiほか「Chronic lack of sleep is associated with increased sports injuries in adolescent athletes」『J Pediatr Orthop』34 (2)：129-33, 2014.
宮下充正「子どもの成長 発達とスポーツ」『小児医学』19巻, pp.879-899, 医学書院, 1986.
森丘保典「タレントトランスファーマップという発想 最適種目選択のためのロードマップ」『陸上競技研究紀要』10巻, pp.51-55, 2014.

日本オリンピック委員会（JOC）「トップアスリート育成・強化支援のための追跡調査」報告書第一報, 2017.

日本陸上競技連盟『中学校部活動における陸上競技指導の手引き』, 2018.

日本陸上競技連盟『競技者育成プログラム』, 2019.

日本スポーツ協会『発育期のスポーツ活動ガイド』, 2021.

日本スポーツ協会『スポーツ活動中の熱中症予防ガイドブック』, 2019.

日本スポーツ振興センター国立スポーツ科学センター『成長期女性アスリート指導者のためのハンドブック』, 2014.

日本トレーニング指導者協会『トレーニング指導者テキスト 理論編』, 2007.

Noi. S.ほか「Characteristics of Low Body Temperature in Secondary School Boys」『International Journal of Sport and Health Science』1 (1) : 182-187, 2003.

能瀬さやかほか「女性トップアスリートにおける無月経と疲労骨折の検討」『日本臨床スポーツ医学会誌』22巻1号, pp.122-127, 2014.

能瀬さやか編『女性アスリートの健康管理・指導 Q&A』pp.104-107, 日本医事新報社, 2020.

農林水産省『「食育」ってどんないいことがあるの？　エビデンス（根拠）に基づいて分かったこと統合版』2019.

大沢亜紀・窪麻由美「女性アスリート三主徴に対するアプローチ」『臨床整形外科』55巻12号, pp.1301-1304, 2020.

大須賀穣・能瀬さやか「アスリートの月経周期異常の現状と無月経に影響を与える因子の検討　若年女性のスポーツ障害の解析」『日産婦会誌』68巻4号, pp.4-15, 2016.

Renaat M Philippaertsほか「The relationship between peak height velocity and physical performance in youth soccer players」『J Sports Sci』24 (3) : 221-230, 2006.

Schwartzほか「Sleep extension improves serving accuracy: A study with college varsity tennis players」『Physiol Behav』1 ; 151 : 541-514, 2015.

櫻井武『最新の睡眠科学が証明する　必ず眠れるとっておきの秘訣！』山と渓谷社, 2017.

杉田正明・片野秀樹『休養学基礎』メディカ出版, 2021.

須永美歌子『女性アスリートの教科書』主婦の友社, 2018.

スポーツ庁『全国体力・運動能力、運動習慣等調査』, 2018.

髙石昌弘・樋口満・小島武次『からだの発達 身体発達学へのアプローチ』p267, 大修館書店, 1981.

宇津野彩・能瀬さやか「若年女性アスリートの骨粗鬆症と疲労骨折」『臨床整形外科』55巻12号, pp.1297-1299, 2020.

Vaeyens R.ほか : Talent identification and promotion programmes of Olympic athletes. J Sports Sci.27 (13) : 1367-1380, 2009.

5-2
青年期のスポーツ活動とメンタルヘルス

土屋裕睦

1. スポーツとメンタルヘルス

　スポーツに興味と関心をもつ生徒が、顧問である教師の適切な指導のもとに、自主的・自発的に参加する学校での運動部活動には、心身の健康の保持増進はもとより、さまざまな教育的効果が確認されてきた。たとえば学習指導要領（以下、「要領」と記す）では、学校教育の一環として教育課程との関連が図られるように留意することで、学習意欲の向上や責任感、連帯感の涵養が期待できると考えられてきた。またスポーツ心理学の研究では、運動部活動にはライフスキルの獲得・形成といった副次的効果のあることも確認されている。運動部活動が地域スポーツクラブ活動へ移行したとしても、スポーツに内在するこれらの教育的な効果については、最大限に引き出されるような指導が望まれる。

　一方、より高い水準の技能や記録に挑戦するなかで、あるいは学級活動とは異なる運動部内の人間関係のなかで、生徒はさまざまな悩みやストレスに直面することが示されてきた（土屋, 2016）。なかには、部活動でのつまずきがきっかけで、不登校など学校生活にも波及する深刻な問題へと発展させてしまう場合もあることから、地域スポーツクラブ活動の指導者には生徒の悩みに寄り添うことが求められている。そのためにも、スポーツとメンタルヘルスにまつわる最新の状況や中学生・高校生の現状について理解をしておく必要がある。

(1) コロナ禍におけるアスリートのメンタルヘルス

　COVID-19拡大状況下（コロナ禍）で1年延期されて開催された東京2020オリンピック大会では、アスリートのメンタルヘルスの悪化を心配する声が聞かれた。たとえば、アメリカ代表のシモーネ・バイルズ選手は、女子体操団体の決勝戦をメンタルヘルスの不調を理由に途中棄権した。その際の記者会見では「極度のストレスを感じる状況に直面すると、異常な精神状態におちいってしまう」

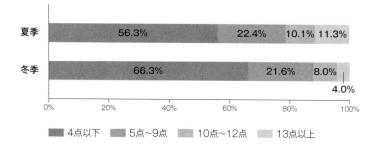

図1 夏季・冬季別にみたメンタルヘルス（K6得点）の状況（土屋ら，2021）

と告白している。

　心身ともに強靭であると思われていたアスリートが、コロナ禍におけるさまざまな制限のもとでストレスを強く感じ、メンタルヘルスの不調を訴える例はわが国でも同様に認められた。図1は、本来ならば大会が開催されていたはずの2020年8月に、日本オリンピック委員会情報・科学部門が強化指定選手を対象に緊急調査を実施した結果の一部である（土屋ら，2021，P.17）。この調査では、対象となったアスリートのメンタルヘルスの実態を把握するため、厚生労働省が実施する国民生活基礎調査などで用いられているK6日本語版への回答を求めた。その結果、得点が10点以上の「心理的苦痛を感じている可能性の高い」アスリートの割合が、東京2020大会への出場をめざす夏季競技のアスリートにおいて約2割存在することが確認された。この割合が下段の北京2022大会への出場をめざす冬季競技のアスリートよりも顕著に多いこと、また通常、国民生活基礎調査などでは、この割合は1割程度であったことを考え合わせると、コロナ禍におけるストレスがわが国のトップアスリートのメンタルヘルスの悪化を招いたものと考えられる。当時、調査の対象となったアスリートたちは、「新型コロナウイルスに感染するのではないかという心配」「経済状況の悪化」といった日常生活に関するストレス、「目標とする試合・大会の延期や中止」「練習の場所がなかったり使用が制限されたりしたこと」といった競技生活に関するストレスを強く感じていることが確認されている（土屋ら，2021，P.15）。

　同様の調査を運動部活動に取り組んでいる高校生に実施した結果、ストレスの増加にともなってメンタルヘルスの悪化を認めたが、そこでの分析からはそ

の予防のための方策もみつかっている（山田ら，2022）。このことについては、メンタルヘルスや精神疾患についての概説後に項をあらためて論述する。

(2) メンタルヘルスとウェルビーイング

　一般に、運動は心身の健康の保持増進に役立つことは明らかであり、そのためこれまでアスリートはメンタルヘルスの問題とは無縁のように思われていたかもしれない。しかしトップレベルの女子プロテニス選手が長い間、気分の落ち込みに悩まされてきたことや、現役時代に打点王にもなったことのあるプロ野球選手が不安症、パニック障害を患って自室に閉じこもっていた時期のあったことを告白したりしている。ほかにも、オリンピックにも出場した女子フィギュアスケート選手が重篤な摂食障害を患っていたことを告白したりするようになり、アスリートにとっても精神疾患やメンタルヘルスの問題は身近なものであるとの認識が一般的になりつつある。国際オリンピック委員会（IOC）も、エリートアスリートの精神症状や疾患の有病率は一般の人々よりも高いと推定している（IOC, 2021, P.7）。

　一方で、メンタルヘルスの悪化を精神疾患に短絡的に結びつけてしまうことには注意を要する。たとえば、気分の落ち込みや抑うつ状態が観察されるアスリートであっても、先の調査で確認したような、コロナ禍でのストレスへの反応として、ある意味心の正常な機能として生じている可能性もあり得る。要するにうつ状態があるからといって、うつ病とは限らない、という点に注意が必要である。

　上記を理解するために図2に示した枠組みが役立つ。この図では、横軸の精神疾患の有無に加えて、縦軸に気力の充実度をとることで、メンタルヘルスの良好な状態、すなわちウェルビーイングな状態を2次元でとらえている。世界保健機関（World Health Organization：WHO）はウェルビーイングを「人が自身の能力を発揮し、日常生活におけるストレスに対処でき、生産的に働くことができ、かつ地域に貢献できるような、精神的に良好な状態」と定義している（WHO, 2001）。メンタルヘルスを、精神疾患の有無と気力の充実度の二次元でとらえることで、気分の落ち込みや抑うつ状態が観察されるアスリートであっても、大きなストレスが加わって一時的にメンタルヘルスが悪化しているといった理解が可能となる（図中第4象限）。逆に、摂食障害などの精神疾患を患っていても、気力が充実したウェルビーイングな状態であれば、競技で活躍でき

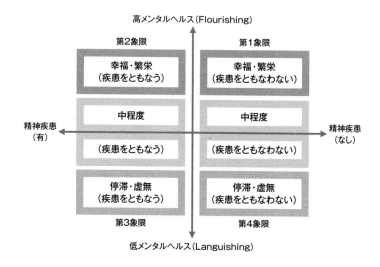

高メンタルヘルス(Flourishing)

第2象限	第1象限
幸福・繁栄 (疾患をともなう)	幸福・繁栄 (疾患をともなわない)
中程度 (疾患をともなう)	中程度 (疾患をともなわない)
停滞・虚無 (疾患をともなう)	停滞・虚無 (疾患をともなわない)
第3象限	第4象限

精神疾患(有)　　　　　　　　　　　　　　　　精神疾患(なし)

低メンタルヘルス(Languishing)

図2 2軸でとらえたメンタルヘルスの模式図(Purcell et al., 2022, P.4より作図)

ることも想定される（図中第2象限）。このことは、アスリートは精神疾患とは無縁であるといったスティグマ（誤解や偏見）を助長することにもつながるので注意が必要である。

(3)生物・心理・社会モデル

　精神疾患の原因やメンタルヘルスの悪化に関わる要因についてはまだ十分に解明されておらず、現在のところさまざまな要因が複雑に関係しているといった視点をもつことが大切になっている。その視点として、メンタルヘルスを心理面だけでとらえるのではなく、生物学的側面や社会学的側面の3つから包括的にとらえる必要性が指摘されている（Bio-Psycho-Social model：生物・心理・社会モデル）。図3に示す通り、メンタルヘルス不調を訴えるアスリートを理解する際には、認知のゆがみや感情の変化のような心理学的側面だけでなく、身体症状や遺伝的要因などの生物学的側面、家族や組織、おかれている環境のような社会学的側面からも検討が必要となる。とくに精神疾患の場合は、意欲の減退など心理面から観察できる精神症状以外に、食欲の低下や不眠など、身体症状を呈することもあり、医師の診断により早期治療が可能になる場合が多く、

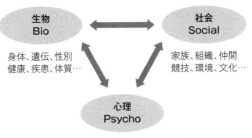

図3 生物・心理・社会モデル

重要な視点となっている。

2. 代表的な精神疾患とスポーツ指導上の留意点

　改訂された要領に基づき、2022年度より高校の保健体育の授業に「精神疾患の予防と回復」が取りあげられるようになった。その理由には、精神疾患はごく身近な病気であり、かつその発症のピークは10代後半から20代にあること、さらにほかの身体疾患と同様に早期発見・早期治療が重要であり、そのためには精神疾患について正しい知識をもっておかなければならないことがあげられる。また、中学生や高校生の死因の第一位となっている自殺の背景にうつ病のような精神疾患が関わっている可能性も指摘されている。以上から本項では、中学生や高校生と関わる地域スポーツクラブの指導者が知っておきたい代表的な精神疾患と、その予防に関わる基礎知識について述べておく。

(1) うつ病

　うつ病は気分障害の1つで、精神的には抑うつ症状と意欲の低下が、また身体的には慢性的な疲労や不眠などが観察される。発症には神経伝達物質の異常など脳の機能低下が関わっていることがわかっており、ストレスとの関係が指摘されている。とくに思春期は、受験や環境変化のようなストレスを受けやすく、また身体的な変化にともない、ホルモンバランスも変動する。そのなかで、スポーツ活動において過度なストレスが加わることで、発症につながる可能性

が高くなる。うつ病は悲観の後に希死念慮や自殺につながる可能性もあり、注意が必要である。うつ病が疑われる場合は、できるだけ早期の受診につなげられるよう、まずは本人が安心できるよう受容的な関わりを心掛けたい。「がんばれ」「乗り越えろ」といった声掛けは禁忌である。

(2) 不安障害

　不安は危険を察知するために、我々の心に備わる正常な機能である。しかし、理由のない不安や心配で圧倒されてしまって、日常生活にも支障をきたすような状態が続くと不安障害が疑われる。日常生活の全ての事柄に不安が及ぶ全般性不安障害や、対人関係において極度の不安を抱える社交性不安障害、さらに突然、不安に襲われて動悸や息切れのようなパニック発作が起こり、それが続くことで「死んでしまうのではないか」と予期不安が高まり、結果として発作が続くパニック障害などがある。社交性不安障害は、チーム内でのいじめや対人関係のつまずきなどがきっかけになっている場合が少なくなく、思春期に発症しやすく不登校や引きこもりに発展してしまう場合もある。また、指導者からの暴力などがトラウマとなり、それが繰り返し再体験されたりフラッシュバックしたりして、精神的苦痛を感じる心的外傷後ストレス障害も、不安障害に分類される。中学生や高校生年代では、試合で過緊張から思うようなプレーができず、あがりと呼ばれる状態を体験することがある。それを強く責めるような指導を行うと、また同じ状態になるのではないかといった不安が惹起され、それが予期不安につながってプレーヤーをいっそう苦しめることになる。このため、ミスを責めたてるような指導は行うべきではない。

(3) 統合失調症

　統合失調症は、考えがまとまらず「幻覚」「妄想」といった症状が特徴的な精神疾患である。10代後半から発症することが多く、人口の1％ぐらいが発症するといわれている。文化や社会環境の異なる国においても同様の割合であることから、心理・社会学的側面に加えて、遺伝などの生物学的側面の影響も想定されている。しかし発症にはストレスの影響が否定できないと考えられており、スポーツ指導においても注意が必要である。この精神疾患は、不安や不眠などの症状の認められる前駆期にはじまり、その後、幻覚や妄想などの陽性症状が出現する急性期が続く。陽性症状では、あるはずのないものが見えたり聞

こえたり（幻覚）、あるいは危害を加えられるといった思い込み（妄想）に囚われて混乱状態を呈する場合がある。逆に、意欲が低下し、感情が鈍磨して人との交流を避けて引きこもるような陰性症状を呈する場合もある。いずれも前駆期に適切な治療につなげられると、成長期における脳へのダメージが軽減されて予後がよくなるため、指導者や保護者など、周囲が早く気づいてあげることが重要である。

(4) 摂食障害

　摂食障害は食にまつわる異常行動が特徴で、思春期に発症しやすく、そのほとんどが女子生徒である。中学生では必要な量を食べようとしない「神経性痩せ症」が多く、高校生からは過食と嘔吐・下剤乱用などがともなう「神経性過食症」が認められる割合が増える。アスリートの場合、体操などの審美系の種目や陸上の長距離種目のように、痩せていることがパフォーマンスに効果的だと信じられている種目に摂食障害の割合の多いことが知られている。摂食障害が利用可能なエネルギー不足を引き起こし、それにともなって骨粗鬆症と運動性（視床下部性）無月経が引き起こされる女性アスリートの三主徴は、女性としての発育発達を阻害するだけでなく、心身の健康を悪化させることから大きな問題となっている。したがって、思春期の女性アスリートの指導では、摂食障害を引き起こさないためにも、体重へのこだわりを助長するような指導は行うべきではない。

(5) 指導者の役割

　以上、思春期に発症しやすい精神疾患について、その特徴とスポーツ指導上の留意点を概説した。ほかにも今日的な課題としてゲーム依存やギャンブル依存等の行動嗜癖、アルコールやニコチンのような物質依存などがある。またLGBTQ（性的少数派）への正しい理解や発達障害を抱える生徒への合理的配慮のあり方など、スポーツ指導に直接的に関わる問題も少なくない。

　このような現状のなか、指導者の役割は、不適切な指導により生徒に不必要なストレスを与えないことはいうまでもなく、本項で紹介した精神疾患が身近な病気であり、思春期に発症することの多いことを踏まえた対応が求められる。いずれの疾患も初期の段階で不眠や気分の落ち込み、意欲の低下といった共通する兆候がみとめられることから、早期発見につながるようなスポーツ指導者

の目配りは、きわめて重要な役割である。

　教師の指導の下で行われる運動部活動において気になる生徒がいれば、保健室や学校に派遣されているスクールカウンセラーに相談することが可能であるが、地域スポーツクラブではそのような専門家が身近にいるとは限らない。学校に派遣されているスクールカウンセラーのほとんどは精神科医や公認心理師など、国家資格をもつメンタルヘルスに精通した精神医学や臨床心理学の専門家である。一方、スポーツの指導の現場で出会うメンタルトレーナーやメンタルコーチのなかには、これらの資格保有者ではなく、メンタルヘルスについては専門外である者もいるため注意が必要である。身近に相談できる専門家のいない場合には、都道府県ごとに登録されている臨床心理士やスポーツメンタルトレーニング指導士など、学術団体が認定する心理学の専門家に相談することも可能である。さらにもし対応が急がれるなら、生徒の家族に対して、精神疾患を専門にみる診療所や病院のほか、保健所や保健センター、精神保健福祉センターなどの公的機関に援助を求めることを勧めるのがよいだろう。

3. 選手の悩みと心の成長

　前項では精神疾患の予防に焦点をあて、スポーツ活動とメンタルヘルスの関係、指導者の役割について論述した。本項では、おもに心の成長やウェルビーイングの観点から、スポーツ活動で身につくライフスキルについて紹介する。

(1) ライフスキルのストレス緩和効果

　山田ら（2022）はコロナ禍における高校生のメンタルヘルスの実態ならびに保持増進に役立つ知見を得るため、部活動に取り組む高校生1348名を対象とした質問紙調査を2020年8月から11月にかけて実施した。その結果、運動部員の精神健康度はコロナ禍において悪化しており、女性や上級生がストレスを感じている割合の高いことが確認された。興味深いことに、ライフスキルの高い運動部員はストレス反応を低く抑えることができており、ライフスキルがストレス緩和効果をもつことが示唆された。

　ライフスキルとは、「生きる力」に近接する概念で、平たくいえばよりよく生きるための知識や技術、生活技能のことであり、メンタルヘルスの保持増進に役立つ心理・社会的なスキルであると考えられる。具体的には、ストレス対

処、意思決定や問題解決といった認知面、共感性や効果的コミュニケーションといった対人関係面に加え、体調管理や礼儀・マナー、責任ある行動のような行動面にもまたがる汎用性の高いスキルである。この調査では、下級生よりも上級生が、また競技レベル低群より高群の方が有意に高いことが示されており、運動部活動を通じてライフスキルが獲得されている可能性が示された。またこのライフスキルがストレスの悪影響を緩和することが示唆されたことから、スポーツ指導に際しては、生徒のスポーツへの主体的な関わりを促しつつ、同時にライフスキルの獲得・形成を支援するような関わりが推奨される。

(2) ライフスキル獲得・形成を促すスポーツ活動

　スポーツ活動はスポーツを楽しむことが本来的な目的であり、ライフスキルの獲得といった教育効果は副次的なものであるが、指導者の資質能力や採用される指導法によってその効果の異なることが予測されてきた。とくに支配的なコーチング行動よりも、プレーヤーの主体性を尊重する、プレーヤーズ・センタードなコーチング行動の方が、参加する生徒の動機づけやウェルビーイングが高く、さらにライフスキルの獲得といった副次的効果も高いことが示されている。そのことを概念的に示したものが図4である。

　この図は、基本的心理欲求理論を援用し生涯発達介入 (Life Development

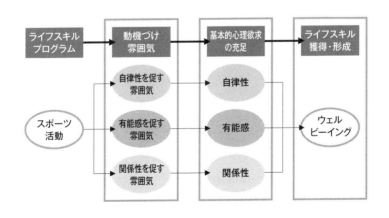

図4 ライフスキル獲得・形成を促すスポーツ活動 (Hodge et al., 2013, P.1133をもとに作成)

Interventions）におけるライフスキル獲得のメカニズムを説明したHodge et al.（2013）の研究に基づいて作成したものである。スポーツを通してライフスキルが身につくことが多くの研究で明らかにされていることから、スポーツ活動は生涯発達介入の一つととらえることができ、スポーツ活動を通したライフスキル獲得・形成にもこのモデルが活用できると考えた。Hodge et al.（2013, P.1133）は、ライフスキルの獲得・形成のためには、自律性、有能感、関係性への欲求からなる基本的心理欲求が充足されることが必要であると考えている（図中上段）。この概念図をスポーツ活動におき換えると、プレーヤーズ・センタードなコーチング行動を採用する指導者の下で、自律性、有能感、関係性を促すような動機づけ雰囲気が醸成されることで、プレーヤーの基本的心理欲求が充足されると考えられる（図中下段）。その結果、プレーヤーは内発的に動機づけられてスポーツ活動に参加するようになり、結果としてウェルビーイングがもたらされ、その過程でライフスキルの獲得・形成がなされると説明できる。

したがって、スポーツ指導に際しては、支配的なコーチング行動を避け、プレーヤーの主体性を尊重し、自己決定の度合いが高まるようなコーチング行動が推奨される。また、そのようなコーチング行動により、スポーツ活動で獲得・形成されたライフスキルが、日常生活にも般化する可能性が示唆されていることから（藪中ら，2022）、指導者の関わり方はきわめて重要である。コーチング行動の詳細については、次節「生徒の動機づけを高めるコーチング」を参照されたい。

（3）発達課題と心の成長

中学生が部活動で体験する悩みはさまざまであるが、大きく4つに分類される（手塚ら，2003）。1つめは「学校が休みの日も部活動があった」「練習で疲れがたまった」「遊ぶ時間が減った」などの活動の制限に関するもの、2つめは「勉強する時間が減った」「部活動と勉強の両立が難しくなった」「成績が下がった」などの学業への影響に関するもの、3つめは「試合（発表会）で思い通りのことができなかった」「試合に負けた（満足の行く結果が出せなかった）」、「試合（発表会）のことで頭がいっぱいになった」など試合・発表会に関するもの、そして4つめは「先輩にえこひいきされた」「先輩に怒られた」「ほかの部員との仲が悪くなった」などの部員との関係に関するものである。

また中学生に比べ、高校生年代では運動部活動がより高度化、専門化されて

実施される場合が多く、上記に加えて、「指導者との関係」「身体的不調」「家族からの期待」「進路選択や将来への不安」のような内容も考えられる（土屋, 2016）。部活動の地域移行にともなって、生徒を取り巻くスポーツ環境に変化が生じることから、さらに異なるタイプの悩みにも直面することがあるかもしれない。

　これらの悩みには、生徒個人の個性が色濃く反映されてはいるものの、生涯発達の視点からみれば、それぞれの年代に共通する発達課題の存在が透けてみえる。発達課題とは、エリクソンの心理社会的発達理論における中心概念である。この理論では、健全な発達は、生涯にわたって社会的な関係や文化・歴史的な基盤のなかで進行するという考えのもと、各発達年代で達成すべき特有の課題、すなわち発達課題があるとされている。中学生から高校生にかけての思春期・青年期は、「自分は何者であるのか」というアイデンティティ（自我同一性）を探索する時期とされる。実際にこの時期の生徒たちは、高校や大学への進学などの人生の選択を通じて、自分自身の価値観を見出すことが求められ、仲間との関係を通じて、よりよく生きることに忠誠心をもつことが求められる。部活動や地域スポーツクラブ活動での悩みは、自身のアイデンティティを模索したり、新たな可能性に挑戦したりする過程で直面することが多く、その心理的危機は心の成長に欠かせない発達課題ともいえる。したがって指導者は、図4に示した通り、生徒の自律性、有能感、関係性からなる基本的心理欲求が充足されるような指導を心掛けることで、これらの悩みに対しても生徒たちは主体的に問題解決を図ろうとするであろう。そのことがライフスキルの獲得やウェルビーイング、ひいては心の成長につながると考えられる。

　本節では、スポーツとメンタルヘルスにまつわる最新の話題と、代表的な精神疾患の概説、さらにライフスキルのストレス緩和効果や心の成長を促す指導法についてふれた。部活動改革は、生徒の放課後の過ごし方だけでなく、学校の改革、地域の改革にも波及するだろう。変革の時期にあって、スポーツ界の挑戦は続く。私たち指導者はよりよいスポーツ環境の構築のために、そしてなによりも自身の成長のために、今後も学び続けなければならない。

〈引用・参考文献〉

Hodge, K., Danish, S., & Martin, J. (2013). Developing a conceptual framework for life skills interventions. The Counseling Psychologist, 41 (8), 1125-1152.

International Olympic Committee (2021) IOC Mental Health in Elite Athletes Toolkit. https://stillmed.olympics.com/media/Document%20Library/IOC/Athletes/Safe-Sport-Initiatives/IOC-Mental-Health-In-Elite-Athletes-Toolkit-2021.pdf（閲覧日2022年6月30日）

水野雅文『心の病気にかかる子どもたち 精神疾患の予防と回復』朝日新聞出版，2022.

Purcell R, Pilkington V, Carberry S, Reid D, Gwyther K, Hall K, Deacon A, Manon R, Walton C and Rice S (2022) An Evidence-Informed Framework to Promote Mental Wellbeing in Elite Sport. Frontiers in Psychology, 2022 ; 13 : 780359.

手塚洋介・上地広昭・児玉昌久「中学生のストレス反応とストレッサーとしての部活動との関係」『健康心理学研究』16巻2号，pp.77-85，2003.

土屋裕睦「生徒の悩みに向き合うスポーツカウンセリング」，友添秀則編『運動部活動の理論と実践』大修館書店，pp.149-158，2016.

土屋裕睦・秋葉茂季・衣笠泰介・杉田正明「新型コロナウイルス感染症の拡大が我が国におけるトップアスリートの精神的健康、心理的ストレス及びコミュニケーションに与える影響　日本オリンピック委員会によるアスリート調査結果2」『Journal of High Performance Sport』7巻，pp.13-22，2021.

藪中佑樹・亀谷涼・山田弥生子・土屋裕睦「大学生アスリートを対象とした競技スポーツにおける心理社会的スキルの般化の特徴と要因」『体育学研究』67巻，pp.419-435，2022.

山田弥生子・片上絵梨子・守屋麻樹・山口香・土屋裕睦「COVID-19拡大が高校運動部員のストレス反応に及ぼす影響とライフスキルの緩和効果」『心理学研究』93巻5号，pp.408-418，2022.

World Health Organization (2001) Strengthening mental health promotion. (Fact sheet, No. 220). https://www.who.int/news-room/fact-sheets/detail/mental-health-strengthening-our-response.

5-3
生徒の動機づけを高める
コーチング

渋倉崇行

1. 指導者が動機づけを学ぶ必要性

　動機づけさえうまくできれば指導者の仕事の半分は終わったようなもの……とはいい過ぎかもしれないが、動機づけが生徒のスポーツ活動への取組を左右する重要な要素であることはまちがいない。動機づけをわかりやすく表現すれば、生徒に意欲をもたせることである。動機づけによって人は行動を起こし、行動を持続させ、一定の目標に向かっていく。具体的には、生徒は自主練習期間にトレーニングを行うのか、それともスマートフォンでゲームをして過ごすのか（選択）、またトレーニングを行う場合にはそれをどのくらいの回数、あるいは時間行うのか（強さ）、さらにそのトレーニングをどのくらいの期間続けられるのか（持続性）ということに関係する。このように、生徒の行動は動機づけの影響を大きく受けるといえ、指導者がどのような動機づけを行うのかによって、生徒の今後の地域スポーツクラブや運動部活動は異なる様相を呈することが想像される。

(1) 地域スポーツクラブ〈運動部〉活動の効果

　これからの時代に求められるグッドコーチは、どのようにして生徒のやる気・意欲を引き出すことができるのか。本節の関心はその方法論を導く糸口を探ることであるが、その前に今一度、私たち指導者が確認しておきたいことがある。それは、これからの地域スポーツクラブ〈運動部〉活動の指導の目的はどこにあり、その目的の達成をどのようにして導いていくのかということである。

　これまでの運動部活動には責任感・連帯感の涵養、自主性の育成、人間関係の構築、自己肯定感の向上に寄与するなどの意義があることが指摘されている。これらの内容はこれからの地域スポーツクラブ〈運動部〉活動に生徒が参加することによっても得られる心理社会的効果といってよい。加えて、生涯にわたっ

て豊かなスポーツライフを継続する資質・能力の育成、体力の向上、健康の増進などの意義も見込まれるであろう。また、Côté and Gilbert (2009) は、効果的なコーチングはアスリートに有能さ (competence)、自信 (confidence)、関係性 (connection)、人間性 (character) をもたらすことを述べている（これらの要素をまとめて4C's と表現する）。さらに、伊藤 (2019) はコーチングの目的はプレーヤーの有能さの向上、およびプレーヤーの人間的成長を支援していくことにあると述べている。このようないくつかの指摘に基づいて考えると、地域スポーツクラブ〈運動部〉活動には生徒の身体、精神、社会にわたるさまざまな成長を促すという効果が期待されるとともに、指導者の役割としては地域スポーツクラブ〈運動部〉活動を通じて生徒の総合的な成長促進に寄与することにあるといえる。

　それでは、ただ単にこれからの地域スポーツクラブや運動部の活動に参加してさえいれば、そのような生徒の成長が実現されるのであろうか。活動の効果を得るうえで大切なのは、生徒が経験する活動の内容でありその質である。そのような観点からは、指導者は生徒が成長に向かう学習プロセスを的確に理解したうえで、その学習展開を効果的に進めることができるよう、動機づけも含めた意図的な働きかけを行う必要がある。

（2）生徒の成長を導く経験学習

　それでは、生徒はどのような学習プロセスを経て成長に向かっていくのであろうか。ここで紹介する経験学習モデル (Kolb, 1984) は、地域スポーツクラブ〈運動部〉活動を通じて生徒の成長支援を行う指導者が是非とも理解したい理論的枠組みである。経験学習モデルの基本となる考え方は学習者が「自らの経験から学ぶ」ということである。そして、経験学習が行われるプロセスとして、4ステップによる循環過程（①経験する→②振り返る→③教訓を引き出す→④応用する）が想定されている（図1）。この4ステップによる循環過程を「経験学習サイクル」と呼ぶが、以下では、生徒が地域スポーツクラブ〈運動部〉活動の経験から学習するプロセスを経験学習サイクルに沿って例示してみたい。

　最初の例示は、野球部でピッチャーとして活動しているAさんのケースである。ある日の試合で調子よく投球を続けてきたものの、最終回に四球を連続して失点するという経験をした（①経験する）。その様子を試合後に振り返ってみると、油断したわけではないが投球に集中していなかったことに気づいた（②

振り返る）。そのような状態になった背景には、「あと1イニング抑えれば勝利だ」という思いがあったようだった（③教訓を引き出す）。そこで、次の試合では結果のことは考えず、一つひとつのプレーに精一杯取り組むことを心がけることにした（④応用する）。このような経験学習のプロセスを辿ることによって、Aさんは試合の最後まで「集中してプレーする」ことに向けた学習を展開していく。以上はプレーに関する例示であったが、ライフスキル（ライフスキルについては前節を参照のこと）の側面の成長に関してはどうであろうか。Bさんはある日の練習後に

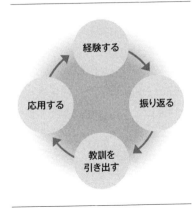

図1 経験学習サイクル(松尾, 2019)

生徒間でミーティングを行ったが（①経験する）、主力メンバーからは多くの意見が出されたものの、控えメンバーや下級生からはあまり意見が出なかったことに気づいた（②振り返る）。その原因を検討してみたところ、遠慮や先輩後輩関係が発言の差を生んでいると考えられたので（③教訓を引き出す）、次回のミーティングでは発言の機会を平等に設けることや、意見しやすいグループ分けを工夫することを試みた（④応用する）。このように、生徒はリーダーシップやコミュニケーションなどのスキルを向上させることにおいても、経験学習のプロセスを辿ることで自らの経験から学んでいることが理解できる。

　ところで、生徒は地域スポーツクラブ〈運動部〉活動における自らの経験を通じて学習するということであれば、指導者の役割は生徒の経験学習サイクルを円滑化することにあると考えられる。このことについて、経験学習を促進するためには、学習者が「主体的に状況に関わる」ことの重要性が指摘されている（松尾, 2019）。くしくも、日本スポーツ協会が推進するプレーヤーズセンタードは、プレーヤーの気づきを促すことから成長に導くことを指向するものであり、このことはプレーヤーの主体的活動を重要視する考え方にほかならない。したがって、指導者に求められる動機づけのあり方を巡っても、生徒の主体性を尊重する姿勢は不可欠であるといえる。

　以上のような議論を踏まえ、以下では「生徒の主体的活動を導く」ことに貢献する動機づけの考え方を紹介するとともに、指導者に必要とされる指導行動

の提案を試みたい。最初に、学校運動部活動において未だ存在する「暴力的指導による弊害」を動機づけの観点から検討する。つづいて、生徒の「自己決定的な行動」を導くための指導行動を自己決定理論の観点から検討する。最後に、生徒が経験学習のプロセスを辿るうえで経験の場に身を投じることは不可欠であるが「失敗を恐れずに挑戦できる状況」をいかにして作ることができるのかということを心理的安全性の側面から検討する。

2. 生徒の主体的活動を導く動機づけ

（1）外発的動機づけとしての暴力的指導
1）外発的動機づけと内発的動機づけ

　動機づけは外発的動機づけと内発的動機づけに大別される。どちらのタイプの動機づけも生徒の行動に影響を及ぼすが、外発的動機づけの場合は行動と直接的に関係のない外的報酬を得るための「手段」として行動が生じる。そのため、ほかの活動で動機が満たされたり、動機と結びついていた特定の刺激がなくなったりすると、その行動は弱まるか消滅してしまうという特徴がある。外発的動機づけに基づく行動の例としては、指導者に怒られたくないからランニングをする、指導者に褒められたいからシュート練習をするというものが該当する。

　一方、内発的動機づけの場合は行動そのものから得られる満足が報酬となって行動が生じる。行動それ自体が「目標」になっているので、行動は自己目的的に生起する。内発的動機づけに基づく行動の例としては、走ることの爽快感を味わいたいからランニングをする、キーパーをかわしてゴールネットを揺らしたいからシュート練習をするというものが該当する。どちらもランニングをすることやシュートをすることで味わえる「楽しさ」が行動の原動力となっている。「なぜそれをするのか」と問われれば「それがしたいから」と答えられるのが内発的動機づけの特徴である。

2）生徒の主体性を損なう暴力的指導

　先述したように、学校運動部活動における暴力的指導の報告は未だ少なくない。ここで体罰の弊害を動機づけの観点から考えてみたい。体罰を受けることは生徒にとって脅威であり、だれもが避けたいと願うものである。したがって、体罰を避けることは生徒の行動の原動力になることから、体罰を用いた指導は

外発的動機づけの典型といってよい。指導者が体罰を用いることの効果は、生徒の行動を指導者の思うように変化させられることである。指導者の指示の通りに生徒を動かしたい場合には、安易で即効性のある体罰は指導者が用いてしまいがちな方法といえる。

　しかし、体罰を用いた指導には大きな弊害がある。罰が行動の原動力になっているのであるから、生徒は指導者の目を気にして行動するようになってしまう。その結果、指導者の指示や意図に沿うことが行動の基準になってしまい、生徒の行動は消極的にならざるを得ない。これでは生徒が主体的に活動することは困難である。同様のことはプレーについてもいえる。失敗を恐れるあまり挑戦的な課題を避けて練習や試合に取り組むようになり、技能の向上においても妨げになる。さらに、これまでの運動部活動の意義でもある人間形成の側面でも弊害はある。たとえば、指導者の指示や意図に沿うことに慣れてしまうことによって、生徒が自ら考えることをやめてしまうことにもつながる。その結果、指示を出せばある程度はうまく動けるが、その反面、自分で考えて行動することができない生徒が育ってしまう。このほかにも、罰がないと行動を起こせなくなったり、多くの罰を受けることによって学習性無力感におちいったりする場合もある。

　これからの地域スポーツクラブ〈運動部〉活動は生徒の興味や関心に基づいて行われるものであり、そこでは自発的・自主的な活動が求められる。また、地域スポーツクラブや運動部活動の経験を通して人間形成を図ることも期待されている。そうした活動の理念や現代的意義からすると、外発的動機づけの典型である体罰を用いる指導は、これからの地域スポーツクラブや運動部活動の趣旨から大きく逸脱する。その一方で、生徒はスポーツを楽しみたいという期待をもって入部してくる。そのような動機を存分に活かした指導を行うことによって、生徒の意欲的な活動を導くことを勧めたい。杉原（2003）は、体育授業で内発的動機づけがあらわれる例として、新規な刺激やより複雑な活動を追及する「好奇動機」、活発に力一杯身体を動かしたいという「活動性動機」、新しい能力の獲得や能力を最大限に発揮したいという「イフェクタンス動機」を取り上げている。これらの動機は地域スポーツクラブ〈運動部〉活動の「楽しさ」と大きく関係するものである。スポーツの「楽しさ」を味わうことは地域スポーツクラブ〈運動部〉活動の価値にも通じるものであり、このような観点から内発的動機づけをとらえることによって、生徒の意欲を引き出すことが期

待される。

(2) 自己決定理論
1) 動機づけの連続体

　従来の外発的動機づけと内発的動機づけを対照的に位置づける見方では、外発的動機づけは望ましくない動機づけととらえられてきた。しかし、Deci and Ryan (2002) が提唱する自己決定理論では外発的に動機づけられる場合であっても、自己決定が低い場合もあれば高い場合もあると仮定する。そして、自分でやっているという感覚が高い（自己決定が高い）場合には、そうではない場合よりも動機づけは強くなると考える。図2を用いて具体的に説明すると、自己決定理論では外発的動機づけを自律性（自己決定）の程度によって4つの段階に分類している。それらは、外部からの強制や圧力によって行動する「外的調整」、課題の価値は認めているものの義務感が強い状態で行動する「取り入れ的調整」、課題の価値を積極的に認めて行動する「同一視的調整」、課題の価値の内在化がもっとも進み自ら進んで行動する「統合的調整」の各段階である。これに全く行動をするつもりがない「無動機づけ」と、行動そのものが目標と一致する「内発的動機づけ」を両端に加えて、動機づけを「無動機づけ⇔外発的動機づけ⇔内発的動機づけ」の連続体上に位置づけている。

　外発的動機づけの連続体を、基礎トレーニングを行う生徒をモデルに例示しよう。「無動機づけ」の段階では、生徒は基礎トレーニングをするつもりは全くないので実際の行動も生じない。「外的調整」の段階では、基礎トレーニングをしないと指導者から怒られるので仕方なくそれを行っている。「取り入れ的調整」の段階になると基礎トレーニングを行うことの価値が少しはわかるよ

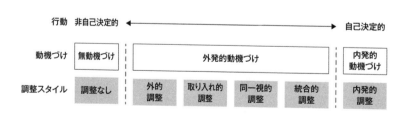

図2 動機づけの連続体(Ryan, R.M., and Deci, E. L., 2002より作成)

うになる。しかし、「基礎トレーニングをさぼると自分だけがチームから後れを取ってしまい惨めだから」というように、まだ消極的な気持ちで取り組んでいる。「同一視的調整」の段階では、基礎トレーニングは自分やチームの目標達成のために必要だからという意識をもつようになり、基礎トレーニングへの取組に積極性がみられるようになる。そして、「統合的調整」の段階では、自分が基礎トレーニングを行うのは当たり前で自然にそれを行っているという状態になる。このように、たとえ基礎トレーニングに関わる姿勢が外発的であったとしても、自律性（自己決定）の程度によって生徒の行動の強さや持続性に違いが出るということが理解できる。

2） 自己決定的な動機づけのカギとなる基本的心理欲求

　指導者が生徒の意欲的な活動を導くためには、自己決定的な動機づけが重要ということが理解できた。指導者は生徒の意識を「意味もわからずに仕方なく行っている」という段階から、「自分にとって大切なことだから当たり前のように行う」という段階に導きたい。このような価値の内在化は生徒の心がけや意識のもち方の問題のようであるが、自己決定理論では生徒の基本的心理欲求を満たすことによって価値の内在化が促進されると考える。すなわち、自分は有能であると感じたい「有能さへの欲求」、自らが自らの行動の原因でありたい「自律性の欲求」、そして、他者と良好な結びつきをもちたい「関係性の欲求」を、これからの地域スポーツクラブ〈運動部〉活動で充足させられるとよい。

① 有能さへの欲求

　「有能さへの欲求」の点からは、自分はうまくなっている、あるいは上手にプレーしていると生徒に感じさせることである。指導者は生徒の上達を的確にとらえて、それを生徒に指摘してあげるとよい。とくに、クラブ内や部内で競技力が低い位置にいる生徒の場合には、ほかの生徒と比較することで自らのプレーに否定的な評価を与えがちである。しかし、そうした生徒の場合でも、過去の自分と比較すれば現在のプレーで上達しているところは指摘できるはずである。そうした点を本人に気づかせてあげることが大切である。

② 自律性の欲求

　「自律性の欲求」の点からは、人にいわれてやらされるのではなく、自分の意思でやっているという感覚を生徒にもたせることである。指導者は生徒の自発性や自主性を尊重して、それが発揮される機会を可能な限り設けるべきである。多くの指示を出して生徒にそれをさせることで満足していては生徒の自律

性は満たされない。生徒の「自分でやっている感」を育てる指導を心がけたい。たとえば、チームの目標設定の過程に生徒を参加させたり、その日の練習メニューを計画させたりすることなどが考えられる。

③関係性への欲求

「関係性への欲求」の点からは、自分は周囲の人に認められていると生徒自身が感じられるようにすることである。クラブ内や部内ではスポーツ集団の特性を十分に活かし、チームメイトとの協力関係を構築したり、コミュニケーションを図ったりする機会を十分に設けて、仲間と結びつきがもてるよう導くことが重要である。また、生徒にとって重要な他者でもある指導者自身が、生徒の存在を積極的に認めて交流を図ることも大切である。

3) 自律性支援行動と統制的行動

生徒の基本的心理欲求を満たす取組として、指導者は自律性支援行動をとることが推奨される。自律性支援行動とは生徒の自発性や自主性を褒め、考えを非難せず理解しようとする行動、関わり方のことである (Mageau and Vallerand,2003)。欧米では、指導者の自律性支援行動は基本的心理欲求を満たし、選手の積極的なスポーツ参加の促進などのポジティブな結果を導くことが示されている (たとえば、Bartholomew et al., 2011)。指導者が試みたい具体的な行動としては、①生徒にさまざまな選択肢を提供すること、②指導者の意思決定の理由を説明すること、③生徒の声に耳を傾けて受容すること、④生徒が自ら考え行動する機会を多く設けることなどがあげられる。

その一方で、指導者が避けたいことは統制的行動をとることである。統制的行動とは指導者が生徒にある行動を行わせるために用いる強制的、圧迫的、独裁的な振る舞いである (Bartholomew et al., 2010)。わが国でも、指導者の統制的行動が選手の基本的欲求の不満を高め、それが無動機づけを促進させることが示されている (戸山ら、2019)。加えて、指導者は自律性支援行動と統制的行動を同時にとる可能性があることにも注意したい。指導者が避けるべき具体的な行動としては、①努力の交換条件として報酬を与えること、②指導者の意思に強制的にしたがわせること、③プライベートにまで過度に関与すること、④暴力や暴言を用いたり威圧的な態度で接したりすること、⑤指導者の望む行動をとったときにだけ関心を示すことなどがあげられる。

生徒の主体的活動を導くことにおいて、自律性支援行動を積極的にとる一方で、統制的行動をなくしていく取組は非常に意義深い。指導者自身が日々の指

導活動を通じて経験学習サイクルを活性化し、自らの経験から望ましい指導行動がとれるように成長してほしいと願う。

(3) 生徒の挑戦を導く心理的安全性

1) 心理的安全性の考え方

　生徒は地域スポーツクラブ〈運動部〉活動の経験を通じて成長に向かうことを理解してきたが、ここで経験学習の最初のステップは「経験する」ことであったことを思い出してほしい。すなわち、成長に向かう生徒の学習は、経験の機会を得ることからスタートするということである。そのため、指導者は選手に「失敗を恐れず積極的に挑戦してほしい」と願うわけであるが、ここで私たちは選手が挑戦の場を得るのにふさわしい振る舞いをしているのかを振り返りたい。たとえば、選手の失敗に対してそれを酷く責めるようなことをしていないであろうか。もし、そのようなことがあれば、選手は失敗を恐れるあまり挑戦することを諦めてしまうかもしれない。生徒が安心して物ごとに挑戦できるような条件をいかにして作ることができるのか？ここでは「心理的安全性」の側面からそのことを検討したい。

　職場のパフォーマンスに差が生じる一要因として心理的安全性の概念を見出したエドモンドソン（2021）は、心理的安全性を「気兼ねなく意見を述べることができ、自分らしくいられる文化」（エドモンドソン，2021, p.14）と説明するとともに、「心理的安全性があれば恥ずかしい思いをしたり、仕返しされたりするといった不安なしに、懸念やまちがいを話すことができる」（エドモンドソン，2021, p.15）などの特徴があると述べている。このような心理的安全性の概念をこれからの地域スポーツクラブ〈運動部〉活動の文脈におき換えると、「たとえ失敗したとしても周囲から怒られたり、非難されたりすることがないと確信できる状態」ととらえることができるであろう。そして、そのような状態が確保されれば、生徒が失敗を恐れることなく安心して物ごとに挑戦することが可能になるとも思われる。

2) 心理的安全性を確立するための指導行動

　生徒が安心して物ごとに挑戦できるような条件をいかにして作ることができるのか。この問いに答えるための最初の試みとして、心理的安全性を確立するためのリーダーのツールキット（エドモンドソン，2021）を参考に、指導者が心理的安全性を確立するための指導行動（試案）を提案したい（表1）。ツールキッ

表1 心理的安全性を確立するための指導行動（試案）

段階	土台を作る	参加を求める	生産的に対応する
目標	上達や成長のためには失敗は重要な経験であることを生徒と共通理解する。	生徒が失敗を肯定的にとらえるとともに、挑戦せずにはいられなくなる状況を作り出す。	失敗を前向きにとらえて挑戦する姿勢を強化する。
指導者に求められる行動	①スポーツで失敗はつき物であり、指導者自身も多くの失敗を経験してきたことを伝える。②失敗を気にせずに挑戦することが大切であり、それが個人の成長やチームの成功につながることを伝える。	①生徒にとっての正解を指導者は知らないので、自分らしい挑戦や新しい取組を奨励する。②挑戦しているプレーやそのための取組について質問し、その話を傾聴・受容する。③挑戦しているプレーやそのための取組、あるいは予想される失敗についてお互いに意見交換できるミーティングを設ける。	①勇気ある失敗や挑戦を行ったことを称賛するとともに、その行為がチームへの貢献となることに感謝の言葉を述べる。②失敗の経験から学んだことについてお互いに意見交換できるミーティングを設ける。

トの基礎をなす考え方は「リーダーは土台を作り、参加を求め、生産的に対応することによって、組織に心理的安全性を築き上げる」ことである（エドモンドソン，2021，p.196）。すなわち、「土台を作る」とは失敗に対する見方を変えるとともに、行動に意欲的に取り組めるような雰囲気を作ること、「参加を求める」とは実際に行動を起こせるような介入を行うこと、「生産的に対応する」とは勇気ある行動に対して否定的にならず、肯定的な対応をすることである。本試案でもこれら3分類に基づき、指導者に求められる行動として以下の通り提案を試みた。

①土台を作る

「土台を作る」の段階では、上達や成長のためには失敗は重要な経験であることを生徒と共通理解する。そのために、ⅰ）スポーツで失敗はつき物であり、指導者自身も多くの失敗を経験してきたことを伝える。ⅱ）失敗を気にせずに挑戦することが大切であり、それが個人の成長やチームの成功につながることを伝える。

②参加を求める

「参加を求める」の段階では、生徒が失敗を肯定的にとらえるとともに、挑戦せずにはいられなくなる状況を作り出す。そのために、ⅰ）生徒にとっての正解を指導者は知らないので、自分らしい挑戦や新しい取組を奨励する。ⅱ）挑戦しているプレーやそのための取組について質問し、その話を傾聴・受容す

る。ⅲ)挑戦しているプレーやそのための取組、あるいは予想される失敗について お互いに意見交換できるミーティングを設ける。

③生産的に対応する

「生産的に対応する」の段階では、失敗を前向きにとらえて挑戦する姿勢を強化する。そのために、ⅰ)勇気ある失敗や挑戦を行ったことを称賛するとともに、その行為がチームへの貢献となることに感謝の言葉を述べる。ⅱ)失敗の経験から学んだことについてお互いに意見交換できるミーティングを設ける。

＊

高校時代に学校運動部活動を経験してきた筆者自身も、指導者からの叱責を恐れて、挑戦的なプレーよりも無難なプレーを選択したり、故障部位を報告できなかったりしたことがある。結果的にそのことは、選手である私自身の成長を拒んだばかりではなく、チームの競技力にも損失を与えたということになろう。生徒は心理的にも物理的にも安全な環境で活動したいと考えている。そしてなによりも、そのような環境のなかでこそ、生徒は主体的にこれからの地域スポーツクラブ〈運動部〉活動に取り組むことができるのである。そのような点で、指導者が心理的安全性の確立に取り組む意義は非常に大きいといえる。

〈引用・参考文献〉

Bartholomew, K.J., Ntoumanis.N., Ryan, R.M., Bosch, J.A., and Thøgersen-Ntoumani, C. Self-determination theory and diminished functioning the role of interpersonal control and psychological need thwarting. Personality and Social Psychology Bulletin, 37 (11). pp.1459-1473. 2011.

Bartholomew, K.J., Ntoumanis, N., and Thøgersen-Ntoumani, C. The controlling interpersonal style in a coaching context: Development and initial validation of a psychometric scale. Journal of Sport and Exercise Psychology, 32. pp.193-216. 2010.

Côté, J., & Gilbert, W. An integrative definition of coaching effectiveness and expertise. International Journal of Sports Science & Coaching. 4(3). pp.307–323. 2009.

Deci, E.L. and Ryan, R.M. Handbook of self-determination research. The University of Rochester Press: Rochester. 2002.

エドモンドソン・C・エイミー著，野津智子訳『恐れのない組織「心理的安全性」が学習・イノベーション・成長をもたらす』英治出版，2021.

伊藤雅充「コーチングとは」，日本スポーツ協会編『リファレンスブック』pp.2-21，2019.

Kolb, D. A. Experiential Learning: Experience as The Source of Learning and Development. New Jersey: Prentice Hall. 1984.

Mageau, G.A., and Vallerand, R.J. The Coach-athlete relationship: a motivational model. Journal of Sports Sciences, 21. pp.883-904. 2003.

松尾睦『部下の強みを引き出す経験学習リーダーシップ』ダイヤモンド社，2019.

杉原隆『運動指導の心理学　運動学習とモチベーションからの接近』大修館書店，2003.
戸山彩奈・松本裕史・渋倉崇行・幸野邦男「スポーツ指導者の統制的行動が女子大学スポーツ選手の動機づけに及ぼす影響」『スポーツ心理学研究』47巻，pp.1-11，2019.

第6章

これからの
地域スポーツクラブ〈運動部〉活動を
豊かにするマネジメント

6-1

地域スポーツクラブ〈運動部〉経営に求められるマネジメント

西原康行

1. これからの地域スポーツクラブ〈運動部〉の
マネジメントの視点

(1) 新たなスポーツ環境を構築する地域スポーツクラブ〈運動部〉マネジメント

　スポーツ庁による2022年6月の「運動部活動の地域移行に関する検討会議提言」の実現に向けては、これまでの学校運動部活動のマネジメントに加えて、新たなマネジメントの視点をもつことが必要となる。それは、単に運動部活動の運営団体・実施主体を学校から地域に移行する、あるいは指導者が教員から地域のスポーツ指導者に移行するということに留まらず、運動部に所属していない子供も含めて、スポーツ活動への参加を望む全ての子供にとって「ふさわしいスポーツ環境」を実現することが必要だからである。具体的には、図1の目的に示しているように、A. 試合に勝つ・記録を達成するというこれまでの多くの部活動が掲げてきた目標に加えて、B. スポーツを生活に取り入れるという目標やC. 地域において生徒が主体的にクラブを運営するという目標を含めて、地域スポーツクラブをマネジメントすることが求められる。A. 試合に勝つ・記録を達成するという目標を達成するための活動は、公益財団法人日本中学校体育連盟や各自治体の中学校体育連盟といった外部主催の試合や競技会において成績をあげるための活動が中心である。そのため、子供たちが外部主催の試合に勝つため、あるいは記録を達成するためのスポーツ享受能力を高めるマネジメント（目標設定・計画立案・指導・評価）を行なうことが中心である。また、これまでの学校運動部活動が、外部主催の試合や競技会に向けた単一の目標に向けた活動に焦点化されるため、子供の多様なニーズや運動部活動以外の日常生活を犠牲にした従属的クラブという性格をもつことになる。

　このようなこれまで多くの運動部活動が掲げてきた目標に加えて、B. スポー

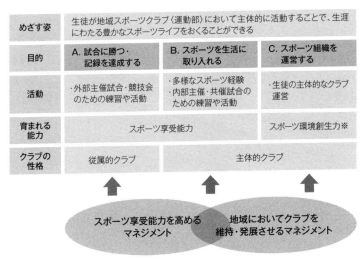

めざす姿	生徒が地域スポーツクラブ〈運動部〉において主体的に活動することで、生涯にわたる豊かなスポーツライフをおくることができる		
目的	A. 試合に勝つ・記録を達成する	B. スポーツを生活に取り入れる	C. スポーツ組織を運営する
活動	・外部主催試合・競技会のための練習や活動	・多様なスポーツ経験 ・内部主催・共催試合のための練習や活動	・生徒の主体的なクラブ運営
育まれる能力	スポーツ享受能力		スポーツ環境創生力※
クラブの性格	従属的クラブ	主体的クラブ	

スポーツ享受能力を高めるマネジメント　　地域においてクラブを維持・発展させるマネジメント

※スポーツ環境創生力は清水(2016)を引用

図1 新たなスポーツ環境を構築するクラブマネジメント

ツを生活に取り入れるという目標を達成するためには、子供たちが勝利だけにこだわらない多様なニーズに応じたスポーツ経験によって、生涯にわたりスポーツを楽しむことができるスポーツ享受能力が育まれるようなマネジメントが必要である。また、子供たちの多様なニーズに応じて、各自治体や地域スポーツクラブ自体が大会や競技会を主体的に企画運営することも必要である。さらに、子供たちが主体的に自らの地域における自らのスポーツクラブ運営に関わるスポーツ環境創生力（清水，2016）を育むためのマネジメントも必要になる。本節では、これまでの多くの運動部活動が行なってきた従属的クラブとしてのマネジメントから、主体的クラブとして地域における新たなスポーツ環境を構築する地域スポーツクラブ活動のマネジメントについての概観を理解する。

(2) マネジメントの具体的プロセス

　これからの地域スポーツクラブ〈運動部〉をマネジメントするには、これまでの学校運動部活動のように、用意された環境において外部から与えられた大会や競技会に参加して勝利を目標にして活動することに留まらず、地域におい

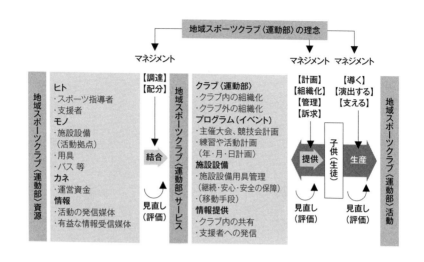

図2 マネジメントの具体的プロセス(山下, 2005を参考に筆者加筆)

て主体的にクラブを組織して運営することが求められる。図2は、そのための地域スポーツクラブ〈運動部〉のマネジメントプロセスを示している。まずは、活動する地域において、ヒト（スポーツ指導者や支援者）・モノ（施設設備、用具、バス等）・カネ（運営資金）・情報（活動発信媒体、有益な情報の受信媒体）といった資源を調達・配分して結合することで、地域スポーツクラブ〈運動部〉サービスを整える。また、自らが活動する自治体や地域において資源が足りない場合は、周辺地域に視野を広げて協力を求めることも必要である。とくにヒト（スポーツ指導者）は、自らの活動地域だけでは調達が難しい場合があり、自治体や地域の枠を超えた広範なエリアから調達することも必要になるであろう。

　次に資源を結合して、クラブの組織化、プログラム（イベント）の計画、施設設備の管理、情報提供による訴求といった地域スポーツクラブ〈運動部〉サービスを整えるタスクが発生する。1つ目のクラブの組織化は、クラブ内（子供・指導体制）とクラブ外（支援者である学校・保護者・行政・スポーツ団体・協賛者・寄付者等）の両方を意識して組織化する。2つ目のプログラム（イベント）は、年間レベル、月レベル、毎日の練習や活動の計画を立てるとともに、前項で述べた主体的なクラブにするために地域スポーツクラブ自体が大会や競技会を企画運

営することも必要である。3つ目の施設設備の管理は、継続かつ安定して使える活動拠点を獲得して、子供たちが安心・安全に活動できる環境を整えることが大切である。また、子供たちが自分で通える範囲に活動拠点が無い場合は、バス等の移動手段を整える必要もある。4つ目の情報提供は、クラブ内の子どもや指導者とチームの理念や目標、活動計画を共有するとともに、クラブ外の支援者とも理念やさまざまな運営上の課題を共有して、理解を促すことが必要である。

　以上のような地域スポーツクラブ〈運動部〉サービスを子供に提供するが、スポーツマネジメントにおいては、さらにその先に実際のスポーツ活動（地域スポーツクラブ〈運動部〉活動）が存在している。日々のスポーツ活動の場においてスポーツ指導者が子供を導いたり、演出したり、支えることで「スポーツ指導者が子供とともにスポーツを『生産』」していく。近年は、コーチング、ティーチング、インストラクション、指導方略等、さまざまな方法論が確立されているが、前項で述べたように試合に勝つ・記録を達成するための活動に加えて、勝利だけにこだわらない多様なニーズに応じたスポーツ経験によって、生涯にわたりスポーツを楽しむことができるスポーツ享受能力が育まれるようなマネジメントが必要である。また、図2では子供から地域スポーツクラブ〈運動部〉サービスの方向に矢印を示しているが、子供が主体的に運営に参画して、サービスの計画・組織化・管理・訴求に関わっていくことを示しており、これからの地域スポーツクラブ〈部活動〉マネジメントには大事な視点である。

2. 地域スポーツクラブ〈運動部〉活動に必要な ミッションとリーダーシップ

(1)ミッションの重要性

　地域スポーツクラブ〈運動部〉は、生徒の多様なニーズに応えながら、新たなスポーツ環境をクラブ自身が創り上げていくことが求められている。そのため、船の羅針盤のようにクラブがどこをめざして進んでいくのかという方向をきちんと定めなければいけない。どこに行くのか方向の定まらない船が漂流して目的地に到着できないのと同じく、どこをめざすのかというビジョンのないクラブはこれからの社会に必要となる望ましいクラブを創ることができない。そのため、まずは地域スポーツクラブ〈部活動〉のビジョンを定める必要があ

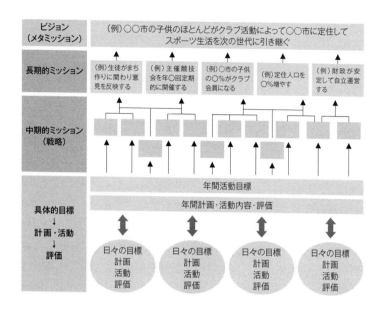

図3 ビジョンとミッションの構造

る。できればビジョンは図3の例のように、①地域や社会がどうなっているのかを表現する　②名詞形の圧縮した表現ではなく、なにがどうなっていくのかを文章で表現する　③自分たちが実現したい状態に欠かせない重要な要素が含まれている　という3点に留意して作成する。

　続いてミッションを検討することが必要であるが、ミッションとは達成すべき使命といい換えることができる。ピーター・ドラッガーは「われわれはなにを達成しようとしているのか」（Drucker, 1990）と述べ、組織としての使命を明確に提示することの必要性を謳っている。先のビジョンは、規範的な性格を有しており、夢といっても過言ではない。そのため、達成できないかもしれないが達成したいという希望を含んでいる。しかしながら、ミッションは達成しなければいけない使命であるため、組織の存亡に関わる重要な要素である。また、ミッションは、図3の例に示したように、主語が地域の人々や環境になる文章ではなく、自分たちのクラブがなにをめざすのかという「私たちのクラブは」になる文章が望ましい。さらに、図3のようにミッションは、長期的なミッ

ションにつながる中・短期的なミッション（戦略）に細分化して掲げると実現の可能性が高まる。最後に、中・短期的ミッション（戦略）につながる年間目標や計画、日々の目標や活動計画を策定することで、日常の活動がビジョンの達成（目的地）に近づいていく。

(2)リーダーシップ力量とマネジメント力量の必要性

　地域スポーツクラブは、主体性をもち続けながら組織を維持発展させていくことが求められることから、合理性を追求したうえで最大成果をあげるという自明の理がある企業に比して、組織をビジョンへと牽引するリーダーシップが必要となる。同時に企業のような大きな組織ではないため、日常的かつ具体的なクラブ運営のマネジメント力量が必要となる。ジョン・コッター(1999)は「ビジョンと戦略を作り上げる、戦略の遂行に向けてそれに関わる人々を招集する、あるいは、ビジョンの実現をめざして人々にエンパワメントを行うなど、障害を乗り越えてでも実現できる力を筆者は『リーダーシップ』と呼んでいる。対照的に『マネジメント』とは、計画立案、予算作成、組織化、人員配置、コントロール、そして問題解決を通して、既存のシステムの運営を続けることである」と述べ、リーダーシップとマネジメントを区別して、両方の必要性を唱えている。つまり、リーダーシップは、人と組織に訴えかけて、組織をよりよくするための変革を推進していく力であり、マネジメントは、現在の組織や仕組みをうまく機能させ続ける力であるといえる。

　以上の定義を地域スポーツクラブにおけるリーダーシップ力量におき換えると、図4のように、前項で提示した①地域スポーツクラブのビジョンとミッション（戦略）を示すこと、②ビジョンとミッション（戦略）の実現に向けて関わるクラブ内外の人々に対してエンパワメント（夢や希望を与え、勇気づけ、人が本来もっている力を湧き出させる）を行う③ビジョンとミッション（戦略）の実現に向けて障害を乗り越えることの3点である。また、マネジメント力量は、①ビジョンとミッション（戦略）実現のための具体的計画を立案する②ビジョンとミッション（戦略）の実現に向けて財政を適切に管理する③ビジョンとミッション（戦略）の実現に向けた組織を作り、人的資源を管理する④計画・財務・組織を評価・改善して、安定したシステムを構築し続けるといったことがあげられる。

　強烈なリーダーシップが発揮され、マネジメントが不在であると、組織は混乱状態におちいる。一方、リーダーシップが不在でマネジメントが突出すると

リーダーシップ
スポーツクラブ(部活動)のビジョンとミッション(戦略)を示す
ビジョンとミッション(戦略)の実現に向けて 関わる人々(クラブ内外の人々)に対してエンパワメントを行う
ビジョンとミッション(戦略)の実現に向けて障害を乗り越える

マネジメント
ビジョンとミッション(戦略)実現のための具体的計画を立案する
ビジョンとミッション(戦略)の実現に向けた財政を適切に管理する
ビジョンとミッション(戦略)の実現に向けた組織を作り、 人的資源を管理する
計画・財務・組織を評価・改善して、安定したシステムを構築し続ける

図4 リーダーシップ力とマネジメント力とは

凝り固まった組織になる。そのため、地域スポーツクラブを運営していくには、リーダーシップとマネジメントの力を両立させることが必要である。

3. 地域スポーツクラブの財源と収支の考え方

(1)財源要素と確保のポイント

　わが国においては、俗に「水とスポーツはただである」といわれてきた。これは国民のだれもがスポーツを享受することができる権利を有しており、公共性が高いため、国や行政(学校)が保障してくれるという制度や価値観による。スポーツは誰もが享受できる権利を有していることは当然であるが、それによって国や行政(学校)に依存してきたことがこんにちの学校部活動のさまざまな問題を引き起こしている。これからの社会におけるスポーツ環境は、国や行政(学校)に偏った依存をするのではなく、地域のさまざまなセクターと共同してよりよいスポーツ環境を創っていくことが必要である。また、子供(生徒)にとって質の高いスポーツサービスを提供していくためには、受益者が相応の

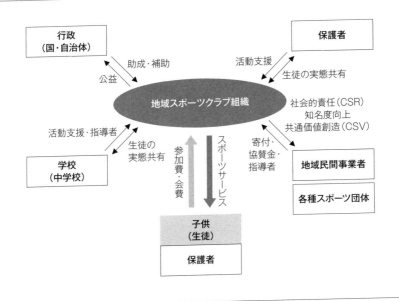

図5 地域スポーツクラブを取り巻くセクターと財源の関係

費用を負担することも必要となってくる。（ただし、スポーツを享受できる最低限の権利は、国や行政が保障する必要がある。）さらに、主体的クラブを作るためには、税金だけに依存せず、財政的に自立して運営できる仕組みを作ることにより、子供たちに開かれた魅力的な地域スポーツクラブを作ることが可能となる。

　図5は、地域のセクターと共同して地域スポーツクラブを組織化する関係性を示している。このように地域スポーツクラブはさまざまなセクターから助成金・補助金・協賛金・寄付金という形で資金を得て運営が行われる。また、受益者負担という考え方に基づいて、子供（保護者）から会費・参加費を得るが、会費・参加費に見合う質の高いスポーツサービスや指導を提供することが必須となる。さらに、各セクターからは助成金・補助金・協賛金・寄付金を得るが、各セクターにとってなにがメリットとなるかを熟考して、各セクターと地域スポーツクラブがWin-Winになるような関係性を築くことが必要である。図5の地域民間事業者との関係性にあるCSV（Creating Shared Value＝共通価値創造）では、たとえば、食品関連企業から協賛金を得て、クラブ会員の子供たちに効果的なアスリート弁当や発育発達に応じたお弁当を開発すれば、クラブと食品

関連企業の双方にとって共通の価値を創造することができるであろう。

(2)収入・支出のあり方と着眼点

　前項で示したように、地域スポーツクラブは国や自治体に偏った依存をせず、さまざまなセクターや参加者と協力して資金を得ながら、財政的に自立した運営を行うことが必要である。その際、それぞれの収入は、一つにまとめて（一つの財布に入れて）クラブ運営のどんな支出にも使えるということではなく、収入ごとに紐づけた支出（使途）を明確にすることが必要である。また、それぞれの収入には、得るための意図や着眼点が存在しているため、図6にその概要をまとめている。

　会費は、年会費あるいは入会費としてクラブメンバーである子供（保護者）から得るが、クラブ運営の間接的あるいは恒常的に発生する経費に使うことが望ましい。また、ある程度まとまったお金が入ってくることから、クラブを安定して運営する機能を果たす。ただし、クラブメンバーとしての子供たちの一体感、クラブへの所属意識、「私たちがクラブを運営している」という運営意識を高めるマネジメントを行う必要がある。

　参加費も子供（保護者）から得るが、指導謝金、交通費等、その活動に直接必要な経費に使うことが望ましい。かかる経費分を参加費として徴収する考え

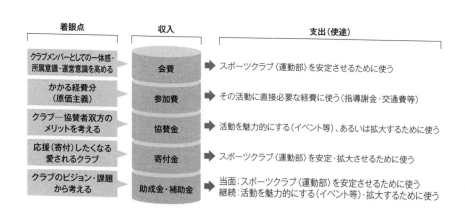

図6 収入・支出の考え方

方は原価志向といわれているが。そのほかの参加費の設定方法として、需要志向（生徒や保護者の希望調査によって設定）、競争志向（競合クラブや周辺クラブのサービスを考慮して設定）という考え方もある。しかしながら、需要志向は参加費を低く抑える傾向があるため、経費を補えない可能性がある。また、競争志向は参加費が高くなる傾向があるため、全ての生徒にスポーツ機会を提供する使命を果たせない。したがって需要志向と競争志向は地域スポーツクラブの参加費設定にはそぐわない。

　協賛金は、活動を魅力的にする、あるいはクラブの活動を拡げていくことに使うことが望ましい。とくに部活動の地域移行にともない、地域スポーツクラブは主体的に大会や競技会を開催することが求められていることから、地域大会や競技会を主催する経費として協賛金を充当するとよい。また、前項で述べたように、クラブと協賛者双方にとってメリットとなるようなスキームを考えて協賛者を募ることが必要である。

　寄付金は年会費同様、ある程度まとまったお金が入ってくることから、クラブを安定して運営することに寄与する。ただし、世間一般に流布している「なんとなくスポーツはよいイメージ」ということに頼って寄付を募るのではなく、「そのクラブに魅力があるから寄付をしたい」と思ってもらえるようなクラブマネジメントを行って寄付を募ることが必要である。なお、助成金・補助金については、次節において具体的に述べる。

4. 公的助成金・補助金の活用と獲得のノウハウ

（1）公的助成金・補助金活用の必要性

　前項で示した通り、公的助成金・補助金は、クラブ運営にとって大事な収益源となる。また、収益を得るというメリットだけではなく、公的資金によって事業が行われることが公益性の高い組織であるという証になる。裏を返せば、公的助成金・補助金の使途を含むさまざまな管理は厳格に行い、不正や誤った運用をしないように細心の注意を払う必要がある。さらに、公的助成金・補助金を得て運用する流れは、「応募」→「採択」→「事業や活動の実施」→「評価」→「報告書の提出」が一般的であるが、一連の流れを滞りなく行う義務があり、最後の報告書の提出まで怠らないように注意したい。

　公的補助金・助成金の活用の考え方は、図6および図7に示した通り、クラ

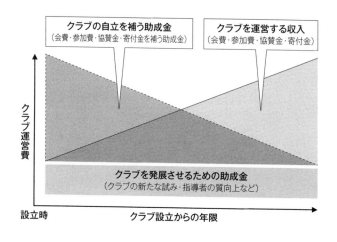

図7 助成金・補助金獲得の考え方

ブ設立から当面の間は、地域スポーツクラブを安定させるために活用すること
を推奨する。具体的には、クラブの財政的な自立を補うことを目的としている
ため、図7に示した通り、クラブを運営するための会費・参加費・協賛金・寄
付金の収入が増えてきたら、徐々に助成金・補助金を減らしていく。国や自治
体も「地域スポーツクラブの設立当初は財政的に自立が難しいため、将来的に
自立して安定させるための予算」として位置づけており、恒久的に予算がつく
ことは考えにくい。そのため、いつまでもこの目的のための助成金・補助金に
頼ることなく、財政的に自立してクラブを運営できるマネジメントを行うこと
が必要である。

　一方、クラブの新たな試みや指導者の質の向上といったクラブを発展させる
ための補助金や助成金は、恒常的に獲得して活用することを推奨する。クラブ
のビジョンやミッションを実現するために有効な公的助成金・補助金はさまざ
まな機関から出されている。「スポーツ」（＝スポーツ庁、自治体のスポーツ関連部局）
だけではなく、「教育」（＝文部科学省、自治体教育委員会）、「まちづくり」（＝国土
交通省、自治体まちづくり部局等）、「交流」（＝経済産業省、自治体産業部署等）、さら
には民間企業や団体の助成金といったさまざまな機関にインターネットで検索
をかけたり、情報を収集して積極的に活用することが望まれる。

課題／問題から始める
1. 地域・子供のスポーツ環境の根本に関わる、あるいはまだ未解決の課題／問題
2. (できれば)2つ以上のセクター間(たとえば、競技団体と総合型クラブ、中学校と地域住民など)に関わる共通の課題／問題

課題・問題の見きわめ	仮設設定	メッセージ化
・理想(ビジョン)を考える ・複数のセクター間の課題／問題を考える ・本質的なクラブのあり方を考える ・客観的なデータから考える	・全体として「こうなるだろう」 ・部分として「こうなるだろう」	・縦の論理:因果関係 「△を改善して○になる」 ・横の論理:隙間、ダブり 「○と△のここが埋まっていない」 「○と△が同じであり無駄。新たにこういう関係にする」

図8 助成金・補助金獲得のための発想

(2) 助成金・補助金獲得のノウハウ(補助金獲得「虎の巻」)

　補助金・助成金は、応募したらだれでも採択されるわけではなく、限られた採択件数に対して多数の応募があることが一般的であり、厳正かつ公正な審査により採択・不採択が決定される。そのため、論理的にわかりやすく応募書類を作成することが必要である。とくに審査員は必ずしもその分野の専門家ではないことも想定して、だれにでも理解できる平易な言葉で表現するとともに、図などを工夫して応募書類をサッとみただけで理解できるような工夫が必要である。さらに評価のポイントは、①今日的な社会的課題であるか、②独自性や斬新さがあるか、③実現可能であるか、の3点であるため、応募書類はこの3点を意識して書くことを薦める。

　以上の3点を顕在化するには、図8に示した通り、まずは課題・問題を見きわめることから始める。着想の観点として「ビジョンを達成するための課題・問題」「本質的なクラブのあり方における課題・問題」を考える。その際、客観的データをあげることや複数のセクター間に共通の課題や問題を意識すると精度が高くなる。次に仮説を設定してみる。仮説設定では、この助成金や補助金を活用して事業を行うと「全体としてこうなるだろう」「部分としてこうなるだろう」という予想を独自性・斬新さ・実現可能性を意識して構築してみる。

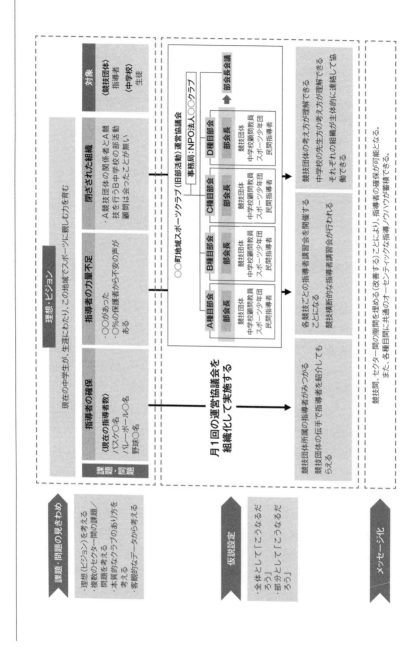

図9 助成金・補助金獲得のための発想（例）

最後にこの助成金・補助金を使って事業を行うと「こういう効果がある」というメッセージを考える。図9は例として課題・問題の見きわめ、仮説設定、メッセージ化を各枠のなかに入れて考えてみたが、応募書類を書く前にこういった構造を描いたうえで書類作成に臨むと採択の可能性が高まるかもしれない。

〈引用・参考文献〉
ジョン・P・コッター著，黒田由貴子ほか訳『第2版　リーダーシップ論　人と組織を動かす能力』ダイヤモンド社，2012.
西原康行「総合型地域スポーツクラブマネジャーの学びの過程　実践家としての気づき」『体育・スポーツ経営学研究』25巻，pp.25-36，2012.
西原康行「総合型地域スポーツクラブスタッフ研修における学びの検討　組織課題研修と自己課題研修の比較」『スポーツ産業学研究』31巻，pp.41-52，2021.
西原康行「身体知のみえの可視化と伝承」，生田孝至ほか編『教師のわざ　研究の最前線』pp.196-222，一茎書房，2022.
清水紀宏「運動部活動に求められるマネジメントとは」，友添秀則編『運動部活動の理論と実践』pp.188-191，大修館書店，2016.
スポーツ庁「運動部活動の地域移行に関する検討会議提言」，2022.
田尾雅夫ほか『非営利組織論』有斐閣アルマ，2019.
宇留間昂「クラブ・サービス」，宇土正彦ほか編『体育経営管理学講義』pp.79-88，大修館書店，2006.
山下秋二「スポーツマネジメントとは何か」，山下秋二ほか編『図解スポーツマネジメント』pp.14-45，大修館書店，2005.

6-2

地域スポーツクラブ活動運営の
知識とスキル

■ 田島良輝

■ 1. 補完ではなく、新しい価値の創出をめざして

　本節は地域スポーツクラブ活動の運営に向けて必要な知識とスキルを提示するという内容である。初めに結論からいえば、地域をよく知り（学校、地域スポーツ、生活環境）、地域の関係者とネットワークがあり（あるいは作ることができ）、会議体を通して意見集約をできる人。そのような人が、中学生や保護者のニーズを把握し、資源制約的なマネジメント環境のなか、地域資源を活用（地域の諸団体と連携する等）することで課題解決や新しい取組を形にしていく。さらには、地域スポーツクラブ活動の持続性を高めるために、コストの「みえる化」と財源確保に向けた活動の説明責任を果たしていく。以上のようなスキルをもった人材が、これから展開される地域スポーツクラブ〈運動部〉でも必要になってくると考えられる。

　運動部活動の改革の議論では、少子化による活動場所の減少、指導者の専門的スキルの不足、多様化するスポーツニーズへの対応、教員の働き方に関わる問題等、いくつもの解決しなければならない課題が示されている。当然、上に記したスキルは、これらの課題解決に資するスキルではあるが、本節では、単に目の前にある課題を解決するという補完的なとらえ方にとどまるのではなく、スキルを活用し、これまでにない新しい価値を地域スポーツクラブ〈運動部〉で生み出していきたい、という思いを込めて総合型クラブをはじめとする地域スポーツ現場での具体的なマネジメントの成功事例をまとめてみた。

　ただし、一つだけ留意いただきたい点は次の通りである。事例はあくまで事例であるということ。各々の活動をしている地域によって、課題も違えば、めざす解決の方向性、解決のための地域資源も同じではない。そのまま直接的に当てはめてもうまくいかないだろう。しかし、成功した事例の背後には、うま

くいくための見方、考え方、進め方が内包されている。「そのままやってみようでもなく」、「うちは大学がないからできない」とか「うちはPFIは使わないから」のように最終的な取組内容だけをみるのではなく、そこにいたる背景や工夫のプロセスを理解していただくことを企図している。

2. 地域スポーツクラブ活動の指導者確保

(1) 部活動指導員活用の現状

　2021年6月1日現在の中学生の運動部活動加入率は、女子が50.7%、男子が66.6%（公財 日本中学校体育連盟, 2022）となっており、若干の減少傾向にはあるものの、多くの中学生が定期的に運動・スポーツを実施しているといってよいだろう。心・技・体全ての面で成長期にある中学生にとって、運動部活動の指導者の質は、中学時代の競技力の向上のみならず、生徒のスポーツに対する価値観の形成にも影響を与える。この重大な責務をもつ運動部活動の指導者は、多くの場合、中学校の教員が担っている。生徒の多様な一面を理解し、生活指導に活かすことができるという大きなメリットがある一方、「担当している運動部活動の競技経験がない」という競技指導の面や「自由時間や家族との時間をもてない」という教員の働き方の改善という面から、近年多くの課題が指摘されている。

　当然これまでも、指導の質確保と教員の負担軽減という課題を解決するために学校外の人材の活用が行われてきた。2017年には「学校教育法施行規則の一部を改正する省令」により、「部活動指導員」が制度化され、教員でなくとも試合等の単独引率ができる顧問への就任が可能になった。たとえば、大阪市では「大阪市立中学校部活動支援人材バンク（部活動指導員）」に登録（所定の関係書類の提出ならびに論文審査・面接あり）したうえで、学校からの希望と条件が合致した場合に「部活動指導員」として採用されるという流れになっている。当制度は有償での配置が前提となっており、大阪市では1時間当たり2,510円、同一週における勤務日数の上限は平日が週4日、土曜日および日曜日についてはいずれか1日と設定されている。また、1日の勤務時間は、平日3時間、土曜日および日曜日は4時間、月に換算すると60時間を上限にするという決まりである。

　運動部活動の外部指導者について法的な位置づけが明確になったことや、有

償を前提とする規定が進んでいるという点は大きな前進だといえるが、恒常的に一定の人数を採用するという制度ではないため、運動部活動の指導を本業として生計を成り立たせようとすることは、いまだ難しい状況にある。このように指導者人材の確保は資源制約的な状況にあり、それゆえ課題の解決のためには、なんとかやりくりする（＝manage to V）マネジメント力が必要になってくる。ここでは、同じように指導者人材の確保という課題を抱える総合型クラブや地域のスポーツスクールが、地域の諸団体と連携することで、課題（たとえば教員の負担軽減や指導の質確保）の補完にとどまらず、新たな価値の創出を実現している事例について紹介をしていきたい。

(2) 総合型クラブと大学が連携した取組

　本事例は、総合型クラブと大学が連携し、子供たち（ここでは小学生）のスポーツ環境の改善とスポーツに関わる大学生の社会性やスポーツ指導力向上に取り組んだ内容である。

　種目は陸上競技。プログラムに関係する人および団体は、①参加者の児童 ②小学生を指導する大学陸上部の学生と指導内容を監修する大学陸上部顧問の教員 ③施設を提供する大学、それから ④プログラムをコーディネートする総合型クラブになる。年間のおもな活動は、週に1回90分の定期教室の開催、年に2回は元オリンピック選手でもある大学陸上部の顧問教員による特別クリニックが行われる。学生の卒業研究を兼ねた実験・調査に協力した場合は、そのフィードバックを含んだ科学的アプローチの講習会を実施するなど、大学と連携しているからこそできるプログラムが展開されている。

　プログラムを提供する仕組みを整理すると、①総合型クラブが参加者の募集、入退会手続きや会費の管理といった事務作業全般を担い ②参加者は入会手続きや会費の支払いを大学を介するのではなく総合型クラブと行う ③総合型クラブは大学の陸上部と協働してプログラムを作り、同時に大学総務部と施設使用の取り決めについて交渉をする。以上のような調整・交渉により総合型クラブと大学が連携したプログラムが参加者に提供される。では、連携して構築されたプログラムには、どのようなメリットがあるのだろうか。参加者の視点からみると、大会でしか使うことがないような大学の陸上競技場で練習ができること、元オリンピック選手が監修した指導プログラムのもと、現役大学生アスリートによる指導を受けることができるといった点があげられる。また、指導

を担当する学生の多くは、将来保健体育科の教員をはじめスポーツに関連する仕事に関心をもっている学生であることから、定期的に指導経験を積むことができる場は貴重な教育実践の場にもなっている。

(3)一般社団法人のバレーボールスクールと私立高校が連携した取組

　次に、中学生を対象に活動場所と優秀な指導者を同時に提供する私立高校連携型バレーボールスクールの事例を紹介したい。すでに述べているが、中学校の運動部活動では、専門的な指導のトレーニングを受けた経験がある顧問教員は決して多くない。そこで「より上達をしたいという思いをもつ中学生」と「競技・指導経験のない顧問教員」というミスマッチを改善するために工夫された実践が、私立高校連携型バレーボールスクールである。

　プログラム内容はシンプルで、学校のバレーボール部の活動では少し物足りなさを感じている中学生を対象に毎週火曜日と木曜日の19時から21時の2時間、練習の場を提供するものである。場所は連携した私立高校の体育館、指導は当該高校で専門的なスキルをもつバレーボール部の顧問が担当する。事業主体である一般社団法人のバレーボールスクールが、①経験豊富な指導者（顧問教員）と週に1〜2回定期的に体育館を提供してくれる私立高校を探し、交渉する ②指導を担当する高校のバレーボール部顧問教員と指導方針の確認およびプログラムの策定を行う ③参加者募集 ④受付・会費等の事務作業を担い、プログラムが提供される。ここでも連携することによるメリットを整理しておくと、参加者の中学生にとっては専門的な指導者から定期的に指導を受ける機会になっており、中学校の教員にとっては指導負担の軽減につながり、私立高校にとっては、当該地域への社会貢献とあわせて中学生への自校の認知度向上やイメージアップといったPR効果も期待できる。

(4)形式だけの連携から成果につながる連携へ

　昔から、スポーツ活動の実践には「時間・空間・仲間」という環境が必要であるといわれてきた。総合型クラブをはじめとする地域のスポーツ実施団体は、比較的これらの資源を入手しづらい、資源制約的な環境においてスポーツプロダクトを提供しているという特徴がある。上述した事例では、資源制約的な状況を資源を有する地域の諸団体と連携することで乗り越え、さらにはこれまでになかった新たな価値を提示しているプロダクトについて紹介をしてきた。金

銭的な対価が限られている現状においては、スポーツ指導への参加が、将来の仕事につながる機会になっていたり、所属先の認知度やイメージの改善につながることが期待される等、指導者のモチベーションを高めるための要素を組み込む仕掛けづくりが重要になる。実際に指導を行うのは生身の人間であり、形式だけの連携ではなく、成果につながる連携にするためには以上のようなモチベーションを高める工夫が必要になってくるだろう。

3. 活動場所の運用と確保の工夫

(1) わが国の体育・スポーツ施設の現状

　2015年10月1日現在のわが国の体育・スポーツ施設数は、学校体育施設が113,054箇所、公共スポーツ施設が51,611箇所、民間スポーツ施設が16,397箇所、大学・高専体育施設が6,122箇所であり、スポーツ施設の約6割が学校体育施設で占められている。以上より、スポーツ実施に必要な施設を確保していくためには、学校体育施設を有効に活用していくことが考えられるが、すでに屋外運動場の80.8%、体育館の90.4%が地域に開放されており、施設の空枠に余裕がある状況ではない（スポーツ庁，2017）。ここでは、限られたスポーツ施設を有効に活用する工夫や施設を新改築する際にどのような点に留意し、どのような資金調達の方法があるのかについてまとめてみた。

(2) 施設の有効活用事例
① 現場の意識と運営上の工夫

　自校の運動部活動だけでもグラウンドや体育館の練習場所の調整が困難であることは周知のところである。しかし、わずかな工夫でスポーツ実施の場を確保したという事例がないわけではない。たとえば、全国の学校体育施設の開放率は高いが、実際の稼働率はそれほど高くないというケースが比較的多くあることや、学校体育施設の開放の場合、団体での登録を求められるため、登録者数は多い団体だが、実際に活動に参加している人数が少なく、空きスペースが生まれているケースがあるなど、利用状況を正確に把握することで有効活用の可能性を見出すことができる場合もある。
② 施設管理の制度上の工夫

　利用状況を正確に把握し、スポーツ種目に対応した活動場所の確保を行うた

めには、学校・地域・スポーツそれぞれの状況に精通し、マネジメントできる人材や組織が必要になってくる。総合型クラブが「学校施設地域管理業務」（用務員業務等）と「学校施設有効活用事業」（開放運営委員会運営等）を教育委員会から委託を受けている事例では、地域で活動をするスポーツ団体が用務員業務や学校開放を担当することで、参加者数、レベルや種目特性に対応した効率的な活動場所の配置や学校と地域（住民および諸団体）とのコミュニケーション構築に向けた窓口になり得ている。このように学校と総合型クラブとの接点が生まれることで、中学校にはないが総合型クラブにはある種目への参加機会の提供や、今後は中学校と総合型クラブが協働したプログラム作りに発展することも期待できる。

③施設づくりの工夫

　「学校体育施設の有効活用に関する手引き」（スポーツ庁，2020）では、「学校体育施設は、学校教育での利用を主目的として整備され目的外利用として開放が行われているが、効率的な公共施設整備の観点からも、今後新改築・改修を検討する場合には、地域スポーツの場や地域住民のための施設として活用することを主目的の一つとして機能、仕様等を検討する」（スポーツ庁，p7）ことが望ましいと記されており、学校体育施設と社会体育施設等の複合化した設計、運用を検討することが推奨されている。平成19年に中学校を改築した際に学校内の体育館を社会体育施設（市立体育館）として整備した事例がある。整備後、アリーナ部分は授業や運動部活動等で中学校が優先的に利用し、指定管理者となった総合型クラブが空き時間やそのほかのスタジオやカフェ等のスペースを活用し、地域住民を対象としたサービスを提供している。整備計画の段階から学校体育施設と社会体育施設双方の役割を果たすための議論が尽くされており、安全面に配慮した利用時間や動線の分離が工夫されている。指定管理者である総合型クラブが管理運営を行うことから体育館の管理に関する教員の負担が大幅に軽減されていることや、市の財政上も複合化によって大きな効果があったことも報告されている。

（3）施設の資金調達

　学校体育施設の建設に要する費用の捻出は、厳しい財政状況にある国や地方自治体にとって大きな課題である。そこで新改築や改修を検討する場合は、民間資金やノウハウの活用を目的に設定されたPFI〈注1〉の導入を検討すること

も効果的である。平成11年にわが国で初めて義務教育施設にPFIを導入した事例では、当初目標としていた①財政の縮減効果 ②支出の平準化 ③温水プールを含む学校施設の地域開放等に関わる住民サービスの向上の3点において概ね期待していた効果を得ることができたと評価されている。厳しい財政状況において実施された取組として、とくに気になる①財政の縮減効果については、VFM〈注2〉が特定事業選定時の17.3%から契約時には34.6%（事業終了時36.5%）となっており、大きな財政縮減効果を達成していた。(調布市，2017)

　以上の事例や各種データをみていくと、スポーツ活動を実践する場所、それを支える資金の両面で指導者確保のときと同様に、マネジメント資源が限られたなかで難しい「やりくり」を求められている現状であることがわかる。ここで示した取組が、運動部活動地域移行後の地域スポーツクラブにおいて、直接的に活用できるかどうかは各地の状況によって異なるだろう。ただし、資源制約的な状況を乗り越えるために学校の状況と地域スポーツの状況をよく知る人や組織によって生み出された工夫やアイデアは、有効なヒントになり得るものと考える。

　施設の新改築の機会がある際は、中長期的な維持管理に係るコスト縮減の観点からも、たとえば、学校施設と社会体育施設の複合化を検討することは重要である。また、施設の複合化が進む際に、経済産業省「地域クラブ×スポーツ産業研究会 第1次提言」(2021)にもあるような学童保育や塾等の教育産業との連携を図ることで、ジュニア層への多様なサービスをワンストップで提供できる場として、これまでにない新たな価値を創出していこうという発想もこの変革期には求められるのではないだろうか。

4. 地域スポーツクラブのプロダクト

(1) 地域スポーツクラブ特有のプロダクトづくりという視点

　運動部活動の連携・協働の対象として候補の一つにあげられる総合型クラブは、単にスポーツ活動を行う場の創出をめざすだけでなく、スポーツを通して地域課題解決に資するプロダクト作りに取り組んでいる組織でもある。繰り返し述べてきたが、本節の視点は学校運動部活動の地域移行の取組が、教員負担の軽減（これも解決すべき重要な課題であることは前提として）を補完するだけではなく、中学生の多様なスポーツニーズを充たす新たな仕組みづくりや中学生を地

域社会で暮らす生活者としてとらえ、彼（彼女）ら、そして保護者の生活課題を解決するようなスポーツプロダクトを創出するといった、新たな価値を提示したいという思いが込められている。ここでは、総合型クラブや行政と市スポーツ協会が取り組む先進的なチャレンジについて紹介していく。

(2) 地域課題を解決するスポーツプロダクト

　厚生労働省「令和2年版 厚生労働白書」によると、男性雇用者世帯のうち、共働き世帯の割合は66.2％となっている。西村（2020）が指摘する通り、夫婦共働き世帯にとって、子供の放課後時間、とくに夏休み・冬休み・春休みといった長期休みの期間は、保護者が仕事の時間中、だれが子供の面倒をみるのかという問題が生じ、決して小さくない悩みの種になっている。A市に所在する総合型地域スポーツクラブは、このような地域の生活課題を多様な関係者の協働によって解決することを試みている。

　ここで取り上げる「小学生夏休み学習＆水泳教室」という事例は、夏休み期間中の平日に小学校のプールを使用し、地元の大学の水泳部に所属する学生が家庭教師＆水泳のインストラクターとなることで提供できているプログラムである。午前中は、小学校近くの公民館に児童が集まり、夏休みの宿題を行う。大学生は家庭教師役としてサポートする。宿題終了後の午後からは、小学校のプールへ移動して水泳教室が開催される。大学生が今度は水泳のインストラクターとして、子供たちへ指導をする。参加した子供たちは夏休みの宿題を進めることができると同時に、水泳技術の向上も図ることができる。大学生にとってもアルバイト収入を得るだけでなく、将来教員をめざす学生にとっては貴重な教育実践の場にもなっている。このプログラムは当該クラブでパートとして働いている保護者の「あ〜、夏休み、うちの子供家でちゃんとやっているかしら」という一言からはじまったそうである。何気ない日常生活の困りごとを把握し、それをニーズとしてとらえ、プログラム化した事例であるが、地域資源を活用することで保護者が安心して仕事に励むことができる時間を提供することにつながっている。

(3) スポーツ環境の改善に向けたプロダクト

　わが国の中学生の運動部活動参加率は先述したように、女子が50.7％、男子が66.6％（2021年6月1日現在）と高い。生徒、保護者、教員のみならず、社会全

体においてスポーツのもつ教育効果に対する期待と信頼は高く、運動部活動への入部は長い間推奨されてきた。しかし、入りたい種目が学校にない、専門的な指導を受けることができない、一つの競技種目にしぼりたくない、自分の競技レベルやライフスタイルにあった内容や頻度のものがないなど、こんにち、多様化する中学生のスポーツニーズに応えることができているのかという問題が指摘されている。ここでは、以上の問題意識から、多様化する中学生のスポーツニーズに対応しようとする取組について示していきたい。

　B市では、部活動の活動時間など実態を正確に把握し、1年以上の議論を経て「部活動の活動基準の設定」「オフ期間の導入」「全市型競技別スポーツスクールの立ち上げ」「大学との連携による学術的サポート体制の構築」といった取組を実践している。ここでは、「全市型競技別スポーツスクール」に注目した。主催は、学校単位、地域単位ではなく、B市教育委員会とB市のスポーツ協会であり、当市の中学生を対象に19のスポーツ講座（令和3年度）が開かれている。講座は、スポーツに親しむ機会が少ない生徒や学校の部活動にはない種目にチャレンジしたいという生徒を対象とした初心者向けの「体験型スクール」と、より専門的な指導を受けて技術を高めたいと願う生徒を対象とした「競技力向上スクール」の2つのカテゴリーにわかれている。週に1回2時間の講座が多いが、とくに学校にない種目については週に複数回開催される講座もある。これまでの運動部活動では、入部するか、入部をあきらめるかといった選択肢しかなかったが、種目、レベル、志向に応じて選択が可能な仕組みが試行されている。

　総合型クラブは、スポーツを通して地域（生活）課題の解決を志向するという特徴がある。自分の住む町に「あってよかったな」と住民から喜ばれるプロダクトを提供しているクラブの共通点は、地域の事情をよく知っている、理解しているという点があげられる。これから学校運動部活動が学校外の地域に拓かれていくとき、中学生の多様なスポーツニーズを把握するだけでなく、保護者を含めた地域の生活課題の把握、もっと平たくいうと日常の困りごとを知ることで、これまでにない新たな学校発のスポーツプロダクトが生まれるのではないだろうか。

5. 地域スポーツクラブ〈運動部〉運営に求められる マネジメントスキル

　本来、スポーツを行うためには多くのお金が必要である。グラウンドや体育館の使用料、指導者への謝金、道具、民間の企業や団体であれば参加者募集のためのプロモーション費用や管理費にあてる部分も含めて収支を考えていかなければならない。私たちは、学校の運動部活動は基本的に無料で参加してきたわけだが、地域スポーツクラブ〈運動部〉運営の持続可能性を担保するためには、財源をいかに確保していくかを考えていく必要がある。

　これまでは施設や指導者に関わる費用が発生していなかったことから、活動自体にいくらかかっているのか不透明な部分があったが、まずは自分たちの活動にいくらのお金が必要なのか、コストをしっかり算出することが重要である。また、資金の多くは公的資金やそのほかの社会的支援に近い収入が中心になってくるが、このようなお金を得るためには今以上に高いレベルでの説明責任が求められることになる。運動部活動のよさとはなんなのか、運動部活動の社会的価値を関係者以外にも説得可能な形で「みえる化」していくことが、公的な財源を獲得していくうえでは重要になる。たとえば、医療や福祉、スポーツ分野といった公共・社会的な活動の社会的投資効果を客観的に把握するために開発されたSROI（Social Return on Investment）という手法があるが、このようなツールを用いて運動部活動の価値生成プロセス（図1）を共有し、みえる化していくというやり方も考えてよい。

　地域資源を活用してスポーツプロダクトを提供するマネジメント力、学校や地域の関係者とコミュニケーションを重ね、運動部活動の社会的価値をみえる化していくファシリテート力、さらには、公的資金を中心に多様な財源を確保できるファイナンス力が、これから展開される地域スポーツクラブ〈運動部〉において必要とされるマネジメントスキルになってくるだろう。

　スポーツ庁の2023年度の予算では、「部活動の地域連携や地域スポーツ・文化クラブ活動移行に向けた環境の一体的な整備」をめざし、部活動の地域移行等に向けた実証事業に取り組むことになっている。この事業は、関係者との連絡調整・指導助言等の体制や運営団体・実施主体の整備、指導者の確保、参加費用負担への支援等に関する実証事業を実施するものであり、取組例には、コーディネーターの配置も含まれている。総合型クラブでは、過去に「地域スポー

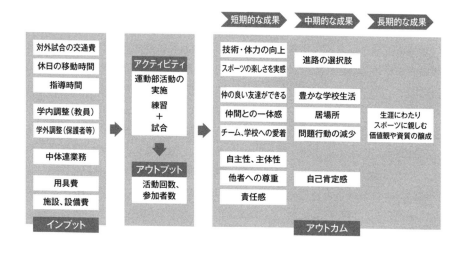

図1 運動部活動の教育・社会的価値を生むロジックツリー試案

ツとトップスポーツの好循環推進プロジェクト事業」において、拠点クラブを設置し、「地域の課題解決への取組の実践」や「小学校体育活動コーディネーターの派遣による支援」等に取り組んだ経験がある。このような経験をもつ地域人材を活かしつつ、目の前の課題の補完にとどまらない、これまでにない新しい価値を提供できる地域スポーツクラブが展開されることを期待したい。

〈注〉
1) PFI（Private Finance Initiativeの略）。公共施設等の建設、維持管理、運営等を民間の資金、経営能力を活用して行う手法であり、国や自治体が実施するよりも効率的かつ効果的な公共サービスの提供をねらいとしている。
2) VFM（Value for Moneyの略）。PFI事業において、支払いに対してもっとも価値の高いサービスを供給するという考え方のことであり、これまでの方式と比べてPFIの方が総事業費をどれだけ削減できるかを示す。

〈引用・参考文献〉
調布市『調布市立調和小学校PFI事業終了時評価』, 2017.
飯田市教育委員会『令和3年度 全市型競技別スポーツスクール』, 2021.
経済産業省『地域クラブ×スポーツ産業研究会 第1次提言』, 2021.

公財 日本中学校体育連盟『加盟校・加盟生徒数調査集計表（令和3年度）』，2022.

厚生労働省『令和2年版 厚生労働白書』，2020.

西村貴之「地域スポーツクラブのマネジメント」，相原正道ほか編『地域スポーツ論』pp81-113，晃洋書房，2020.

大阪市教育委員会『「大阪市立中学校部活動支援人材バンク（部活動指導員）会計年度任用職員」登録者募集要項』，2021.

スポーツ庁『体育・スポーツ施設現況調査（平成27年度）』，2017.04公開.

スポーツ庁『学校体育施設の有効活用に関する手引き』，2020.

田島良輝「地域のスポーツクラブとフィットネスクラブの連携でコミュニティのスポーツ環境を変える」『フィットネスビジネス』107号，pp.69-72，2020.

山本辰生ほか「私立高校連携型バレーボールスクールのプロダクト構造と事業モデル」『大阪経大論集』71巻1号，pp109-131，2020.

6-3

地域スポーツクラブ〈運動部〉活動を支える団体・組織のマネジメント

谷口勇一

1. ようやく動き始めた学校運動部の地域スポーツクラブ化動向

　学校運動部活動には数多くの課題が長年にわたって山積してきた。たとえば、生徒のやりたい種目が学校運動部には存在しないケース、仮にやりたい種目があったとしても指導者（顧問教員）の専門的な指導能力が不足しているケース、さらには専門的な指導が受けられない生徒たちのスポーツ離れ等である。また近年では、とくに団体種目をやろうにも部員の数が足りないケース、さらには、学校運動部の指導に当たる顧問教員たちをめぐる過剰な負担も問題視されてきた。もちろん、適切かつ良好な学校運動部活動が展開されている事例も存在してきた（いる）わけであるが、上記した学校運動部を取りまく課題を踏まえると、とくに中学校の学校運動部活動は、生徒たちにとって「当たりはずれ」のある状態のまま放置・継続されてきたのである。筆者もまた、中学校時代の学校運動部活動は「はずれ」であった。顧問教員の専門的指導能力はお世辞にも高いものとはいえず、また、体罰をともなった理不尽にも近い指導にも接してきた。「途中退部をしたら母親に激怒されるに違いないから我慢して最後までやるしかない。でも高校からはもう部活（スポーツ）はやらない」と思い続けていたものである。ただし、筆者の場合は「運よく」高校からは違う種目で良好な学校運動部活動に関わることができた。

　さて、このような筆者の問題意識は、「とくに中学校運動部の運営形態はなぜ学校外の地域スポーツクラブとの連携・協力体制の構築に向かわない（向かえないのか）」という、学校運動部の地域スポーツクラブ化の阻害要因の検討にある。その思いは今世紀に入って盛んに取り組まれることになった総合型クラブ育成の全国展開への期待感を高めることにもなった。「これを契機として学

校運動部の地域スポーツクラブ化に向けた動きは急速に進展をみることになるのでは」との思いを強くしたが、現実にはそうはならなかった。

　各種のフィールドワークおよび調査研究活動のなかで見出すに至った学校運動部の地域スポーツクラブ化の阻害要因は、学校・教員および教育・スポーツ行政の意識に起因する可能性が高いというものである。つまり、生徒数の減少にともない生じてきた学校運動部の存続危機、顧問教員の過剰な負担等といった学校運動部を取りまく各種の課題を「当事者」である学校・教員、教育・スポーツ行政は明確に認識しながらも、具体的な改善策を見出すことができないまま、学校運動部の運営方針をめぐる「改革と踏襲をめぐる躊躇いの常態化」(谷口, 2018) という教員・行政文化に甘んじ続けてきたからである。いい換えれば、学校・教員および教育・スポーツ行政においては、学校運動部を取りまき数多く存在してきた（いる）各種の課題解決の必要性を十分に認識しながらも、極論すれば、各学校もしくは各自治体独自での具体的な改革を実際の動きとして起こすことはなく、むしろ、国レベルでの抜本的な「学校運動部改革をめぐる具体的指針」を切望するような、いわば「待ちの姿勢」に終始してきたことに原因が見出せる。

　スポーツ庁は、ようやく中学校の学校運動部をめぐる地域スポーツクラブ活動化に関する具体的指針を提示することになった。学校運動部の運営形態を取りまく「改革と踏襲をめぐる躊躇いの常態化」に終始してきた学校・教員、そして、教育・スポーツ行政は学校運動部の「改革」に向けた気運の高まりをみることになるのだろうか。「学校運動部のあり方はこれまで通りの形態を踏襲してもよいのではないのか」との意識を少なからず抱き続けてきた教育・スポーツ行政に潜んできた「躊躇い」の文化はそう容易に払拭される代物ではないのかもしれないとも考えられる。

2. スポーツシーンにおける「マネジメント」の考え方

　学校運動部の地域スポーツクラブ化を進めていくにあたっては、既存の団体、たとえば、総合型クラブとの関係の構築および「総合型クラブのなかの『運動部』パートを構築する」動き方こそが肝要となろう。と同時に、既存の中学校運動部活動を「地域スポーツクラブ化」することで、結果的には学校運動部機能の再生をめざすという動き方があってしかるべきなのでは、とも考えられる。

学校運動部の地域スポーツクラブ化の実現に向けては、生徒のスポーツ関与者相互の連携協力関係の構築が不可欠となる。「すべての子供たちにとってより良好なスポーツ環境を創造するための働きかけ」こそが、こんにちのわが国におけるスポーツ界の最重要課題であることはだれもが納得するであろう。そのために不可避となる能力こそが「マネジメント」であることもまた、スポーツ関係者の多くが理解できるはずである。では、「マネジメント」能力とはどのように理解すべきなのだろうか。「マネジメント」とは「経営」という日本語訳となる。「経営」という言葉は、総合型クラブをはじめとした集団・団体・組織、さらには企業等を「良好に運営し発展させる働きかけの総体」という意味合いに集約される。しかし、学校の教員という教育者もまた「経営」者にほからないという発想も大切であろう。なぜならば、学級担任は「学級経営」者であり、校長・教頭といった管理職は「学校経営」者にほかならないからである。このように考えれば、「経営（者）」という言葉に求められるべき意味合いとは、「自らが対象とする者をその気にさせていく働きかけの総体」に見出すべきなのである。「やりたい種目が学校運動部にはない」「専門的な指導を受けられない」といった事情を抱えてしまっている学校運動部を取りまく生徒の事情を踏まえたとき、教員もまた「自らが対象とする生徒たちをその気にさせていく『経営的』な働きかけ」が志向されなければならない職種であるといえる。いい換えれば、学校の教員に求められるマネジメント・スキルとは、「学校資源だけで子供たちのニーズに応えられない状態であるならば、ときとして学校外地域の各種資源の活用が積極的に検討できる能力」にほかならないのである。

　実はすぐれた教員は無意識的に各種のマネジメントを発揮し、良好な教育活動を営んでいるといわれる。スポーツ指導の場面に焦点化すれば、運動部顧問教員のなかには、自らの不足しているコーチング能力を補うために教員以外の専門指導者に教えを乞うことを積極的に実践する者もいるし、日常の指導のマンネリ化を防ぐ目的から積極的に他校や他校種（中学校と高校間等）との合同練習の機会を設定し、絶えず自らのコーチングに反映させようと努力する。つまり、スポーツ指導における「マネジメント」とは、指導者自身の「自己概念崩しの連続技」であるとともに、ひいては「自己批判」、さらには「たゆまぬ向上・向学心」に通じているのである。全ての教員がそのようなマネジメント・スキルの保有者であれば、「部活動の地域移行」のような発想自体生じてくることもなかったのであろうが、現実の学校現場の事情はそうはなり得ていない。今

回の学校運動部の地域スポーツクラブ化に向けた動きに接することとなった学校および教員は、学校外の地域スポーツ関係者等との接点をもつことにともない、これまでは気づくことがなかった教員としての新しいマネジメント・スキルの獲得が可能になるだろう。そこにこそ、今回の学校運動部の地域スポーツクラブ化動向の「価値」を見出すべきなのである。

3. 教員および教育行政に求められる新しい働き方

　全国的な育成展開が開始されて早や20数年を経過した総合型クラブにおいても、学校運動部との協働関係、もしくは学校運動部を中核とした総合型クラブ展開を成功させてきた事例は少なからず存在する。そのような「成功」事例のキーパーソンの多くが学校の教員であることに注目すべきであろう。ただし、「成功」事例に関与および主導してきた教員の多くは、学校内外において数多くの「苦悩」に直面してきていることも事実である。筆者は学校運動部の総合型クラブ化に関与してきた教員へのヒアリング調査を数多く行ってきたが、次の共通項を見出すようになった。学校運動部の総合型クラブ化に着手し「成功」させた教員は、①学校内におけるほかの教員とのせめぎ合い——学校運動部は学校教育の一環であり学校外活動にすべきではないとの意向をもつ教員との「衝突」機会を経験しつつも、それを乗り越えてきた「打たれ強い信念のもち主」であるということ、②教員という立場でありながらも地域スポーツに対する関心度が高く、学校外地域の各種資源——人的・物的・制度的な動員の手法を心得ているケースが多いこと、③だれとでもすぐに親しくなれ、なおかつ、他者からの批判に対して真摯に向かい合える性質を有していること、④そしてなにより、全ての生徒のスポーツ活動が良好になること」を心底願っていること、などが特徴である。さらに、⑤学校に存在する「教員文化」に馴染めず、むしろ、馴染まないように自ら努めているケースもあること、という点もあげられる。なかでも、⑤に関しては、異動がともなう教員という職業に限界を感じ、総合型クラブのマネジメントを優先させるために定年を待たずに職を辞めた者さえ存在する。

　学校に蔓延してきた「教員文化」とはいかなるものなのだろうか。教育学者の永井（1977）は、「教員文化の根底をなしているのは、『同僚との調和を第一にする』こと」であるとし、学校においては「個々の教員の独創性を活かす余

地もまたほとんどなくなるのは当然」であると論じている。学校運動部の運営
形態を取りまくこれまでの学校における教員文化とは「諸々の課題が存在して
いることは自覚しているものの、ほかの教員たちも我慢しながら指導に当たっ
ているのだから独自の動き方は控えた方がよいだろう」という類に見出せよう。

　筆者が実施した中学校運動部顧問教員対象の調査研究結果（n=894）によれば、
「部活動は地域へ移行させるべき」という回答が40.4％であり、そう回答した
教員たちにより踏み込んで「部活動が地域移行した場合、自らもそこに関与す
るか」という質問に、62.3％が「なんらかの形で関与したい」と回答してい
る（2021年調査）。ただし、「なんらかの形で関与したい」にも躊躇いの意識が
存在していることも事実である。自由記述のなかでは「自分は専門的に部活動
の指導をしてきたこともあり、地域に移行したとしても指導に関与し続けたい。
しかし、そうなると今以上の多忙さ、そして、ほかの教員に自分の分の職務の
負担を強いてしまうのかもしれないと思うと不安がある」「最近、部活動の地
域移行の話題が出てきて、教員が地域の活動に指導者として関与する際は兼業
扱いにするとの条例や法律が整いつつあると聞き及んでいる。しかし、本職は
あくまでも学校の教員なのであり、時間外に地域で生徒たちのスポーツ指導を
したとしても、勤評（勤務評価）にはなんら反映されないわけで、割りが合わ
ないかなという思いもなくはない」といった回答が得られた。ちなみに、当該
調査における「学校運動部は学校・教員が担っていくべきである」との回答率
は31.0％であったことを付記しておきたい。

　なかでも上記の自由記述の回答における後者の内容に関しては、今後、教育・
スポーツ行政に求められることとなるマネジメント内容を示唆していよう。教
育現場における諸改革の実践時の成否について論じた教育社会学者の久冨
（2008）は「その仕事の直接的で主要な担い手が教師たちである以上、それは
この人（教師）たちの仕事が効果的にそこに生きるかどうかということに重なっ
ている」と論じている。久冨の主張を学校運動部の地域スポーツクラブ化にお
き換えると、「これまでの部活動指導の主要な担い手が教師たちであった以上、
学校運動部が地域スポーツクラブ化した際、自らもそこに関与し、指導に当たっ
たとしても、教員という基本的立場からすれば、その営みは効果的に自らの職
務評価に生かされるわけではない」といった意識を惹起させてしまう可能性が
高いといえよう。

　学校および教育行政においては、今後、地域スポーツクラブ化することになっ

た際、そこに関与し、指導を希望する教員への「待遇」や「優遇措置」を早急に明文化し履行することも考えられるべきであろう。なぜならば、学校運動部が地域スポーツクラブ化した際、そこに学校の教員が指導者として存在するか否かはきわめて大きな「セールスポイント」になり得るからである。だれにとっての「セールスポイント」なのかといえば、それは、当該地域の中学生にほかならない。中学生はもとより多くの子供たちにとって学校の教員の存在はよくも悪くもきわめて大きい。なかでも、教員に指導を受け、褒められることで学校生活に対するやる気を上昇させ、健やかな心身の状態を獲得することになっている生徒が数多いことを忘れてはならないだろう。この点から、地域スポーツクラブ化したとしてもなお、「学校教育にも通ずる」しくみ——クラブマネジメントは不可欠であるといえよう。そのようなしくみのなかでスポーツ指導に当たることとなる教員においては、新しい教育観、さらには新たな環境でのスポーツ指導を通じた学習機会を得ることになるはずである。教員という職業人は「教えることを通して学び続ける人たち」なのであり、その貴重な学習ツールの1つが既存の学校運動部指導でもある点に留意しておくべきだろう。

　長きにわたって存続してきた学校運動部に強い影響力をもってきた保健体育教員は今こそ、自らが指導している部（チーム）のコーチングに終始することなく、「部活動の地域移行」動向（政策）に真摯に向かい合い、主体的に学校内の教職員ならびに地域スポーツ関係者等とのネゴシエート（交渉）機会を創出し、真のスポーツマネジメント・スキルを発揮・獲得してもらいたいと考える。

4. 地域スポーツクラブ組織構築に向けたマネジメント

　では、学校運動部の地域移行にともなう地域スポーツクラブはどのようにして構築できるのだろうか。その際、「受け皿」としての団体・組織は、本書において何度か取り扱っているように、総合型クラブ以外にも、スポーツ少年団、民間事業者設置のスポーツクラブ、プロスポーツ団体、地域学校協働本部等多様に存在している。各都道府県においては、スポーツ庁からの具体的な「部活動の地域移行に向けた方策」を受け、社会実験的に既存の総合型クラブをはじめ上記した各種の団体・組織等による学校運動部機能の受け入れ可能性を模索し始めている。筆者が勤務するZ県においては2つの総合型クラブを対象とし、「学校部活動改革サポート事業（運動部活動の地域移行「調査研究」）」（以下「調査研

究事業」と記す）が2021（令和3）年度より実施されている。

　調査研究事業の実践事例となった2つのクラブ関係者に対し実施したインタビュー調査からは異口同音に次のような発言が得られた。「県の教委育委員会も学校も総合型クラブも悩みだらけ…。とくに県教育委員会の姿勢が今のところ曖昧だから学校も曖昧…、部活動の地域移行は教員の働き方改革のためではない。子供たちのためという私たちクラブの思いだけがこの事業を支えているといっても過言ではない」。

　上記した調査研究事業クラブの1つは、旧来から中学校運動部を中核とした総合型クラブ展開を実践してきた経歴をもっている。ただし、当該クラブにおいては、クラブ活動中の事故が発端となり、一度は学校運動部との関係を解消してしまった。しかし、クラブマネジャーであり、当時、中学校の保健体育教員であったA氏は、クラブマネジメントに専念すべく定年を待たずして教職を辞した「気骨溢れる」方である。A氏は、このたびの調査研究事業以前より地道にクラブの主要な活動範囲（中学校区）内外の中学校運動部との連携協力関係を再構築されてきたこともあり、本事業への関与を契機として「県内すべての中学校区にうちのような中学生をはじめとした子供たちが良好に活動できるジュニアスポーツクラブを創出していこうと思っています。県の教育・スポーツ行政の動きを待ってはいられない。教育・スポーツ行政の担当者は異動がともなうので本気で新しい動き（政策）に向かい合うことができない。僕も教員だったから彼らのことは責められない。ある意味しかたがないこと。むしろ、これを契機に総合型クラブ関係者が学校運動部を全面的に受け入れる体制を整えてみようと思っています」（A氏）。

　学校運動部の地域スポーツクラブ化に向けた動きは、自治体ごとに試行錯誤の最中にあり、その方法論も多様に存在していることであろう。ここでは、Z県の具体的アクションプランを紹介したい。

＊

　図1は、Z県における「部活動の地域移行に向けた地域ジュニア文化スポーツクラブ育成振興会（仮称：学校文化部活動の受け入れも想定されている）の構想モデルである。現時点ではモデルであるが、本書が刊行される頃には、ここに記した組織および地域スポーツクラブの展開が実践されているだろう。

　Z県ジュニア文化スポーツ育成振興会は、A氏ならびにもう1つの調査研究事業実践クラブ関係者B氏の2名が構想し、各方面関係者への熱意溢れる趣意説

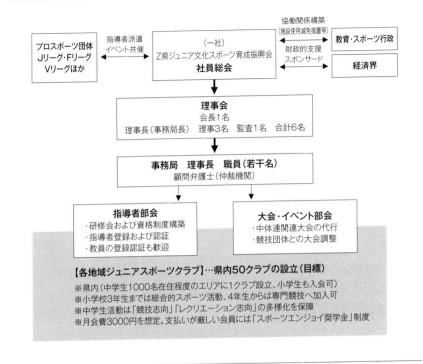

図1 Z県における部活動の地域移行に向けた地域ジュニア文化スポーツクラブ育成振興会構想

明および説得により21名の発起人を得ている。その構成員としては、県ならびに市議会議員、経済界有志（いずれも社長）、プロスポーツ団体関係者（いずれも社長）、総合型クラブ関係者、スポーツ少年団関係者、県内スポーツ学会関係者、そして、元中体連ならびに元高体連会長等である。近い将来、民間事業者設置のスポーツクラブ関係者にも参加依頼を行う予定である。筆者は県内スポーツ学会関係者として名を連ねているが、この実践はボトムアップ的な地域スポーツクラブシステム創造に向けた壮大な社会運動（ソーシャル・ムーブメント）といえよう。すでに経済界ならびにプロスポーツ団体からの財政支援および各クラブ活動時のスポンサードに関する仮契約はできているし、なによりの「売り」は、月会費3000円を想定しているものの、経済的に困窮する家庭の生徒の会費は振興会からの「スポーツエンジョイ奨学金」制度の適用が検討されている点であろう。

「教育・スポーツ行政との共同作業による実践が理想だけど、地域、いや、民間っていおうか、そこの動きに後から行政が応援してくれるっていう形があってもいいでしょう。そういう動きが日本の地域スポーツ界でたくさん起こってこないとだめだよ」(A氏)。

　繰り返すが、今後の地域スポーツクラブおよびそのシステム化の創造をめぐるマネジメントの方法論は多様に存在するのであろう。なかでも、A氏、B氏の2名が起こしたZ県における社会運動(ソーシャル・ムーブメント)は、学校運動部の運営形態をめぐる「変革動向からの回避志向性」(谷口,2014)に終始してきた教員・行政文化によい意味での「動揺」をもたらすに違いない。

　Z県にみられるような、総合型クラブ、スポーツ少年団、民間事業者設置のスポーツクラブ等による学校運動部の「受け入れ」にあたってのマネジメントはどうあるべきなのか。学校運動部の地域移行が動き始めたとき、おそらくは少なくない数の教員が指導スタッフとして関与することになるであろう。教員、なかでも保健体育教員はスポーツ指導の専門家であり、地域スポーツクラブに関与するケースが生じた場合、「大切にしなくてはならない」スタッフになるに違いない。教員以外の地域スポーツクラブに関与するスタッフは「教員をその気にさせる」ためのマネジメント——配慮と心配りに注力してもらいたい。そのことによって、教員は地域スポーツクラブでの指導で得た子供たちの個性——長所と短所等を見きわめ、学校教育にも適切に反映することが可能になるであろうし、また、そうなれば、学校全体が地域との協働関係に基づく生徒指導の可能性を模索し始めるに違いない。

　学校運動部の地域スポーツクラブ化に向けた社会運動(ソーシャル・ムーブメント)は、スポーツによる生徒指導を学校・地域協働で行っていくといった新たな「シーン」にこそその真価を見出したいものである。

5. 地域スポーツクラブ化の先に見出すべき学校のゆくえ

　筆者があるスポーツ関連会議に出席した折のこと、学校運動部の地域スポーツクラブ化——「部活動の地域移行動向」について説明をした教育・スポーツ行政担当者からは「まさにスポーツ界における100年に一度の大改革にほかなりません」との言葉が発せられた。確かにその通りなのかもしれない。しかしながら、100年「も」変わらなかった学校運動部を取りまく制度を軽々に無く

してよいものなのであろうか。生徒の学力向上は塾任せ、次は、体力向上およびスポーツ文化の伝承作業は地域任せ、となったとき、学校（中学校）にはいかなる存在意義を見出すことができるのだろうか。

　学校運動部の地域スポーツクラブ化に向けた動きは、こんにちのわが国における社会構造（人口構成等）や教員の過剰労働といった諸事情を考えれば「当然の動き」であり、また、「ようやくそのような動きが本格化することになり得た」との理解こそが妥当なのであろう。おそらくは、生徒たちの進路選択の自由度が保証されている高校の運動部活動は当面の期間、変わらないまま推移するのであろう。だとしたとき、「中高一貫教育」の重要性が叫ばれつつある昨今の教育政策のなかで、課外活動としての運動部のあり方はどう整理されることになるのか。つまりは、学校運動部の地域スポーツクラブ化動向には、山積してきた課題の解決可能性とともに、新たな課題創出の可能性をも包含されているとの「目」を保持し続けておきたい。

　と同時に、先述した中学校運動部顧問教員の調査結果をみると、31.0％の教員が「学校運動部は学校・教員が担っていくべきである」と回答している事実を見過ごしてはならないのではないか。今世紀に入って本格的に取り組み始めたわが国における総合型クラブ育成構想は、全国の自治体スポーツ行政および地域スポーツ関係者に対して、大きな動揺、葛藤、ディレンマ——「揺らぎ」（谷口，2010）を生じさせた。現時点における総合型クラブの全国的な育成率は100％に到達していないし、各総合型クラブの運営・経営形態はまさに多様なものであり、「各地域事情に応じたクラブマネジメントを模索し実践できればそれで十分に意味がある」との「評価観」に落ち着いている。こういう現実に対峙するとき、今回の学校運動部の地域スポーツクラブ化動向においても、総合型クラブ育成展開時と同様の「揺らぎ」が数多く生じるに違いない。それでよいのではないだろうか。すなわち、学校運動部の地域スポーツクラブ化に向けた議論および試行錯誤の末に「うちの学校（地域）はこれまで通りの学校運動部の形態を存続させます」といった事例が出てきても構わないのである。そのような柔軟な議論・検討・模索および実践のなかから、各地域（中学校区）における新たなジュニアスポーツシーンが多様に出現すれば、それだけで十二分以上の意味と価値があると考えられよう。

　かれこれ30年前のこと、筆者は院生時代に執筆中の論文の方向性について悩み続けた末、指導教員であった故荒井貞光先生（元広島大学）と下記のような

やりとりをしたことがある。「子供たちのスポーツシーンを原点回帰的に考えたとき、その場は、学校運動部活動ではなく地域のしかるべきスポーツ環境にこそ見出すべきだとの思いに至りました」と。それを聞いた荒井先生は「ちっとも面白くねえな。そんなことだれでもいってるじゃないか。僕が若い頃に書いた論文の一つにもその手の内容のやつがあったんだぜ。でも、いまだに変わってないじゃないか。原点回帰の発想が逆だろ。子供のスポーツは学校でしっかり担うって方向で書けないの？」と問い返された。

　本節を執筆しながら思う。荒井先生のご指摘には未来予測的な本質があったのではなかろうかと。運動部活動が生徒と教員にもたらす教育的有益性はきわめて大きい。筆者は、叶うならいつの日か運動部活動を取りまく地域移行動向にある程度は同調しつつも、学校への再移行（「原点回帰」）の事例を実践研究活動に基づき創造してみたい。中学生の頃の筆者が抱いた「おれの部活、はずれやん…」と思う生徒が一人も生まれないことを夢想しながら。

〈引用・参考文献〉
久冨善之「教育改革時代の学校と教師の社会学」，久冨善之・長谷川裕編『教師教育テキストシリーズ　教育社会学』pp.179-194，学文社，2008．
佐藤学「教師と教師文化　教育社会学の立場から」，稲垣忠彦・久冨善之編『日本の教師文化』pp.21-44，東京大学出版会，1994．
谷口勇一「『揺らぎ』の存する場所　コミュニティ形成が期待される総合型地域スポーツクラブ育成をめぐって」，松田恵示・松尾哲矢・安松幹展編『福祉社会のアミューズメントとスポーツ　身体からのパースペクティブ』pp.187-201，世界思想社，2010．
谷口勇一「部活動と総合型地域スポーツクラブの関係構築動向をめぐる批判的検討　『失敗』事例からみえてきた教員文化の諸相をもとに」『体育学研究』59巻2号，pp.559-576，日本体育学会，2014．
谷口勇一「地方自治体スポーツ行政は部活動改革動向とどう向かい合っているのか　総合型クラブ育成を担当した元指導主事の意識からみえてきた行政文化の諸相」『体育学研究』63巻2号，pp.853-870，日本体育学会，2018．

これからの
地域スポーツクラブ〈運動部〉活動の
参考実践

1 学校部活動と地域活動との
融合型部活動の実践
渡邊優子

2 民間企業体による部活動支援
石塚大輔

3 学校と行政、民間による連携
豊岡弘敏

4 大学との連携による
新しい地域スポーツクラブ〈運動部〉活動の試み
藤本淳也

7–1

学校部活動と地域活動との融合型部活動の実践

渡邊優子

　新潟県村上市のNPO法人「希楽々」は、2000年の文部科学省モデル事業として翌年から準備に取り組み、2003年に設立し、2023年に20周年を迎えた。本節では、運動部活動の地域移行を考えるきっかけになることを願って、希楽々の20年の歩みを報告する。

1. 希楽々がめざす公益性

　生涯スポーツ社会の実現に向けて、2010年までに全国各市町村において少なくとも1つは総合型クラブを育成するという施策のもと、各都道府県では設置率を競い、総合型クラブが量産された。多種目、多世代、多志向、自主運営、住民参画をめざしていくなか、財源が途絶え、存続が厳しくなったクラブがある一方で、安定した運営を持続するためにエリアマネジメント、多分野連携など地域での存在認知に取り組むクラブとの二極化傾向が明らかとなった。こうした背景の下、2017年の第2期スポーツ基本計画では、総合型クラブの質的充実が明文化され、量から質へとシフトすることになった。

　そのような状況のなかで、新潟県のスポーツ振興プランでは、総合型クラブを、地域スポーツの推進拠点として、地域連携の結節点と位置づけ、希楽々を公益性のある組織として認知していただいたものと考えている。

　2022年度より、総合型クラブの「登録・認証制度」が運用開始となった。この制度は、総合型クラブが行政等とパートナーシップを構築し、公益的な事業体として永続的に充実した活動を行えるようにするための仕組みである。登録に際しては、活動実態や運営実態、ガバナンス等について一定の要件を満たすことを基準としている。筆者は今、総合型クラブがこの登録・認証制度を活用し、総合型クラブの公益性を担保する好機であると考える。

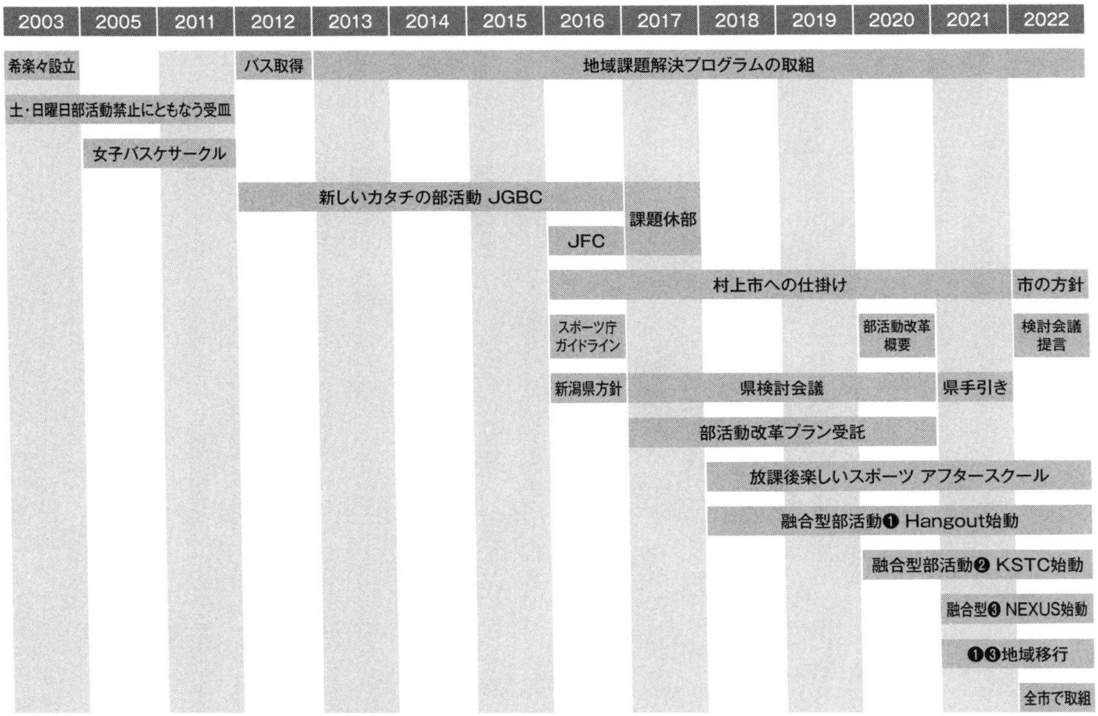

図1 希楽々の20年の歩み

希楽々の設立はモデル事業とはいえ、望まれた環境ではなかった。金なし、人なし、風も吹いてはいなかった。しかし、このなかで、楽しさ・自発性・創造力・地域のマンパワーが生まれ、ポジティブシンキングすることができ、たくましいクラブに育っている。2010年に大きなターニングポイントがあり、弱者に対してできること、地域で困っていることに取り組む必要性に気づき、希楽々のこれから進む道を再確認し、「地域課題解決」の取組を開始した。2014年にマイクロバスを取得してから、下記に列挙する地域課題解決プログラムがスタートした。

○放課後の居場所「アフタースクール」
○買い物支援「ささえ隊」
○高齢者の社会参加プロジェクト
○商業施設活用プログラム「おでかケア」
○障害者の放課後「きららタイム」
○新しいカタチの部活動 (後述)

　行政とは協働を図り、総合計画やスポーツ振興計画、教育基本計画にも「総合型クラブ」の役割を明文化していただき、財政基盤の確立と健全財政の堅持、政策的合意形成など、総合型クラブを「パートナー」としてとらえていただいている。2011年から体育施設9施設、2017年からは学童保育所および子育て支援センターの指定管理も受けている。そのほか、市内全小学校の体育支援や地域包括ケアシステムの構築を目的として、市から「小学校体育支援事業」と「生活支援コーディネーター業務」を受託し、地域で安心して暮らせるまちづくりをめざし、地域のニーズとサービスのマッチングにも取り組んでいる。

　こうして、無風だった地域で希楽々を、地域で必要な存在として他分野から認知していただいた、と感じている。2022年、常勤職員が15名、パート職員が30名、会員は1020名と大きな家族となった。多分野と連携を図り、地域課題に取り組むことで、「公益性」と「経営体」を確立することが大切であると考えている。

2.「新しいカタチの部活動」の試み

　2003年、市内中学校校長会での決定によって、土曜日と日曜日の学校の部活動が禁止となった。それにともない、設立間もない希楽々はスポーツ活動の

受け皿となる。それは今の運営団体としてではなく、単に事務局としての機能しか備えていなかった。

　2005年度から、学校の部活動にない種目「女子バスケットボール」を希楽々のサークルとして作った。ミニバスで頑張ってきた小学生たちが，中学生になっても活動できる空間をなんとか用意したい、との一心であった。

　2012年当時、部には多様な課題があった。土曜日曜の活動など、部活動の位置づけが不安定で、また生徒数の減少にともなう既存部活動の存続危機があり、廃部となる部活動も少なくなかった。そのため、希望の種目を選択できず、スポーツを選択する生徒数が減少した。専門指導のできる教員の不在といった不安定な環境があり、グレーな保護者会活動も活発に行われていた。

　村上市には旧市町村単位で5地区あり、そのなかの神林地区には2つの中学校がある。両校とも学校部活動は4種目、男女別で考えると実質2種目からの選択であった。そのようなときに、学校部活動にない種目、バスケットボールをやりたい女の子たち、新設してほしいと懇願する保護者……、しかし学校側としては生徒数、教員数、場所を考えると新設は難しく……。学校・保護者・希楽々の3者による話し合いの場を設け、"部活動に準ずる活動"として学校が認め、希楽々の管理下で活動することで合意形成をすることができた。筆者は「新しいカタチの部活動」とネーミングし、このときに、これからの新しい形をイメージした。

　2013年度、「新しいカタチの部活動」が始動した。女子バスケットボール「JGBC」が希楽々管理下で、週2日から2つの中学校12名でスタートし、その後、週4日、3つの中学校17名に増えた。もちろん財源はなく、受益者からの月謝と不足分は希楽々で負担をし、運営した。部活動に準ずる活動なので中体連の大会には各学校名で参加できた。また、学校部活動にはない効果があった。希望の種目ができる、学校間での交流ができることはもちろんだが、生徒たちが希楽々のイベント等にボランティア参加する姿が見られ、多世代交流を通して社会性やマナーを学ぶ機会となり、自主性の芽生えなど変化がみられたのである。新しいカタチだからこそ、生まれた効果だろう。

新しいカタチの部活動「JGBC」

この新しいカタチも4年間活動をしていくなかで、さまざまな課題が明らかになった。部活動ではないものを選ばない、「どうしてもこれがしたい」と思う生徒が減少したこと、低年期に楽しいスポーツを体験してきていないのか、スポーツを選択しない生徒が増えたこと、「この新しいカタチは内申書にどう評価されるのか」と不安になる保護者、また既存部活動への影響を考え、広く案内してくれるなという広報制限などが生じた。その結果、「新しいカタチの部活動」は休部という状況になった。

3. 第3の道としての「融合型部活動」

同時に、スポーツ庁のガイドライン作成に関わる好機会があり、筆者は「持続可能な運動部活動」を見すえた多様なニーズに応じた部活動運営のあり方に着目し、新しいカタチの部活動の実践から、学校と地域の「融合型」という第3のプランというイメージと、総合型クラブがコーディネーターという役割を担うという意見を述べ、ガイドラインに「学校と地域が協働・融合した形」と明文化していただいた。

2017年、新潟県の「部活動在り方検討会議」にも参画させていただき、この「融合型」について説明し、県のガイドラインでも「協働・融合した形」を明文化していただいた。

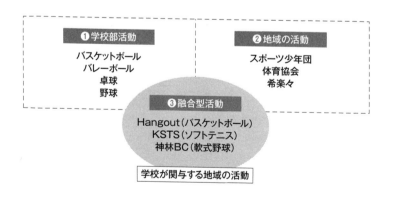

図2 融合型部活動のイメージ

村上市でも部活動の課題があるにも関わらず、話し合いの場もなく、新しいカタチの部活動を実施していても関心をもってもらうことはなく、希楽々から仕掛けを始めた。2016年度、「第2次村上市教育基本計画」の策定に関わり、新規事業として中学校部活動の運営方法等を学校と地域が合同で検討する機会の創出を提案し、翌年に「村上市部活動在り方検討委員会」が設置され、そこで「学校と地域の協働・融合」について説明をし、方針に明文化されたが、「融合型」についてのイメージは伝わっていなかったように思う。

(1)部活動改革プラン1年目の展開

　2018年度、スポーツ庁の「部活動改革プラン」に申請をした。これは、「運動部活動の在り方に関する総合的なガイドライン」（スポーツ庁，2018）を踏まえた部活動に関する実践・調査・実証研究であった。

　初年度はNPO法人として申請することができなかった。しかし、「融合型」を実践するためにどうしても財源が必要であったので、構想および申請書類を全て作成し、教育長に申請依頼を行い、市として申請そして採択となり、市から再委託という形で事業展開することができた。

　中学校区の「学校と地域の融合型部活動検討会議」を設置し、2つの中学校長との意見交換を行った。また、校長先生、行政を先進地視察に連れ出した。次年度より2つの中学校が統合し、新しい中学校としてスタートするタイミングでモデル事業を実施することができた。そのためのコーディネーターの必要性も認知していただいた。中学校の校長とは「部活動とは」という根本の部分をめぐって意見が衝突し、大喧嘩になった。部活動改革は表面だけ整えてもいずれ、ひび割れを起こす。本音でぶつかり合えたことで、この先生とは真の関係を築くことができ、これからの融合型旋風に大きな味方となっていただいた。

(2)部活動改革プラン2年目の展開

　2019年度、部活動改革プランの2年目は、NPO法人の希楽々として申請ができた。そして採択となり、昨年度の成果を引継ぐとともに新しい取組を実践した。

　コーディネーターを配置し、「神林中学校区融合型部活動運営協議会」を設置、定期的な会議を開催した。部活動顧問・スポーツ少年団指導者・体育協会・保護者・希楽々をメンバーとして構成し、「融合型」についての説明から行った。

しかし、まだ国の部活動改革方針も出ていないなか、なんのために、なにをするのかなど理解を得られず、行政の主導力もなく、初戦は大惨敗であったといえる。

種目別ワークショップ

会議後、前述の校長先生と2人で反省したが、同時にこの校長先生と筆者は同じ道に向かって歩いている、という安心感も芽生えた。2回目の運営協議会では、この大惨敗からの挽回を図って「種目別ワークショップ」に取り組むことに。全体で討議を行うと、出てくるものが愚痴やマイナスばかりになりがちであった。

そうであるならば、1つのテーブルを囲んで1つの種目について異なる立場同士、同じ子供のことを話し合ってみようと考えたわけである。これが功を奏して、建設的な意見交換の場になった。

その結果、会議後1ヶ月で、融合型第1号となるバスケットボール空間「Hangout」が誕生し、始動した。このとき描いた「学校部活動は週3日に」という構想が今は実現されている。

そのほか、中学生および保護者を対象とした実態調査、小学4～6年生および保護者を対象とした意向調査を行った。この調査で、部活動に求めることが変わってきていることがわかった。すなわち、「上手くなりたい」から「楽しみたい」に変換してきているのである。こうした意識の変化を踏まえて、「中学生にはこんなに楽しく多様なスポーツ空間が待っている！」というチラシを作成し、啓発活動も行った。また、指導者の意識改革を目的とした講演会やスキルアップ研修会の企画、新潟医療福祉大学の協力を得て指導者育成プログラム研修会の実施に取り組んだ。

年度最後の会議では、大惨敗から始まった運営協議会メンバーの評価調査を行い、今年度の活動が地域、学校、生徒保護者にとって必要な活動であったこと、融合型が1歩動き出した、1つの形ができた、と全員から評価していただいた。

（3）部活動改革プラン3年目の展開

「部活動改革プラン」3年目となる2020年度、前年同様希楽々で申請し採択となり、昨年度からの継続と全市における融合型の促進に取り組んだ。とくに、

学校部活動から融合型への移行検証、指導者ライセンス付与制度の検討、村上市全地区における融合型の啓発が大きな注力点である。

　指導者向けの講演会では、新潟明訓野球部の前監督を講師に招いてお話しいただいた。前監督からの、「競技志向か楽しみ志向かの二者択一ではなく、「楽しみ」から「上手くなりたい」へ向かって、子供たちを「夢中にさせること」が指導者の役割である」というメッセージは、多くの指導者の心を動かした。

　また、多様なスポーツ活動を啓発するために、中学校の入学説明会のときに、小学6年生と中学1年生113名を対象として、部活動にない種目であるボッチャやスラックライン、リズムジャンプなどの体験会を行った。

　昨年始動したバスケットボール空間Hangoutは、平日および土曜日の活動を行い、定期的に希楽々・顧問・スポ少指導者で専門部会を開催しよりよい体制づくりをめざしていった。また、この年よりソフトテニス空間「KSTC」が始動し、平日の活動を行っている。とくに放課後の活動ということで、バスで子供たちを迎えに行き、当管理施設の総合体育館で活動した。

Hangoutの活動風景

　第2回の運営協議会では種目別ワークショップを行い、3つ目の融合型である軟式野球空間「神林BC」を次年度から実施することとなった。すでに始動している融合型部活動に参加している生徒および保護者の実態調査を実施し、全員から「大変満足している」または「満足している」の評価をいただいた。またこの年、校内合同部活動について予算化され、冬期の活動時間が短縮となることから、毎週火曜日、全ての部活動が参加し、希楽々職員の指導によるコーディネーショントレーニング等を行い、吹奏楽部の生徒も参加するなど有意義な時間となった。

　当地区のモデル事業から全市における融合型の理解促進の啓発活動を始めた。校長会や総合教育会議、各地区間の意見交換会などがおもな場である。また、市内総合型クラブ（4クラブ）の運営意識調査も実施したが、使命感は感じなかった。

　兼ねてから構想していた「指導者ライセンス付与制度」について、プロジェクトを立ち上げたのも、この2020年からである。指導者には、教育学・医科

学に裏付けられた指導スキルが求められる。指導者育成プログラムに基づいた研修会を定期的に開催すること、その受講義務化を図り、受講者には公認ライセンスを付与することで、融合型指導者への信頼感は高まる。行政や学識経験者、希楽々で会議を重ねてきたが、市または教育委員会の公認を得るには至らず、この改革の本気度を感じられなかった。

（4）部活動改革プラン後の2021年の展開

　2021年度、スポーツ庁は「地域運動部活動推進事業」の公募を行い、スポーツ庁から新潟県、村上市そして希楽々に再々委託という形で取り組んだ。

　3年間の実績から、コーディネーターの配置、運営主体は希楽々、融合型3種目の実践、うち2種目の休日等を地域移行、運営協議会の開催、指導体制の整備、全市における検討という内容で展開した。

　運営協議会では、国がようやく部活動改革の概要を出したことで動きやすくなり、今年度の目標やスケジュール等について合意形成できた。種目別ワークショップでは、子供が選択しやすい環境、ビギナーズ・スキル・アスリートクラスを設ける、指導者と見守り隊という考え、低年期からの説明会、巡回バス等、前向きで具体的な意見が出るようになった。多様なスポーツ活動の啓発という点では、チラシ配布のほか、新年度の部活動紹介で融合型も紹介していただくなど、学校が関与するから実現できることが多い。

　指導者育成プログラム研修会は、めざす公認ライセンスこそ実現できていないが、研修会を市教委共催とし、受講の義務化と登録制の形を作り、初級から中級、ブロンズと開催した。コーチングや教育指導法、スポーツ心理学など、指導者の心構えやプレーヤーとの望ましい関係性などの側面から学びを深めている。

　また、学校部活動を引退した3年生は、コロナ禍で大会の機会が減少したことから、不完全燃焼のままであった。その7校の3年生が集まり、秋のクラブ選手権を目標に頑張りたいということで、Hangoutに参加することになった。大会出場につき、ユニフォームが必要となり、なんとかこの子たちの望みを叶えたいと思い、希楽々で40万円を負担し、大会出場を叶えることができた。

4. 希楽々がめざす将来像

　融合型部活動として3種目立ち上げ、うち2種目の休日等を地域移行することができた。融合型部活動と学校部活動との総量管理を行い、適宜休養日を設けるなど生徒の成長過程に応じた活動を行った。適正な会費をいただきながら、定期的に専門部会を開催し、少しずつ環境整備を図った。地域移行の最大のポイント

指導者育成プログラム研修会

となるのは、運営主体である。運営主体に公益性があり、ガバナンスの確立した組織であることが重要である。

　2022年度、希楽々として、市に次の提案をした。まず、市全体の総括コーディネーターを配置し、各地区（総合型）にサブコーディネーターを配置する。各地区で会議体を設置し、融合型の試行検証を行う。市全体で合同会議および種目別ワークショップを行い、1地区・1学校からエリアを拡大して融合型の拠点化を図る。そのための予算を要求し、市として初めて予算化していただく。

　地域移行で、公益性のある運営主体のもと、学校が関与する「融合型」の推進、保護者や地域の信頼を得た指導体制の構築、融合型の拠点化、受益者負担の適正化、そのための財政的支援や企業へのアプローチなどの好環境が生まれることを想定している。

　今直面している課題としては、学校部活動と融合型の両方が存在する状況の下、大会の登録や平日の部活動の完全移行等についてだれが判断するのか、受皿を作ったにも関わらず手放さない学校がある、といったことである。これを学校長が判断できるのかと考えたときに、市教委としての方向性を出すことが必要だと思い、移行イメージを作成し、教育長に市としての方向性を出してほしいことを伝えたところである。

　この5年間で筆者が感じたことは、動けるところが動く、ということ。行政に依存するのではなく、行政が動かなければ自分が動けばよい。そして本音で話し合うこと、理解者を1人1人増やすことである。

　希楽々が動き出したのは、困っている子供たちをなんとかしたいという一心からである。改革、制度設計に取り組むことが本来の目的を見失うことのない

よう、真の子供のスポーツ環境を考えることからスタートし、その結果として仕組みができ、改革となるのではないだろうか。

7-2

民間企業体による
部活動支援

石塚大輔

| 1. 部活動支援の開始

　スポーツデータバンク株式会社（以下、「当社」と記す）では2010年より、東京都杉並区にある杉並区立和田中学校において、運動部活動の休日の指導を引き受ける部活動支援の取り組みをスタートし、学校の部活動への指導者マッチング・運営サポート等を行っている。

　杉並区立和田中学校を皮切りに、杉並区内で複数の学校で部活動指導の民間委託を拡げ、大阪市や埼玉県、京都府などの公立・私立中学校などを含め、国内で約35か所、さらには高等学校や大学への派遣を含めれば、現在、合計で約100部活動に指導者の派遣を拡大している。

　外部委託する部活動の種目は、サッカー、バドミントン、卓球、陸上競技、バスケットボールなど多岐に渡るようになってきており、これらは当社のグループ企業でスポーツの指導スキルを有する指導者が登録されているスポーツデータバンクコーチングサービス社が、学校側の詳細なニーズ等をヒアリングして人材のマッチングを行うことで、適切なニーズに対応できる仕組みになっている。

　運動部活動の顧問教員のなかには、担当するスポーツ種目が未経験、もしくはスポーツ指導そのものが未経験で専門的な指導ができない、といった課題が多くあった。そのため、このような運動部活動指導の外部委託は、顧問教員の負担を減らすという教員の働き方改革が促進されるとともに、生徒にとっては専門の指導者から質の高い指導を受けられ、技術力の向上に大きな効果をもたらすとの期待もある。

2. 部活動支援モデル（沖縄県うるま市・東京都日野市）

　当社は、総合的な企画や制度設計などを行うプロデューサーとして、部活動の地域移行をきっかけとした地域スポーツの振興、さらには地域が抱えている社会課題と部活動改革を掛け合わせ解決策を導き出す、いわば中間支援組織として、部活動の地域移行の推進に取り組んでいる。ここでは、部活動支援のモデルとなる2つの地域の事例を紹介したい。

（1）沖縄県うるま市における部活動改革の取組について

　当社は2017年以降、沖縄県うるま市と提携し、地域で地域を支える"企業協賛型部活動支援モデル"を実施し、学校運動部活動の課題を民間活力により解決を図るためさまざまな実践・検証を重ねてきた。部活動改革の周辺を取り巻くさまざまな課題のなかから、今回は「人材の確保」および「財源の確保」の2点にしぼり、これらの課題解決に向け、うるま市が取り組んできた内容にふれていく。

　まず、1点目の人材の確保についてである。うるま市では、運動部活動の地域移行に関する検討会議提言が出される前の2017年から、中学校の運動部活動のあり方に関して議論を進め、事業推進を図ってきた。同年、「運動部活動の在り方に関する調査研究事業」（スポーツ庁）を活用し、市内10校（うち1校が離島）のうち、当初は市内2校6部活動を対象とした外部指導者の配置を開始した。2019年度では、「スポーツ力向上促進事業」（うるま市）において市内7校14部活動に拡大し、さらには外部指導者の配置に留まらず、運動部活動に所属していない生徒も含めた学校生徒を対象にしたスポーツに関わる講演会や教室などを実施し、スポーツ嫌いを生まないスポーツ啓蒙活動も行ってきた。そして2020年度には9校27部活動に指導者を配置している。

　同年度に実施した生徒向けのアンケート調査では、85％が楽しくなったと満足度の高い結果が得られている。教員向けアンケート調査では、68％が負担軽減されたと回答しており、未経験により専門的指導ができない顧問教員の負担軽減につながっている。実際に、「専門外ということで、技術指導ができずにいたため、専門的な技術の指導が助かる」、「放課後の部活動を対応してくれたので、業務に時間を充てることができた」との意見があがった。教材研究や外部への研修・会議参加、関係資料の作成など、放課後の時間に授業以外の

業務を進めることが多い教員にとって、数時間の時間確保はとくに大きく感じるだろう。一方で、専門指導者に任せることで時間を生むことができるが、連絡・調整に時間がかかってしまうなど、教員と指導者の間で発生する調整の工数については、少し課題が残っていることが見受けられる結果となった。そこで現在は調整の工数削減のためにアプリなどの導入を進めている。

このような専門的な指導を行う指導者の配置は、生徒や教員にとって少しずつよい方向へ歩みを進めており、今後の部活動の地域移行が円滑に取り運ばれる一つの要素として、よりよい体制構築ができていると感じている。また、指導者の視点からも、アスリートのセカンドキャリアの可能性拡大や学校・地域連携による新たなスポーツ産業の拡大・発展に寄与するものであり、お互いにwin-winな関係性であることを今後も期待している。

ここまで学校部活動への指導者配置に視点をおいてきたが、地域に移行した場合はどうだろうか。運動部活動に数多くある種目の指導者を一元的に登録している団体は、現在、ほぼないといっていいだろう。しかし今後、部活動が地域移行した際には、人材（指導者）を束ねていく機能が必要となる。

当社では、このような人材バンクを設計するため、さまざまな連携先を地域で探し、複数事業者が連携する形の構築を図っている。うるま市においては、質の高い指導者として県内のプロスポーツチームであるFC琉球や琉球ゴールデンキングス等、また民間・個人のスポーツ事業者や各競技団体・協会など、多方面との連携を実現させ、指導者の確保に至っている。

このような複数事業者の連携によって、現在、約50名の指導者が人材バンクに属しており、うるま市内の各学校において、専門的指導に当たっている。

2点目の財源確保についてだが、うるま市では2017年度からの外部指導者の配置と並行して、外部からの資金確保の検討を同時に開始した。これまでのような行政の予算活用だけでは長期的な歳出は難しいと予想され、持続可能な活動をめざすためには多様な予算確保が必要であると考え、外部からの資金確保の手法の検討を行った。具体的には、「企業協賛による資金確保」を含め、市内および市外企業からの支援の手法として、①部活動応援基金の設置、②企業版ふるさと納税の活用、③企業・団体からの協賛やアクティベーションの実施、などの検討を進めた。

さまざまな手法の検討を重ねていき、令和3年度には、「企業版ふるさと納税」の申請・承認を得て、資金確保が実施された。企業版ふるさと納税は、国が認

定した地方公共団体の地方創生プロジェクトに対して企業が寄附を行った場合に、法人関係税から税額控除する仕組みである。うるま市では、本制度を活用して「うるま市まち・ひと・しごと創生総合戦略」に掲げる取組の更なる推進を図っている。今後、地域部活動の取組も含めた打ち出しや課題であるPRの手法などを検討し、地域外からの資金確保をめざしていく。

(2) 東京都日野市における部活動改革の取組について

　続いて、東京都日野市における部活動改革の取組を紹介する。

　当社は2018年から東京都日野市と連携し、「地元企業と連携した新たな部活動改革」の推進を行っている。

　平成30年度・令和元年度に東京都「部活動推進統括コーディネーター事業」を受託した当社は、日野市において、市内中学校全教員を対象としたアンケートを実施した。同アンケートでは、全教員のうち65％が「部活動へ負担を感じている」ことを明らかにした。

　当社は教員に代わる多くの指導者の配置を行う方法として、実業団チームを有する地元企業に着目し、その可能性について提案と議論を重ねた。そのなかで、企業としての地域貢献だけではなく、所属するアスリートに対するセカンドキャリア支援の観点としての可能性をいち早く見出したのがコニカミノルタ社である。陸上競技部を有するコニカミノルタ社は、現在、日野市における部活動改革に対して積極的な取組を行う代表的な地元企業となっている。

　コニカミノルタ社は日野市と「SDGs推進に係る包括連携協定（令和2年）」を締結し、当社によるコーディネートのもと、令和2年度スポーツ庁委託事業「運動部活動改革プラン」において陸上競技部OBが部活動の指導を担当した。参加生徒へのアンケートでは97％が指導に「満足」しており、生徒にとっては「専門性の指導」、「指導内容の分かりやすさ」によるモチベーション向上やスポーツに対する意欲向上につながっていることがわかる。顧問教員からは、子育てなどで休日の活動が負担に感じていた「時間的な負担」が軽減され、平日においても、これまで立ち会っていた部活動の時間をほかの業務に充てられることがとくに評価が高かった。令和3年度スポーツ庁委託事業「地域部活動推進事業」においては同部コーチも加わり継続的な指導と活動機会を増やしている。さらに、令和4年度は社内組織「ランニングアカデミー」が新設されたことで、さらに積極的な連携体制を整え、他競技への応用や一般従業員の活用について

検討を行っている。

　日野市は東京都内で初の『SDGs未来都市』に選定されており、人口や地域の資源が減少することが前提として時代に合わせて発展できる持続可能な地域づくりに取り組むために、市民・企業・行政などのステークホルダーによる対話を地域全体に広げるとともに、新しい価値を生み出すことをめざしている。

　現在、コニカミノルタ社に続く形で、地元企業・大学やプロスポーツチームも部活動改革を含めた新たな地域スポーツ環境の充実を図る取組について参画を予定している。当社と連携することで、多くの企業・チームとの連携を図っている日野市は、共通課題の解決をめざす『郊外都市の持続可能モデル』としての事例になるといえる。

3. 地域移行にともなう財源の確保と人材育成

　運動部活動の指導者を外部委託すること、そして今後進んでいく地域移行に際しては、生徒にとって適切な指導が行われているか、保護者が安心して子供を預けられる指導者又は団体か、といった指導者の資質も重要なポイントとなる。

　また、地域部活動を推進するためには、新たな制度設計が必要であり、たとえば保険のあり方などが課題である。地域部活動は学校管理外になるため、子供が学校管理下でない地域でスポーツ活動を実施する場合は保護者の理解が必要になり、さらにその運営団体や実施主体は保険制度など細かな点も整備する必要がある。とくに保険に関しては、学校教育活動中（学校管理下）の補償となる従来の災害共済給付制度が適用できないことから、スポーツ安全保険等の民間の保険へ別途加入することが必要になる。今後は保護者や指導者、実施主体となる地域運動部などの関係者をつなぎ、出欠席情報や雨天時などの活動中止の連絡、練習内容の共有などの顧客管理システムの導入も必要になってくるだろう。

　これらの問題を解決するために必要なのが、やはり実施のための財源である。うるま市が「民間活力による運動部活動支援体制の構築のための実践研究」（スポーツ庁）を活用した部活動の新しい形を模索するうえで、やはり重要になったのがその財源である。

　この点を解決する一つの方策が、うるま市が市商工会と連携を図り、加盟企

業への寄付等の情報共有を行うことだった。その際、加盟企業のメリットとなる税制優遇などの制度設計を積極的にすすめる動きを検討し、地域企業で支える地域の部活動をめざすことにした。

さらに2021（令和3）年からは、前述した通りだが、企業版ふるさと納税により市外または県外の企業からの寄付を受けられるようにし、新しい財源の確保に踏み出した結果、同年の寄付額は1500万円に達した。

財源の確保という視点で、もう一つ事例を紹介したい。埼玉県白岡市では、スポーツ庁の委託事業「令和4年度地域部活動推進事業」のなかで外部からの財源確保の新たな取組として、今年度、ガバメントクラウドファンディングを取り入れ実施した。寄付募集を8月1日から10月29日までの90日間に設定し、合計約50万円の寄付金が集まった。この寄付金は指導者への謝金や参加者の保険料等に活用される予定だ。クラウドファンディングは、市内在住者だけではなく、"白岡市を応援したい"と思う遠方に住む方々からも寄付が可能であり、中学生の部活動の取組を応援したい多くの方からの寄付金となっている。

部活動の地域移行の課題としてよく聞く財源確保だが、指導者の確保という点も多くあげられている。確かに、指導者を確保することは必要だが、だれでもよいということはないだろう。これまでの部活動は学校管理下で行われてきたため、学校生活の一部として存在していたが、地域移行した場合は、学校のコミュニティ内で関わってきた教員ではない指導者から指導を受ける、保護者の立場からするとその指導者に子供を預けることになる。このようなことを考えると、指導者の量だけではなく、質の保障も重要な観点である。

2022（令和4）年10月、損害保険大手の三井住友海上火災保険株式会社と当社は、持続可能な部活動の環境整備に向けて、地域運動部活動支援サービスの

認証画面イメージ

提供を開始した。これは、三井住友海上が保険事業で蓄積してきたリスクマネジメント関連の知見を活かした取組であり、具体的には「救急救命・救護」、「コンプライアンス・ハラスメント」、「メンタルヘルスケア」など7項目の学習テーマを用意している。指導者はe-Learningで学習し、その後の確認テストの結果に応じた認証が付与されるというものだ。技術指導だけでなく、生徒と向き合う指導者として知識習得を促すことで生徒や保

護者の安心・安全につなげていく、いわば、今後活躍が期待される地域指導者の質を保障するため、指導者向けの教育・認証制度を提供するサービスである。

技術力を教えることだけが指導者ではなく、スポーツを通じた子供たちの成長の関わりに必要な要素を兼ね備えた指導者が、今後、求められる人材だろう。

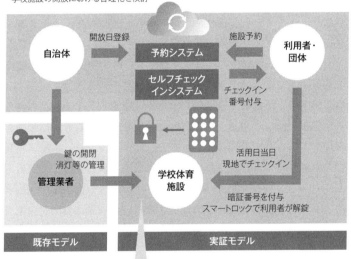

ICTを活用した学校体育施設の有効活用モデル実施（沖縄県うるま市）

・沖縄県うるま市内の学校体育施設においてICTツールを活用した学校施設活用のモデル検討・トライアル検証を実施
・システムによる予約管理の検討やスマートロック、セルフチェックインシステムの設置などによる学校施設の開放における合理化を検討

自治体 — 開放日登録 → 予約システム ← 施設予約 — 利用者・団体
セルフチェックインシステム → チェックイン番号付与
鍵の開閉 消灯等の管理
管理業者 → 学校体育施設
活用日当日 現地でチェックイン
暗証番号を付与 スマートロックで利用者が解錠

既存モデル　　実証モデル

Point
これまでアナログ管理・人的リソースによる鍵の管理などを行っていたものを、ICTツールを活用することで業務の合理化・利便性向上をめざした。

これまで**アナログ（書面・窓口提出）管理**となっていた学校夜間開放事業において、**予約管理システムを導入**することによる業務の**合理化**や利用者の**利便性向上**の検討を行った。また、学校施設の活用における**鍵の管理**に対して、**スマートロックを設置**し、利用者が自身で鍵の開閉ができる仕組みを検討した。なお、県内の宿泊施設等で活用されているタブレットを活用した**セルフチェックインシステムとの連動**により、**活用日当日に現地でのスマートロックのナンバーキーの付与**などの仕組みを取り入れることで、外部利用におけるセキュリティー強化の検討を行った。

【協力】
うるま市教育委員会、市内小学校・中学校（2校）、OTS MICE MANAGEMENT（株）、（株）ゴールドバリュークリエーション、（株）構造計画研究所、（一社）沖縄県ヨガ協会、学校夜間開放事業利用団体

図1 ICTを活用した学校体育施設の有効活用モデル実施（スポーツ庁令和2年度学校体育施設の有効活用推進事業 事業概要より抜粋）

これはその一つの指標として、多くの地域に浸透させていきたいと考えている。指導者自身にも、スキルアップや自信につなげられるよう、積極的な受講を期待している。

　人材育成ではもう一つ、2020年の新型コロナウイルス感染症拡大をきっかけに、新しい試みも始まっている。長引くコロナ禍によって、部活動を休止・停止した学校も少なくない。しかし、コロナ禍でもスポーツ機会を失わない環境づくりは重要だ。そこでICTを活用した指導者の育成に着眼したのである。

　うるま市では、これまでは離島にある中学校で行っていたオンライン指導などを、市内でも取り入れられないかと検討し、専門指導者によるコーチング動画などを、インターネットで配信したり、指導者とのオンラインミーティングを開催したり、またネットを通じたメンタルトレーニングなどを実施するなど、コロナ禍をポジティブにとらえた活動を開始したのである。

　これらICTを活用した取組は、新型コロナウイルス感染症が終息した後も十分に効果的な活動であり、コロナ禍以後にも活用できるモデルであろう。ICTの活用によっては、離島ばかりでなく県内の過疎地域などでも、人材の育成や部活動の指導が可能になる。うるま市だけでなく全国的にも人口減少が著しい地域に応用することもできるはずだ。

　部活動の地域移行には、従来の部活動では必要とされなかった部分にまで踏み込む必要がある。当社ではうるま市に限らず、複数の自治体で保護者向け説明会を実施しているが、ほとんどの地域、教員、保護者に賛同がいただけ、教員の働き方改革への一助になりつつあると自負している。

❙ 4. 未来を見すえたシステム創り

　現在の部活動の活動場所はおもに学校体育施設であるが、地域移行が進めば学校体育施設のほか、社会体育施設など活動場所の幅が広がってくるだろう。一方、全国の体育・スポーツ施設の約6割を占める学校体育・スポーツ施設を活用することはきわめて大切である。部活動の地域移行、すなわち地域スポーツクラブ活動における施設の充実・発展、価値向上を学校体育施設でもめざしていくことを提案したい。

　たとえば、学校体育施設の指定管理者制度の民間企業体への導入、それにともない、予約管理システムの運用やICTを活用した鍵の開閉（スマートロック）、

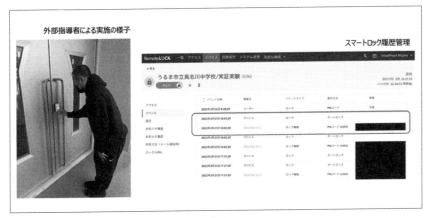

外部指導者による実施の様子　スマートロック履歴管理

クラウドカメラなどによる安全管理の向上、学校体育施設でのスポーツ体験・教室の開催、施設開放事業の拡充が考えられる。

　うるま市のケースでは、従来市内社会体育施設の予約管理にのみ利用されていた公共施設予約管理システム（OTS MICE MANAGEMENT社）を、学校施設の予約管理として活用することにした。このシステムの活用によって、施設の予約管理だけでなく、体育館の入り口にスマートロックを設置することで、体育館の施錠や解錠が人的リソースを使うことなく行えるようになった。事前に予約した登録番号がアクセスキーとなり、解錠が可能になる仕組みである。

　また、これまでの学校施設では、夜間などに行われていた学校開放において、備品の片付け、窓や扉の施錠漏れ、喫煙といった問題があり、利用状況は決してよくなかった。ところがネット環境の整備によりICTを活用することで、利用者の特定や解錠・施錠などの課題も簡単にクリアされるようになってきている。さらに、クラウドカメラ設置による利用状況のチェック、また、オンライン環境の機能を導入することで、運動技能や動作の遠隔指導にも活用できる道が拓けてきている。

　デジタル時代のこんにち、ICTを十分に活用できるための、未来を見すえたシステム創りが急務になってきているのではないだろうか。運動部活動の地域移行は、その大きな契機になるだろう。

　また、うるま市では民間企業体による学校体育施設の指定管理者制度の運用に向けた検討を進めている。本制度を活用することで、体育施設で行える事業

の拡充や民間の参画によるサービスの提供の可能性が広がるであろう。多世代に向けた多様な運動・スポーツの機会提供と同時に、対価とサービスの循環による施設を通じた資金循環も可能となる。学校体育施設の新しいあり方と有効活用により、持続可能な地域スポーツの未来は拓けてくるであろう。

これはスポーツによるまちづくりの実現である。

ICTを活用し、学校を地域のスポーツや文化の中心とすることで、地域の人々から必要とされる施設となり、人々が集まるコミュニティとなるだろう。これらの取組を実現させるためには、地域や行政、学校、さらには企業が一体となって地域の課題に取り組むことが必要不可欠ではないだろうか。

地域課題に取り組むにはスポーツやIT関連の企業だけには留まらないだろう。たとえば、利用施設に向かうための移動手段には交通系の企業との連携が必要になるが、交通の利便性を向上させる対応策、車両を通じた広告宣伝では、他企業との連携にも広がるであろう。また、先に述べた顧客管理システムを通した顧客のデータ取得・分析による、商品のサンプリング実施、商品開発に向けた研究なども可能になるかもしれない。

部活動の地域移行を契機に地域におけるスポーツ活動が活性化することは、スポーツ産業の可能性も無限に拡大するのではないか。あるいは、今をチャンスに、企業間が連携を図り、地域やスポーツを盛り上げることで、地域スポーツの活性化につながるのではないか。

部活動改革である学校部活動の地域移行は、地域の未来の社会問題を解決するためのスタート地点になるに違いない。

〈引用・参考文献〉
スポーツ庁, 「第3期スポーツ基本計画」, 2022.
沖縄タイムス, 「休日部活の指導者支援」, 2022年9月18日

7-3

学校と行政、民間による連携

豊岡弘敏

1. 渋谷ユナイテッドの夜明け

2019年の年の瀬、当時、渋谷区の教育長だった筆者は定例的に行われていた長谷部健区長とのミーティングの席で、部活動のことが話題となった際に、「次は部活動改革ですね」と発言した。

区長は筆者の方を向いて頷き、短く「進めてほしい」といった。この瞬間、渋谷の「部活動改革」がスタートを切ったといえる。

さまざまなスポーツ種目のなかでもサッカーを手始めに、2020年4月から地域移行の準備が始められた。具体的には、区内の全中学生を対象に、区立本町学園中学校を拠点にしたサッカークリニック（教室）を月一回程度開催することになった。

これは学校部活動というフレームではない。教育委員会が地域で開催するサッカークリニックに、区内の全校からサッカーを希望する生徒が集まって活動することによって、部活動の地域化の動きを進めていこう、といったねらいがあった。しかし、この取組はなかなか浸透せず、足踏み状態であった。

2020年9月の区長ミーティングにおいて、渋谷の「部活動改革」をさらに進めていくために区や教育委員会とは別組織の一般社団法人を設立する、という案が浮上した。区や教育委員会が主体では、迅速かつ円滑にこの改革を進めることが容易ではない、との考えからであった。

それからしばらくして、区長から「一般社団法人を設立して、その代表理事をやってもらいたい」との話が筆者にあった。このとき筆者は教育長3年任期の最後の年度であり、重要施策であったタブレット端末の活用「学校デジタル改革」の基盤を固め、新しい授業「シブヤ科」の創設など、渋谷「未来の学校」づくりの成果をあげていた。

「部活動改革」はやりがいのある仕事である。筆者は少し間をおいてから、

「やりましょう！」

と、区長に気持ちを伝えた。こうして、渋谷ユナイテッド設立に向けて歩みを始め、渋谷区の部活動の地域移行が動き出したのである。渋谷区は区スポーツ部内に専門員2人を配置し、法人設立や試行事業を準備開始することを決め、区からの派遣職員1人が加わり進められた。

2.「シブヤ『部活動改革』プロジェクト」キックオフ！

2021年4月、「シブヤ『部活動改革』プロジェクト」という名称でいよいよキックオフ——。この時点では、まだ一般社団法人渋谷ユナイテッドは設立されていない。

渋谷区の公立中学校は8校。団体競技の部活動状況として、サッカー部が4校、バレーボール部が5校に設置されていた。軟式野球部は7校に設置されていたが、1校単独でチームが成立しないため近隣校との合同チームで大会に出場していた。バスケットボール部のみが8校全校に設置され、学校単独でチームも組めるといった状況であった。

個人競技は硬式テニス・ソフトテニス・卓球・バトミントン・陸上競技・水泳・柔道の部があったが、8校全校にまんべんなく設置されてはいない状況にあった。

つまり、入学した中学校に生徒の希望する部活動がなかった場合、限られた部活動のなかから選ぶしかない状況であった。また、教員が顧問を担っていた

	バスケ		バド		卓球		陸上競技		ソフテニ		硬式テニス		バレー		サッカー		水泳		軟式野球		柔道		合計
	男	女	男	女	男	女	男	女	男	女	男	女	男	女	男	女	男	女	男	女	男	女	
A校	9	7	21	16	14	10	0	0	5	9	0	0	0	8	18	1	0	0	13	1	0	0	132
B校	7	2	0	0	0	0	0	0	8	11	0	0	0	0	0	0	0	0	0	0	0	0	28
C校	13	8	17	22	0	0	9	6	0	0	11	13	14	16	0	0	27	9	5	1	3	0	174
D校	31	13	0	0	30	14	13	11	0	0	34	30	20	29	14	0	11	5	16	0	14	0	285
E校	25	18	0	0	10	2	7	3	25	21	0	0	0	16	22	0	0	0	5	0	0	0	154
F校	21	14	8	20	0	0	0	0	9	14	0	1	0	0	0	0	0	0	5	0	0	0	92
G校	19	18	27	11	0	0	23	17	0	0	0	23	0	0	0	0	1	1	8	0	0	0	148
H校	21	2	0	0	23	0	11	4	0	15	0	0	0	8	3	1	7	4	4	0	0	0	103
計	146	82	73	69	77	26	63	41	47	70	45	67	34	77	57	2	46	19	56	2	17	0	1,116
種目計	228		142		103		104		117		112		111		59		65		58		17		

図1 既存運動部活動の参加人数の状況（2021年6月時点）

が、教員自身に経験のないスポーツでは、生徒に十分な技術指導ができないといった実態もあった。

ダンス部

ところで、子供の権利として「スポーツ権」というものがある。スポーツは文化として子供の大切な権利であり必要なものである。子供たちの日常におけるスポーツ権を保障することが重要である。入学した学校によって、部活動ができる、できない、ではこれに反するし、十分な指導を受けられないのでは子供がかわいそうであった。

ボウリング部

さらに近年、新たなスポーツが注目されており、生徒の側にもそのようなスポーツを行いたい、との声がある。筆者が教育長時代に8校の全中学生に対して新たなスポーツとしてなにをしてみたいか、といった調査を行ったところ、ダンス・ボウリング・eスポーツ・フェンシングなど、の回答があり、新たな部活動のニーズのあることがわかった。

これらのことから、渋谷の「部活動改革」の方向性としては、子供の「スポーツ権」を確保すること。生徒のニーズにできる限り応えられるような「部活動改革」にすることなどが定まった。

具体的には、生徒がやりたい部活動が自校になければ、その部がある学校と組んで行う（合同部活。その延長に拠点校方式がある）、やりたい部活動がどこにもなければ、その部を一般社団法人で創り、活動を保障する。このように「シブヤ『部活動改革』プロジェクト」は、子供が絶対に不利益を生じることなく、これまで以上の活動が行われる改革にすることが使命であり、責任であると考えた。

2021年10月15日、一般社団法人渋谷ユナイテッドが設立された(図2)。

まだだれも歩んだことのない道を進み始めたのであった。

図2 渋谷ユナイテッドのリーフレット

3. ユナイテッドクラブ部活動への移行

「やりたい部活動が学校にない！」

「人数が足りなくて、学校チームとして試合に出られない！」

「きちんと教えられる指導者がいない！」

　これらの生徒の声に応えるために、2021年11月13日から、ユナイテッド部活動として9部のモデル実施を始め、その際の地域移行の考え方を示したものが図3である。

　そして2022年4月、子供たちがスポーツや文化を思い切り楽しめるユナイテッドクラブの部活動を正式にスタートさせた。

　新たな部活動の基本的な方針は、①学校の枠を超えた部活動、②種目の合同化・地域化、③専門分野の指導者の配置の3つである。運動部は、サッカー・ボウリング・ダンス・ボッチャ・フェンシング・ラクビーの6部をスタートさ

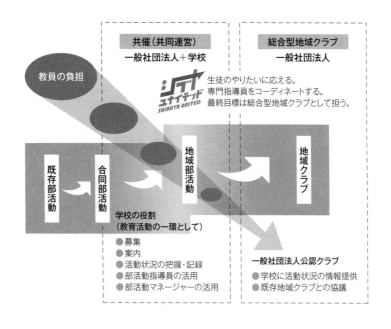

図3 渋谷区の部活動地域移行の考え方

せた。なお、硬式テニス部はイベントと位置付けた。

　位置付けは、学校部活動ではなく、渋谷ユナイテッドクラブの部活動（以下、ユナイテッド部活動）である。学校の教員は指導も管理もない。渋谷ユナイテッドが技術指導者を配置し、練習場所も確保する。技術指導者以外には管理面（生徒の出欠席の把握、活動中のケガや事故等の対応）を行う外部の部活動マネージャーを配置する。

　ただし、サッカー部とボッチャ部はユナイテッド部活動である一方で、学校管理下にある学校部活動でもあるという二重の位置付けにした。

　サッカー部は、区内4校に学校部活動がある。

　新たに立ち上げたユナイテッド部活動と違い、すでにあるサッカー部をユナイテッド部活動として4校を一つに束ねるのはそう簡単なことではない。そのため学校や保護者、そして生徒の理解を図りつつ、徐々に（できるところから迅速に）完全な渋谷ユナイテッドのサッカー部にしていこうと考えている。そしてこの取組が、ほかの既存部活動の地域移行のロールモデルとなることを意図している。

　次にボッチャ部だが、ご存じのようにボッチャはパラスポーツである。

フェンシング部

ラグビー部

サッカー部

ボッチャ部

　渋谷区はパラリンピックをレガシーとして残すことを明言しており、学校においてもボッチャの普及・啓発は重要なテーマだ。そのため、完全にユナイテッド部活動とせず、学校の管理下におき、学校教育活動全体にボッチャが広がっていくことをめざしている。

　技術指導者は渋谷と関係のある個人・団体の支援・協力を得た。

　サッカー部は区内にあるサッカークラブFCトリプレッタ、ボウリング部は渋谷区ボウリング連盟、ダンス部は渋谷区のプロダンスチームCyber Agent

種目	支援事業者	
サッカー	FC トリプレッタ アドバイザー 藤田俊哉氏	スポーツ庁／地域部活動推進事業
ボウリング	渋谷区ボウリング連盟	※地域移行モデル種目として実施
ダンス	CyberAgent Legit LDH JAPAN	〈令和4年度〉
フェンシング	日本フェンシング協会	●9部活動（10種目）を実施 　運動部6・文化部3・イベント1
デジタルクリエイティブ ＆eスポーツ	ミクシィ、東京ヴェルディクラブ、 フロンティアインターナショナル	●活動日：土曜日 　※eスポーツは水曜日
将棋	日本将棋連盟	●参加者：約200人
ボッチャ	日本ボッチャ協会	●対象：渋谷区立中学校1〜3年生 　※追加募集種目は小学生含む。
ラグビー	東京山九フェニックス	
料理・スイーツマスター	服部栄養専門学校	文化庁／地域部活動推進事業
硬式テニス※	プロテニスプレーヤー等 スペシャルアドバイザー 伊達公子氏	※イベント的に実施予定

図4 渋谷ユナイテッドの実施種目・支援事業者

LegitとLDH JAPAN（EXILE所属事務所）、ボッチャ部は日本ボッチャ協会、ラグビー部は渋谷区で活動しているラグビーチーム東京山九フェニックスなどである。

　技術指導には、現役・元プロ選手やオリンピア・パラリンピアなどの一流の指導者が名を連ねている。専門的な指導を行っていただき、子供たちのために汗をかいてくれている。もちろん技術指導費はお支払いしているが深く感謝している。

　さらに、技術指導以外の管理面での対応として、渋谷区にあるスポーツを支援する会社「リーフラス株式会社」に加わってもらっている。出欠席やその場のケガの対応などのマネジメント業務に関して多くの知見を有しており助かっている。

　なおユナイテッド部活動の文化部は、将棋部、料理スイーツマスター部、デジタルクリエイティブ＆eスポーツ部の3部をスタートさせた。

4. ヒト・モノ・カネについて

　ヒト・モノ・カネは経営資源である。これに「シブヤ『部活動改革』プロジェクト」を当てはめると、部活動の地域移行3大課題は、①教員に代わる指導者等（受け皿）、②活動場所等の確保（環境）、③指導費等の運営費（財源）である。

　「野球部の顧問が異動するので、野球が指導できる人を紹介してほしい」

　「部活指導をしていた先生が病気になったので代わりを探しているがいないか」

　このような相談を、ある中学校の校長から受けた。

　学校は、既存の部活動ができなくなることに困惑する。とくに、校長や副校長は指導者人材を確保しようと努めるが、なかなか学校だけでは解決しない。

　そこで指導者人材バンクを立ち上げ、上記のような学校部活動の窮状を救えるような体制づくりを進めている。体育協会を通じて、また区内外の大学生など地域の方を人材として迎え入れ、学校に紹介し外部指導員として部活動に携わっていただく。

会費含む財源
- ●区補助金（地域スポーツ活動活性化事業）：61,470千円
- ●区委託料（中学校部活動事業）：36,475千円
- ●会費（見込）：　円
- ●協力スポンサー（見込）：　円
- ●自主事業（見込）：　円

【参考】各部活動 会費一覧

種目	年会費
サッカー	6,000円
ボウリング	18,000円
ダンス	17,000円
ボッチャ	0円
将棋	0円
デジタルクリエイティブ＆eスポーツ	18,000円
フェンシング	9,000円
ラグビー	0円
料理・スイーツマスター	20,000円

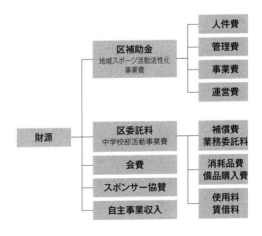

図5 財源および会費設定

まずは令和7年度末を目標に休日から段階的に地域移行ということだが、ユナイテッドは平日の地域移行もできるところからやっていく方針である。対応としては、平日、外部人材が確保できなければ、しばらくの間は教員が兼業兼職として指導員として関わっていただければと思う。

　財源は、生徒からも部活動の部費程度の金額を会費として徴収しているが、今のところ、ほぼ公費での運営である。しかし渋谷ユナイテッドは、このまま公費で運営を続けるのではなく、企業等からの寄付金や協賛金を募り（徐々に集まり出している）、水泳教室や陸上教室、硬式テニスのイベントなどの収益事業を積極的に行い、自走をめざしている。

　活動場所だが、今年度、学校施設、区施設、民間施設を確保して実施できている。学校施設利用はもちろん無料、区施設利用は公用申請で使用料免除。民間施設利用には使用料を支払っている。

5. 保護者・生徒の声

　2021年10月、渋谷ユナイテッドの設立、「シブヤ『部活動改革』プロジェクト」について公に広報してから各所からの反響は大きなものがあった。

　生徒からは、専門の技術指導者から指導を受けられることや新たな部活動ができることに歓迎の声、詳しく知りたいといった質問や更に要望なども多く寄せられた。

　「フェンシング部の活動について教えてください」

　「ダンス部は能力別に分けてやっていただけますか？」

　ダンス部の保護者はプロのダンサーらに教えてもらえていることについて、次のような反応であった。

　「すばらしい！とても感謝している！」

　「一流の指導者に指導をしてもらって、この会費は安いです！」

　ユナイテッドとしては、会費はこれまでの部費と同程度に設定したが、種目によっては部費よりも上回る部もある。しかし、保護者からのクレームはない。

　昨年度6月までのユナイテッド部活動生徒入部数は208名。そのうち128名が1年生。1年生はまったく白紙からの選択なので入部する生徒が多かった。次年度も新入生の入部が多いことが予想され、年々、ユナイテッド部活動の部員が増えていくことだろう。

このように年とともに既存の部活動からユナイテッド部活動へ生徒が増えることにより、既存の部活動が学校で成立しなくなる。そうなるとは既存の部活動は一つ二つと廃部となり、学校は教員を顧問にしなくても済む。教員の負担は軽減される……。

　もちろん渋谷ユナイテッドは、既存の部活動をそのまま廃部で終わらせるのではなく、ユナイテッド部活動にして子供の不利益が生じないよう、ニーズに応えるようにしていく。

6. 部活動改革はアウトソーシング

　渋谷では区スポーツ部と、委託先である渋谷ユナイテッドが先導して取り組んでいる。

　教育委員会は多忙である。教育課程外の部活動改革を中心として請け合うだけの余裕がないのが実情だ。筆者は教育行政に長く携わっていたから、よくわかる。取組自体を教育委員会の外に出すことはとても有効な手段なのだ。

　そうはいっても部活動は教育委員会が主管であるから丸投げにはできない。教育委員会の連携・協力なくして改革はありえない。そこで渋谷ユナイテッドは区スポーツ部を通じて、教育委員会と連携を図りながら3つの組織が協力して柔軟に前に進めてきた（進めている）。

　今進められている部活動の地域移行は、要するに部活動のアウトソーシング。

　あわせて、運営自体もアウトソーシングすることが成功の秘訣だ。それは教育委員会の関与があってこそ。学校外に部活動が移行されても地域の子供であることに変わりがない以上、子供に関係する大人たちが一枚岩となって取り組むことが重要である。

7. 学校、教員との連携がより重要

　部活動改革に取り組むうえで、中学校長との連携は不可欠であり肝である。その点、筆者は区内の中学校長を務めていたこともあり、今でも8校の校長とは気心の知れた仲であることがプラスに働いている。

　この間、毎月行われる自主中学校校長会には事務局長と一緒に出席し、説明の機会をいただけた。校長先生方はとても協力的で理解を示してくれている。

副校長会にも出席した。

　また8校の一校一校に訪問させてもらい、校長会や副校長会で伝えきれなかったことなどの話をさせてもらっている。対面でお会いし、校長先生と時間・空間を共有することで関係が更に深まり、意見交換でき互いの気持ちが一致する。改革の手ごたえを感じる。

　他地区の取組においても、筆者のような校長経験者が地域移行のスタッフに入っていることで円滑に進んでいると聞く。この点も鍵だろう。

　さらに小学校への働きかけを行っている。いずれ小学生は中学生になる。小学生の内から、渋谷ユナイテッドについて知ってもらうことが重要だからだ。

　ほかにも学校と共通認識を図るために、ほぼ毎日、「創造メモ」を作成、校長や副校長ら中学校に送信していた。「創造メモ」とは、部活動改革について、国の動向、これまでの学校部活動の歴史等、学校に部活動改革を深く知ってもらい、渋谷のこれからの取組を理解してもらい、ともに「部活動改革」を創造する（創りあげる）ために作成した資料である。

　一般社団法人設立までに99号を、一般社団法人設立後は名称を「ユナイト・メモ」と変え56号を作成し学校に送信した。活字においても学校に、渋谷ユナイテッドを語り続けた。

　教員との関係については、ユナイテッド部活動を進めるためのサッカー部準備会を今年の3月から月1回開催している。

　そこにサッカー部の顧問である教員が複数参加しており、彼らとは密に話をさせてもらっているが、ほかの教員に対しては、校長・副校長を飛び越えて直接に働きかけを行うことはしていないが今後、ほかの種目も顧問に集まってもらい話の場を設けることにしている。

　近々、休日の部活動移行で教員以外の外部指導者が指導し、教員が携わることはなくなる。しかし、平日の部活動地域移行では難しい。外部指導員等を配置することがどれだけできるか。現実として厳しい状況である。人材がいないからだ。平日の移行ができてこそ「部活動改革」は達成される。

　渋谷ユナイテッドは、当然、平日も含めた部活動の完全地域移行をめざしている。しかし、外部指導員が揃わないようであれば、その間、教員に兼業兼職をしてもらい、平日の部活動を確保し、子供たちのスポーツ・文化活動を止めることがないようにしていく。

8. 地域移行でもっとも大事なこと

　大切なこととしては、これまで培われた部活動のよさも地域移行していくことだ。

　具体的には、人間形成・人づくり・教育的な活動といった、学習指導要領において示されてきた「教育活動の一環」といった考え方を踏襲する。勝利至上の活動ではなく、その活動を楽しいものにすること。生涯に渡って活動していく基礎を培うようにすること。挨拶や礼儀、人への感謝や思いやり、助け合いや支え合いを学び実践し、それらを活動の核とする。

　部活動の地域移行を単なるスポーツ教室やカルチャー教室といった活動にはしたくない。学校教育活動のなかで培われた部活動のよさをしっかり継承して、そして学校部活動の負の側面は決して移行してはならないということである。

　図6に、7つの課題と今後の取組をまとめた。この課題は、全国どこの自治体においても同様のことだと思う。

　さて「教員の働き方改革」は喫緊の大きな課題である。このことを踏まえて、部活動の地域移行でもっとも大切なことはなにかというと、それは「子供のため」の地域移行にすることである。筆者が知っている先進地区の取組の多くが、

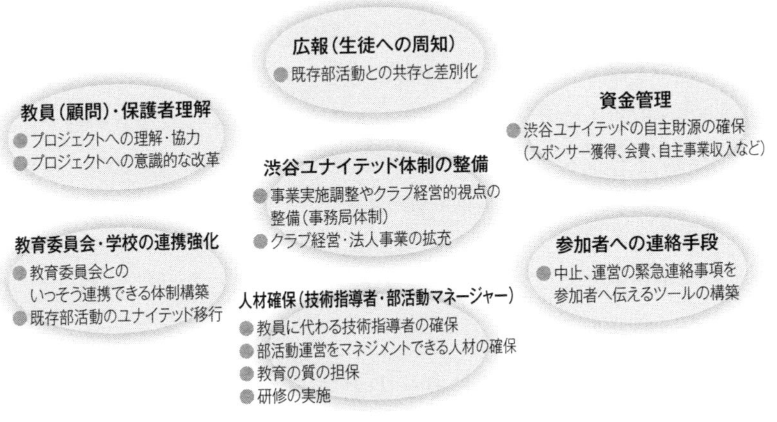

広報（生徒への周知）
● 既存部活動との共存と差別化

教員（顧問）・保護者理解
● プロジェクトへの理解・協力
● プロジェクトへの意識的な改革

資金管理
● 渋谷ユナイテッドの自主財源の確保（スポンサー獲得、会費、自主事業収入など）

渋谷ユナイテッド体制の整備
● 事業実施調整やクラブ経営的視点の整備（事務局体制）
● クラブ経営・法人事業の拡充

教育委員会・学校の連携強化
● 教育委員会とのいっそう連携できる体制構築
● 既存部活動のユナイテッド移行

人材確保（技術指導者・部活動マネージャー）
● 教員に代わる技術指導者の確保
● 部活動運営をマネジメントできる人材の確保
● 教育の質の担保
● 研修の実施

参加者への連絡手段
● 中止、運営の緊急連絡事項を参加者へ伝えるツールの構築

図6 課題と今後の取組

「教員の働き方改革」ではなく、「子供のため」をいちばんのスローガンとしていることは特筆すべきことであろう。

改革はよいことばかりではなく、そこに痛みをともなうが、改革の痛みを子供が受けるようなことがあってはならない。その痛みとは、「部活動改革」によりスポーツや文化活動を子供ができなくなるということだ。

痛みを受けないようにするには、まず、なぜ部活動の地域移行なのかという問いに対して、学校側が子供や保護者に十分な説明の機会をもつこと、つまり説明責任を果たすことが大切である。

生徒は学校の部活動だからやるといったようなこともある。学校部活動での事故やケガには、日本スポーツ振興センターの手厚い災害共済給付が受けられるが地域移行になると心配がある。

また生徒から会費（運営費）を徴収するが、学校での部費以上の額の会費が掛かることもあり、反発が出ることも予想される。

そこで部活動の地域移行の主旨をしっかりと子供や保護者に理解してもらい、地域の部活動に子供（自分）が積極的に参加する体制や空気を生み出すことが必要だ。

そして地域移行によって活動が学校部活動よりもレベルが下がることがあってはならない。地域移行によって活動の質がさらに高まることが重要だ。

指導者は、人間づくりを根底とした指導観をもった専門的な技術指導者を配置する。そのために指導者への研修は不可欠だ。元プロ選手やオリンピアンだったとしても、私たち渋谷ユナイテッドの活動理念の理解やすぐれたコーチングを学んでもらう機会をもつことは絶対に必要である。

また、多くのスポーツや文化活動から子供が選べるような地域移行でなければならない。子供がしたい部活動がある。ないなら創る。「できない」を「できる」に変えていく。

部活動改革は、学校の主人公である子供が絶対におき去りになってはならない。子供が不利益を生じない「子供のため」の地域移行とならなければと思う。

9. 改革者の宿命——これからの渋谷ユナイテッド

これからのユナイテッド部活動は、サッカー部をロールモデルとして、ほかの既存部活動の移行に適用させる。つぎに、現状の部活動の窮状（指導者がいな

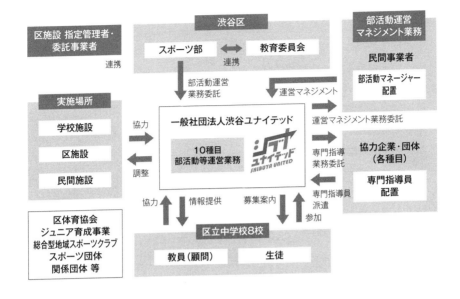

図7 関係団体との連携

い！など）を支援する、といった展開である。そこで指導者人材バンクを立ち
上げ、渋谷ユナイテッドの指導者として学校に紹介するなど、上記のような学
校部活動の窮状を救える体制づくりを構築する。

　たとえば野球であれば近隣のヤクルト球団等に指導者を依頼するなどの働き
かけを行っていく。プロのスポーツ選手や実業団の選手にとって、セカンドキャ
リアとして社会貢献を第二の人生と考えている人もいるからだ。

　改革にはモデル校や研究校の指定が有効であることから、次年度「部活動地
域移行モデル校」として2校が教育委員会からの指定を受け取り組む予定であ
る。

　ユナイテッド部活動を生徒や保護者が進んで選ぶようになるには、ユナイ
テッド部活動がほかにはない独自性をもつ必要がある。そこで、次のような取
組を考えている。

①スポーツメーカーとの協働により、生徒の傷害予防、自主性、主体性を伸ば
　すコアプログラム（体力測定やトレーニング）の開発を行っていく。

②小学校へは見学会を開催するなど参加を呼び掛け、ユナイテッド部活動への広報を積極的に行う。

③ユナイテッド部活動の拠点校構想の理解を関係者に求める。

④中学校は新規の学校部活動の設立は行わず、生徒にはユナイテッド部活動への入会を勧めるなどを働きかけてもらう。

⑤平日もユナイテッド部活動にするための手段として、ユナイテッド指導者が確保できるまでは教員の兼業兼職でしのぐ等の対応していただく。

　総じて無理難題に立ち向かう日々である。まっすぐに進まないのが改革であるが、それが「改革者の宿命」。これからも、私たちは全国のフロントランナーとして疾走していく！

7-4
大学との連携による
新しい地域スポーツクラブ〈運動部〉活動の試み

藤本淳也

　大阪体育大学（以下、本学）は、「不断の努力により智・徳・体を修め社会に奉仕する」を建学の精神に、1965年に関西初の体育大学として開学した。以来、教育、体育、スポーツに関わる社会的課題に向き合い、その解決に貢献する活動に取り組み、関西圏を中心に全国各地に教員や体育・スポーツ関係者を多く輩出してきた。本学は、大学院スポーツ科学研究科と体育学部・教育学部の2学部を擁し、教員の養成やスポーツ競技指導者の育成を担う高等教育機関として、近年の社会課題である「運動部活動の改革」に注力してきた。本節では、本学が「運動部活動改革プラン」として取り組んでいる活動内容を紹介し、今後を展望する。

1. 背景と経緯

　本学は、1965年の開学以降、多くの保健体育科教員そして運動部活動の指導者を輩出してきた。2021年度の就職実績では、体育学部と教育学部の卒業生の学校関係への就職比率は24.1％と64.9％となっている（小学校含む）。この割合は、とくに体育学部において徐々に縮小傾向にあるものの、毎年、現役学生と卒業生を合わせて約150人が教員採用試験に合格して教育職についている。そして、そのほとんどが運動部活動の指導にも従事していると思われる。

　一方、近年では、運動部活動の場における指導者による体罰やハラスメント、生徒間のいじめが顕在化し、さらに顧問や指導者の長時間労働に発する教員の働き方改革などが社会的課題として指摘されている。本学は、このような課題に向き合い、とくに保健体育教諭とスポーツ指導者の資質・能力の向上を担うリーダーとしての使命の具現化に取り組んできた。

　2013年1月24日、「大阪体育大学の教育にかかわる宣言」において「『体罰』

と『体罰を是とする教育』の否定」を宣言した。そして、開学50年を迎えた2015年に「大体大ビジョン2024」を策定し、「教育」ビジョンにおいて「スポーツ指導における暴力根絶や学校教育における諸問題に対応できる人材育成」、「専門教員の指導によるスポーツクラブ活動を通した人間性が豊かで社会に貢献できる人材育成の推進」、「教育的愛、情をもち、時代が求める最先端の教育方法と技術を有する教育養成プログラムの構築」を重点施策として明示した。その後、その具現化の取組として、2016年（平成28年）、スポーツ庁委託事業「スポーツキャリアサポート戦略事業『コーチとしてのキャリア形成支援プログラム』」を受託し、「モデル・コア・カリキュラム」に基づいた授業「運動部指導実践論」を開発し、現在も展開している。また、同年には学生アスリートや指導者の健全な育成とスポーツ科学サポート、そしてその研究推進と指導現場との往還をめざすDASHプロジェクト (Daitaidai Athlete Support and High performance project) を策定した。

　2018年4月、本学における大学スポーツ振興と運動クラブの統括を担う「スポーツ局」を設置し、大学スポーツ振興による大学ブランディングと学生アスリートや運動クラブのマネジメント体制の強化を図った。そして、2019年に地元自治体と「中学校部活動スポーツ指導者派遣事業に関する協定書」を締結して中学校への学生指導者派遣を開始するとともに、2019年と2020年にスポーツ庁委託事業「運動部活動改革プラン」を受託して、運動部活動指導者の育成と派遣システムのPDCAサイクルの展開を進めている。

2.「運動部活動改革プロジェクト」の概要

（1）趣旨・目的

　本学の「運動部活動改革プロジェクト」は、体育・スポーツ・教育系大学として運動部活動への「学生指導者の派遣」と学生も含めた「運動部活動指導者の資質・能力向上のプログラム開発とその提供体制の構築」をめざしている。また、教員の働き方改革およびICT化の促進による指導者養成プログラムのオンライン教材の企画・開発・展開に取り組む。具体的には、下記の3つを柱に事業を展開し、地域の教育委員会や他大学関係者とも議論し、運動部活動の持続可能な運営体制、そして次代を展望した運動部活動のあり方や学校における運動部活動指導者の確保と充実への貢献を目的に推進している。

①本学学生を運動部活動の指導者として派遣システムを構築する。そのために、全国自治体（教育委員会）の実状とニーズの調査と本学学生の個人的な活動実態確認と活動ニーズの調査から、学生指導者派遣の可能性を探り、本事業設計に反映させる。

②本学学生と現職教員および運動部活動指導者の「指導者としての資質・能力の向上プログラムの設計とその提供体制」の構築と運用を図る。

③教員の働き方改革およびICT化の促進を踏まえた指導者養成プログラムのオンラインを活用した教材の提供を図る。

(2) プロジェクト組織

　本プロジェクトは、体育・スポーツ・教育の専門大学として中学校と高等学校が直面する課題の解決に寄与するため、2019年にスポーツ庁委託事業「運動部活動改革プラン」への応募に際し、学長補佐を責任者とする教職協働かつ組織横断型のプロジェクトチームが設置された。教員ではスポーツ教育学、体育科教育学、コーチング学、武道学、スポーツ心理学、スポーツマネジメント学の分野から、教員の専門競技種目としては陸上競技、バスケットボール、野球、剣道から、学内組織では教職支援センター、研究推進委員会、スポーツ局、社会貢献センター、事務部署から庶務部研究支援担当によって構成した（図1参照）。

3. 「運動部活動改革プロジェクト」の事業内容──調査研究事業

　本プロジェクトが掲げる構想の実現へ向けて、その可能性を検討するために2つの調査を実施した。全国自治体（教育委員会）の運動部活動と指導者の実態と学生指導者ニーズの調査と、本学学生の活動実態と派遣する運動部活動指導者としてのマーケットとそのニーズの調査を実施した。

(1) 「部活動指導員」に関する全国教育委員会調査

　本調査の目的は、全国自治体の教育委員会における運動部活動指導員配置の現状とその整備に対する方向性を把握するとともに、学生の部活動指導員派遣システム構築へ向けての基礎的な情報を得ることである。調査対象は、全国1,783の教育委員会（47都道府県、20政令指定都市、23東京23区、772市、921町村）で、

部活動指導員の任用や学校への配置など部活動に携わる部署の担当者に回答を求めた。調査方法はウェブ調査で、調査用ウェブサイトにアクセスするURLを依頼書とともに郵送した。調査期間は、2020年1月10日から1月30日である。その結果、33の都道府県、12の政令指定都市、4の東京23区、307の市（政令指定都市以外）、265の町村から合計621の回答を得た（回答率34.8%）。

① 「部活動指導員」を任用して配置している学校の状況

　全体（n=621）では、「運動部のみ配置」29.5%、「文化部のみ配置」0.3%、「運動部と文化部の両方に配置」15.6%、「未配置」54.6%であった。行政区分別でみると、人口規模の大きい都道府県、政令指定都市、東京23区で「運動部と文化部の両方に配置」している割合が高く、市（政令指定都市以外）の49.8%と町村の66.8%が「未配置」と回答した。

② 運動部への部活動指導員の制度実施のおもな理由（3つ以内の複数回答）

　運動部に部活動指導員を配置している教育委員会（n=280）を対象にその理由の回答を求めた。全体的に「教員の働き方改革として教員の多忙化の解消のため」が93.6%ともっとも高く、次いで「技術指導力の高い指導者が必要と考えたから」51.8%、「担当する教員が不足しているから」46.1%、「生徒・保護者・地域のニーズに対応するために」26.8%、「安全確保と障害予防に関してより知識・技術の高い指導者が必要と考えたから」14.6%、「部活動指導が教員の本務とは考えられないから」1.1%であった。

③ 運動部の部活動指導員への報酬

　運動部に部活動指導員を配置している教育委員会（n=280）を対象に報酬金額の回答を求めたところ、「時給1,000円以上・2,000円未満」の割合がもっとも高く90.4%であった。一部、「時給1,000円未満」の回答も市（政令指定都市以外）（1.9%）と町村（5.8%）にみられた。一方、東京23区（回答数3）では、時給2,000円以上・3,000円未満の割合が66.7%であった。

④ 運動部の部活動指導員としての「学生」の配置状況

　運動部に部活動指導員を配置している教育委員会（n=280）を対象に学生配置の有無の回答を求めたところ、全体では、運動部の部活動指導員に「学生」を配置している割合は13.6%と低い値を示した。行政区分別でみると、学生を配置している割合は政令指定都市が50.0%、次いで都道府県の32.0%、市（政令指定都市以外）の13.6%、町村の3.5%であり、東京23区で回答が得られた3つの区では学生は配置されていなかった。

⑤運動部の部活動指導員としての「学生」を配置していない理由

　運動部の部活動指導員としての「学生」を配置していない教育委員会 (n=243) に対して、その理由を自由記述で回答を求めた。内容分析からその理由をカテゴリー化した結果、「特になし」56.8%、「採用条件に合わないから」12.3%、「学生を部活動指導員として望んでいない」10.3%、「地域内に学生がいない」7.8%であった。

⑥体育系大学・学部の学生を「部活動指導員」として従事させる場合の条件
　（3つ以内の複数回答）

　回答が得られた教育委員会 (n=621) の全体で高い値を示したのは「安全・障害予防に関する知識・技術を有していること」71.5%、「体罰やハラスメント等の防止や発生対策の講習を受けていること」67.8%、「スポーツ指導法に関する知識を有していること」53.8%であった。一方、「大学の運動クラブ・同好会に所属していること」1.8%や「スポーツ競技種目において高い成績をもっていること」3.1%は、条件としての重要性は低いことがわかった。

⑦学校教育における運動部活動の有効性

　学校教育における生徒指導上の問題、および生徒の人間関係形成・社会参画・自己実現という視点から、運動部活動が学校教育に及ぼす有効性について「とても有用」から「とても課題がある」の5件法で回答を求めた。全体的 (n=621) には「とても有用」がもっとも高く64.1%、次いで「やや有用」25.8%、「どちらともいえない」8.1%であった。行政区分別でみると、「とても有用」の値は都道府県 (97.0%) と政令指定都市 (91.7%) が非常に高い値を示したが、市 (65.8%) と町村 (57.0%) は行政区分のなかでは低い傾向がみられた。

⑧今後の「部活動指導員」制度への取組について現時点（調査時）の状況

　今後の取組についてもっとも当てはまるものを選択してもらったところ、全体的 (n=621) には「積極的に取り組みたい」17.9%、「できる限り取り組みたい」29.5%、「部活動指導員の報酬や交通費の年間予算が確保できれば実施したい」21.3%、「ほかの都道府県・市町村の動向に鑑み検討していきたい」25.4%であった。一方、行政区分別でみると「積極的に取り組みたい」と回答した教育員会は、都道府県が51.5%、政令指定都市が66.7%、東京23区が50.0%、市が18.9%、そして町村が9.8%となり、規模の小さい自治体ほど予算やほかの自治体の状況によって取組を判断するところが多くみられた。

⑨現状の運動部活動における課題について（自由記述）

自由記述の回答を内容分析によってカテゴリー化を図り、課題を抽出した。その結果、全体的（n=621）傾向として、「適切な運営のための体制整備」に関する課題が46.0%、「運動部活動指導員と制度」に関する課題が25.3%、「生徒のニーズを踏まえたスポーツ環境の整備」に関する課題が11.2%であった。また、「その他」に関する課題が30.6%となり、運動部活動に関して教育委員会が抱える課題は多肢に及んでいることもわかった。

（2）学生の運動部指導実態と指導意向などに関する調査

　本学学生の運動部活動所属率は74.7%（2020年12月現在）である。これまでに運動部への所属の有無に関わらず中学校や高校の運動部活動の指導や指導者サポートを行っている学生や、すでに部活動指導員として中学校に配置されている学生も確認されていた。一方、卒業後に保健体育科教員や地域のスポーツクラブ等の指導者をめざす学生のなかに、同様の活動希望をもっている学生が存在している可能性も考えられた。そこで、本学学生の中学校や高校での運動部指導の活動実態の確認と、本学における学生指導者派遣の可能性を検討するために、在学生を対象とした調査を実施した。

　調査対象は、本学学生2,917名（学部生2,857名、大学院生60名／2020年5月1日現在の在学者数）で、調査期間は2020年12月21日〜 2021年1月7日である。調査方法はオンライン調査で、学内メールシステムを通じてメール配信にて回答を依頼した。その結果、786名（体育学部604名、教育学部170名、大学院12名）から回答を得た（回収率26.9%）。

①中学校・高等学校における運動部活動の指導者としての活動状況

　運動部活動指導者として関わっている学生は、回答者の5.0%（39人）、経験者は2.2%（17人）であった。「関わっている」または「関わっていた」の回答者（56人）のうち33.9%（19人）がボランティア、26.8%（15人）が外部指導者（有償）、17.9%（10人）が外部指導者（無償）、そして12.5%（7人）が部活動指導員であった。すでに運動部活動指導者として活動している学生の存在が明らかとなり、彼らの資質・能力の向上は教育現場の課題解決への貢献につながると考えられる。

②中学校・高等学校における運動部活動指導への興味と希望

　現在そして過去にも活動に関わってない学生（n=730）のなかで、中学校・高等学校での運動部活動指導に興味のある学生は66.3%（「とてもある」＋「ある」：

484人）と多い。また、この活動を「希望する」学生も58.5%（「非常にそう思う」＋「そう思う」：437人）と多い。これらの結果から、学生の運動部活動指導に対するニーズは比較的大きいといえる。

③中学校・高等学校での運動部活動の指導の可否と講習への参加意向

現在、活動に関わっていない学生（n=747）のなかで、運動部活動の定期的な指導に参加「できる」学生は31.2%（233人）と多い。この学生のうち、本事業で実施する指導者養成講習に「参加したい」学生は38.2%（89人）であった。この結果から運動部活動の指導が可能で講習受講の意向がある学生マーケットが学内に存在することがわかった。

4. 「運動部活動改革プロジェクト」の事業内容
　　——学生指導者養成「グッドコーチ養成セミナー」の構築

運動部活動の充実と発展のためには、指導者の質の向上・維持は不可欠であり、本学が運動部活動とのマッチングをめざす学生も同様である。本プロジェクトで実施した「全国教育委員会調査」において、学生を運動部活動指導者として配置している例は少なく、部活動指導員に関するインタビューを行った複数の自治体や教育現場においても、現役学生ということで「質」に対する不安や確認に関する意見が寄せられた。本学では、学生指導者の質を高めるために、卒業所要単位に含まれているスポーツ科学科目とは別の科目を揃えた「グッドコーチ養成セミナー」を構築した。

セミナーの内容は（表1）は、グッドコーチ養成セミナーのプログラム内容（科目）を示している。本学の受講生は、卒業所要単位のなかにスポーツ科学の基礎的科目（理論、実技）を履修している。加えて、このプログラムは「運動部活動の在り方に関する総合的なガイドライン」（スポーツ庁、2018）に示された研修内容13科目、「スポーツ指導者のモデル・コア・カリキュラム（日本スポーツ協会、2016）」科目を含む8項目によって構成した。これらの科目はおもに本学教員が担当するとともに一部の科目は外部講師を招いている。さらに、すでに部活動指導者として活動している学生の活動報告（指導体制、内容、課題など）と質疑応答の時間を設定し、情報共有と課題に対するディスカッションの機会を設けている。

セミナー受講・登録学生は、2021年度が1年生6人、2年生8人、3年生16人、

表1 大阪体育大学「グッドコーチ養成セミナー」プログラム（2021〜2022年度）

	「運動部活動の在り方に関する総合的なガイドライン」(スポーツ庁, 2018)に示された研修内容
1	「部活動指導員制度の概要（身分、職務、勤務形態、報酬・費用弁償、災害補償）」の模擬
2	「学校教育及び学習指導要領」の模擬
3	「部活動の意義及び位置付け」の模擬
4	「服務（校長の監督を受けること、生徒の人格を傷つける言動や体罰が禁止されること、保護者等の信頼を損なうような行為の禁止等）」の模擬
5	「生徒の発達段階に応じた科学的な指導」の模擬
6	「顧問や部活動を担当する教諭等との情報共有」の模擬
7	「安全・障がい予防に関する知識・技能の指導」の模擬
8	「学校外での活動（大会・練習試合等）の引率」の模擬
9	「生徒指導に係る対応」の模擬
10	「事故が発生した場合の現場対応」の模擬
11	「女子生徒や障がいのある生徒などへの配慮」の模擬
12	「保護者等への対応」の模擬
13	「部活動の管理運営（会計管理等）」の模擬

	「スポーツ指導者のモデルコアカリキュラム(日本スポーツ協会, 2015)」科目を含む8項目
1	スポーツ倫理㈵
2	スポーツ倫理㈼
3	中学校現場の理解
4	部活動におけるピアメディエーション
5	体罰・ハラスメントの根絶に向けて
6	裁判例にみる運動部活動の諸課題㈵
7	部活動における個人情報の保護と開示
8	体育・スポーツ教育と指導者としてのキャリア形成I

4年生6人、大学院生6人、合計42人であった。そして2022年は、1年生12人、2年生9人、3年生15人、4年生40人、大学院生5人、合計61人であった。このセミナーは、原則として月2回、月曜日の放課後に開講している。合わせて、本プロジェクトが関係する学外のセミナーやシンポジウムへの参加も推奨している。セミナー受講そして登録した学生は、概ね2年間かけて全ての科目履修し、修了後に修了証が授与される。

5.「運動部活動改革プロジェクト」の事業内容
——学生指導者と現場とのマッチングシステムの検討と構築

　本プロジェクトで実施した「全国教育委員会調査」と本学学生の「運動部指導実態と指導意向などに関する調査」、そして本学近隣自治体と教育現場へのインタビュー結果を参考に学内で検討した結果、図1に示す「運動部及び地域スポーツクラブのための学生指導者養成＆マッチングシステム」（2022年度版）を構築し、2021年度から運用している。本システムが対応する対象は、運動部活動の改革と地域移行に取り組む自治体、教育委員会、学校、そして地域スポーツクラブである。

　本学の教職共同のプロジェクトチームとして、事務的管理運営を担うのが教職支援センターである。このセンターはキャリア支援部内に設置された中学校・高等学校の教員をめざす学生の学習と採用試験対策をサポートする部署である。自治体の教育委員会や学校現場からの相談や依頼への対応のため学生登録制度、グッドコーチ養成セミナー、そして派遣（マッチング）の管理運営業務を担っている。

　プロジェクトチームの教員は、体育科教育を中心にコーチング学やスポーツ心理学、そしてスポーツマネジメントなどを専門とする教育研究者で構成されている。これらの教員は、自治体や教育委員会、学校、地域スポーツクラブからの地域移行事業システム構築に関する相談や学生指導者派遣に関する相談・調整を担っている。また、グッドコーチ養成セミナーの実施、学生面談・相談、派遣学生の活動状況把握と評価を行っている。そして、本学全体のシステムとして運用するために、学内の委員会や附置施設等と連携している。それらは、本プロジェクト推進に関する大きな意思決定の検討決議を行う研究推進委員会、運動部活動の統括と大学スポーツ振興を担うスポーツ局、社会貢献活動を展開・集約する社会貢献センター、そして教育研究事業の予算や手続き等を担う庶務部研究支援担当である。

　学生は、各年度の募集や説明会、個別相談等を通して学生指導者登録とグッドコーチ養成セミナー受講を行う。登録学生は約2年かけてセミナー全教科の受講をめざすが、受講期間中であっても依頼先との条件が合えば学生指導者として派遣（マッチング）される。学生指導者の評価（自己評価含む）はグッドコーチ養成セミナーのなかで受講学生に報告・共有され、指導現場の現状理解や学

生指導者が直面する課題についてのディスカッションが展開されている。

6.「運動部活動改革プロジェクト」の事業内容
——地域移行後の地域スポーツクラブ指導者養成プログラムの検討

　本プロジェクトでは、図1に示した学生指導者派遣（マッチング）とともに、現在の運動部活動指導者のリスキリング・プログラム、部活動地域移行後に指導を担う人材養成のためのリカレント教育プログラムを検討してきた。そして、2022年6月、スポーツ庁の有識者会議「運動部活動の地域移行に関する検討会議」が公立中学校の運動部活動のめざす姿勢をまとめた提言を報告して以来、運動部活動地域移行へ向けての指導者養成と認定システム、そして本学が検討・展開してきた指導者養成プログラムに関する多くの相談が本学に寄せられた。

　そこで、本学は地域移行後の指導を担う人材研修プログラムのニーズを有する自治体や関連団体に対して「運動部活動指導認定プログラム」を2023年度から開講した。このプログラムは、本学が文部科学省「履修証明プログラム」として開講し、総時間数60時間以上の体系的な科目履修の機会を提供することで、修了生には学校教育法に基づく履修証明書（Certificate）が交付される。さらに、公益財団法人日本スポーツ協会（JSPO）公認コーチングアシスタント資格を取得できる。プログラム内容は、グッドコーチ養成セミナーと同様に「運動部活動の在り方に関する総合的なガイドライン」（スポーツ庁、2018）に示された研修内容13科目、「スポーツ指導者のモデル・コア・カリキュラム（日本スポーツ協会、2016）」科目を含む8項目を基礎としている（表1参照）。本学の体育科教育とスポーツ指導の教育・研究資源を活用し、地域の自治体や企業、他大学との連携によって学習の質を保証することで、質の高い指導者養成をめざしている。なお、プログラム（科目）はオンデマンド型とハイフレックス型（オンラインと対面の併用）で提供し、基本的に社会人が自分のペースで学べるシステムとなっている。

7. 今後の展望

　本プロジェクトでは、これまでに得た成果を踏まえ、体育・スポーツ・教育の指導者育成の専門大学としての強みと人材やノウハウを活かし、変革が求め

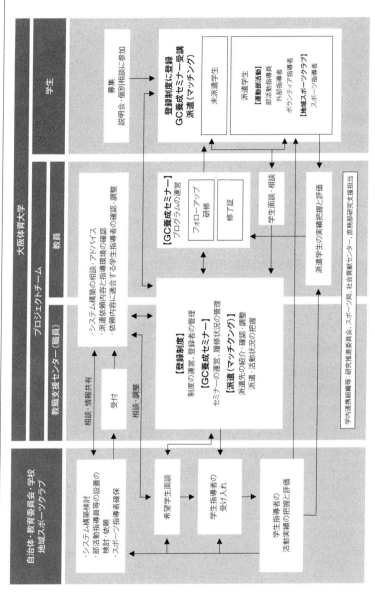

図1 運動部活動及び地域スポーツクラブのための学生指導者養成＆マッチングシステム（2022年度）

※「派遣」とは活動現場と学生の活動条件の一致による「マッチング」の意味、「GC」は「グッドコーチ」のこと。

られる運動部活動への貢献に取り組んでいく予定である。具体的には、次の3点である。

① 自治体および学校「部活動」の特性を踏まえた事業充実と展開

　教育課程外である運動部活動には、生徒が「同年齢・異年齢集団の人間関係形成」「社会参画」「自己実現」を学ぶ機会、規範や社会性の涵養を代替する機能、という特性がある。一方、運動部活動改革を進めるうえで、これらの特性を活かした仕組みづくりの環境は自治体等によって多様である。本事業においては、各教育委員会・学校の現状とニーズを把握・理解したうえで、指導者養成を図る必要がある。本プロジェクトは、各自治体や関係団体が取組の現状と課題を共有して意見交換するプラットフォームとして「部活動改革に関するネットワーク会議」を2022年12月に設置した。各自治体の取組の推進に資するとともに、本プロジェクトの総合的充実と発展をめざしていく。

② 指導者養成プログラムの更新と指導者の質保証への取組

　本プロジェクトにおける指導者養成は、本学学生対象の「グッドコーチ養成セミナー」と社会人と現役教員の「運動部活動指導認定プログラム」である。これらは、運動部活動に携わる指導者の質保証への取組である。この事業は、体育・スポーツ科学と学校教育学の発展に鑑みながら、指導現場で直面する課題を把握しながら、そして、地域移行に関する施策やその展開も睨みながら、随時更新する予定である。

　指導者の質保証は、今後も「運動部活動指導者の質とはなにか」「その質を保証する指導者養成プログラムの内容はどうあるべきか」は継続的な追求でもある。学内の研究者とともに質の検証も進める。また、運動部活動指導者の質のスタンダード化をめざし、各スポーツ団体が展開している指導者養成との整合性を図ること、他大学との連携による事業展開を検討する。

③ 本プロジェクト推進へ向けた新たな取組の検討

　本プロジェクトは自治体や学校現場との連携による指導者養成を軸にしているが、そのめざすところは運動部活動に関わる関係者のWell-beingにある。運動部活動が関係者の身体的、精神的、社会的に良好な充実に資するプロジェクトとして推進することが重要である。また、本プロジェクトにおいて、学校現場には指導者養成に関するさまざまなニーズが存在することが明らかとなった。たとえば、競技審判ができる指導者の派遣である。競技大会には審判のできる指導者の帯同が求められるが、審判することが困難な顧問も多い。また、トレー

ニング指導やアスレティックトレーナーの資質を有する指導者の派遣である。運動部活動の現場においては、生徒の健康管理、傷害予防、スポーツ外傷・障害の応急処置、リハビリテーションおよび体力トレーニング、コンディショニングなど、専門的能力も求められる。今後、これらのニーズに対応する事業の充実と発展を検討していく。

〈引用・参考文献〉
日本スポーツ協会「平成27年度コーチ育成のための『モデル・コア・カリキュラム』作成事業報告書」. 2016. https://www.japan-sports.or.jp/Portals/0/data/ikusei/doc/curriculum/modelcore.pdf.（閲覧日2022年9月18日）
文部科学省「中学校学習指導要領（平成29年告示）」, 2017.
大阪体育大学. "運動部活動改革プランにおける大阪体育大学の取り組み" 大阪体育大学公式ウェブサイト内. https://www.ouhs.jp/ouhs-athletics/sportsclubactivityreformplan/（閲覧日2022年9月18日）
大阪体育大学. "運動部活動指導認定プログラム" 大阪体育大学公式ウェブサイト内. https://www.ouhs.jp/goodcoacheducationprogram/（閲覧日2022年12月21日）

あとがき

　本書が出版された今、本書の編集の過程を振り返ってみたい。出版までの道のりは、必ずしも平坦ではなかったが、その過程で各執筆者と交わした運動部活動改革（以下、「部活改革」という）についての議論は、本書が充実したものとなるために必要なものであったと思う。

　本書は2022年6月から本格的に企画をスタートさせた。そして、コンセプトや全体構想・目次を考え、各執筆者への執筆依頼から始まった。本書出版の意図はもとより、国の部活改革が進行する中で、なにが今どう変わろうとしているのか、そして運動部活動（以下、「部活」という）のこれからと着地点はどこで、今後の部活はどうあるべきかをできるだけわかりやすく、読者の皆さんに提供したいという思いにあった。

　本書企画のスタートの号令は、上述した2022年6月にスポーツ庁から出された「運動部活動の地域移行に関する検討会議」提言であった。この提言が出されたことで、これからの部活のあり方の方向性が決まった。そこで、各執筆者には本書執筆にあたって、この提言を読んでいただき、部活のこれからの方向性について共通理解することから始めた。

　私はこの検討会議の座長を務めたこともあって、提言作成の過程や提言の方向性について、熟知していたつもりであった。しかし、この提言を読んだ執筆者からの質問や問い合わせに答える中で、提言の理念は共通理解ができても、提言の各論についての理解、また地域移行後の課題をどう克服していくべきかについては、私と執筆者間で、時に考えを違え議論を重ねたこともあった。今振り返ってみると、各執筆者とやりとりしたメールは、今後の部活改革やこれからの部活研究にとって、貴重な資料になるものと思える。

　「はじめに」にもふれたように、提言で用いられている用語をめぐって、執筆者間の共通認識ができ上がるまで、少し時間を要した。たとえば、「地域スポーツクラブ」「総合型地域スポーツクラブ」「スポーツクラブ」「地域におけるスポーツクラブ」など、これらの用語は今後の部活改革のキーワードであるが、これらのなにがどう違うのか、その定義や概念の違いを明確にすることは、意外と

厄介で難儀であったように思う。これらの用語使用をめぐって、また、地域移行後の部活のあり方をめぐって、執筆者がいったん脱稿した原稿に私からダメ出しを入れたことが何度かあったが、その都度執筆者には辛抱強くお付き合いいただいた。そして、議論を重ねるなかで、お互いに違いを理解し合い、方向性が一致するようになった。実は、そのやりとりのなかで私自身、部活改革の意味や意義について、認識を改めたり、より考察を深めたりすることが度々あったが、いつも丁寧にやりとりをして下さった執筆者各位には感謝の気持ちでいっぱいである。

*

　さて、私事で恐縮だが、私自身中学校、高校、大学と運動部に在籍した。大学院では論文を執筆しながら、練習回数は激減しても、コーチとして部に関わり続けた。地方の国立大学の教員養成学部に職を得てからも、柔道部のコーチ、顧問、部長として、時々の役割が変わっても、また本務が多忙になっても、10年余り、職場を変わるまで部に関わり続けた。それは、柔道以上に、若い学生が切磋琢磨する運動部が好きであったからでもある。

　今でも、高校時代真夏の暑中稽古で、フラフラになりながらも、懸命に練習していたことを思い出す。また、大学時代の1月の寒い時期、夜明け前に行われる寒稽古も、時に思い出すことがある。道場の窓から朝日が射し、身体が温まる頃、ようやく練習が終わる。中・高校・大学時代には、ほとんど部活の休みがなかったように思う。

　このように私自身、生粋の「部活育ち」であった。学生時代は、一方でスポーツ科学（体育学）を専攻しながらも、他方で、このような練習も強くなるためには必要と考えていたし、競技志向の部活でこそ心身ともに強くなり、生涯の友人が得られると考えるような、部活に対する愛着も強い人間だと感じていた。

　ただし、スポーツ科学の研究者になって以降は、私が指導者から非科学的な練習を受けてきたことを明確に意識し理解するようになった。さらに、一部の競技志向の部員の陰で、それに馴染めない多くの部員が部から去っていく、あるいは、そもそもそのような部に入部しないという現実を理解した。また、本書で扱っているが、伝統的にこれまでの運動部は閉鎖的で、暴力や暴言、コンプライアンスに反する行為が往々にしてみられ、時に燃え尽き症候群（バーンアウトシンドローム）になって、学業や社会生活に適応できなくなる生徒や学生がいる事実も直視するようになった。

まだ記憶に新しいが、大阪の高校生が部活顧問の体罰を受けて、自死したことによって部活のあり方が社会問題となったことがあった。また同じころ、全柔連の女子日本代表チームのメンバーにコーチが暴力を振るっていたことが発覚した。このような事案はスポーツ指導のなかでの氷山の一角であるとの認識のもとに、当時の文部科学大臣は「スポーツ指導における暴力根絶へ向けて」（2013年2月）を出し、「日本のスポーツ史上最大の危機」であるとの警鐘を発した。このような事態を受けて、文部科学省から「運動部活動での指導のガイドライン」が出されることになった。私はこのガイドライン作成委員会の座長になったこともあって、スポーツ・インテグリティの側面から、部活における体罰の根絶のための指導内容・方法についてまとめることになった。しかし、委員会では活発に意見が出たが、この時点ではまだ「部活を地域で」という発想はまったくなかったことを覚えている。

　少子化が進展し、〈ブラック部活〉が教師を苦しめているとネットで話題になり、部活指導で過労死になったご遺族が県や市を相手取って裁判を起こすようになり出すころ、「運動部活動の在り方に関する総合的なガイドライン」（スポーツ庁、2018年）が出された。私はこの取りまとめの委員会座長を務めたが、このガイドラインの「終わりに」の箇所に、今後、部活を学校単位から地域単位へ移すことを書き込んだ。このガイドライン作成と並行して、中・高校の教師（管理職、部活顧問、非部活顧問ら）、保護者、外部指導者、中・高校の生徒ら（部活所属者と非所属者）、総数10万人を超える被験者からアンケートをとり、部活の現状と問題点を明らかにした。このアンケートの結果は、私自身、現行の体制で部活を維持することの限界を初めて意識する契機になった。つまり、「部活育ち」の自身の考え方の限界を感じるようになったのである。

　2022年11月に始まった「運動部活動の地域移行に関する検討会議」では、少子化が進展する中で、今後の持続可能な運動部活動を実施するためには地域移行が必要で、そのための実際の課題等が具体的に検討された。各界を代表する20名の委員のうち、会議の最初では地域移行に対して否定的な委員もいたが、部活顧問の現状、部活存続の将来可能性等の各種資料の検討を重ねるうちに、早い段階で地域移行やむを得ずの考えから、全員が地域移行でこそ生徒の豊かなスポーツ環境の保障ができるという立場に変わっていったように思う。

＊

　私のことをよく知る昔からの友人や知人から、「『部活育ち』の友添君が『地

域移行派』に転向したの?」と冗談交じりにいわれることがあった。しかし、地域移行の必要性を話すごとに、今の部活の置かれた危機的状況を理解し、地域移行の必要性への認識を改めてくれたように思える。

　部活の地域移行はまだまだ緒に就いたばかりである。この壮大な改革は、わが国の今後のスポーツのあり方を大きく変える分水嶺となるだろう。この大改革こそは、これからの子供たちのスポーツ権の保障を考えた時に、決して失敗は許されないものである。願わくは、多くの方々が本書を読み、新しい部活のあり方を考え、さらに今までとは一味違う日本型スポーツ教育システムを考える契機とならんことを。

2023年7月、部活改革のなかで

著者を代表して　友添秀則

著者一覧(執筆順)

第1章-1	友添秀則	環太平洋大学教授
第1章-2	朝倉雅史	筑波大学助教
第1章-3	浅沼道成	岩手大学教授
第1章-4	藤田紀昭	日本福祉大学教授
第2章-1	橋田　裕	スポーツ庁地域スポーツ課長
第2章-2	舟木泰世	尚美学園大学専任講師
第2章-3	吉田智彦	笹川スポーツ財団シニア政策ディレクター
第2章-4	松田雅彦	大阪教育大学附属高等学校平野校舎教諭
第3章-1	岡部祐介	関東学院大学准教授
第3章-2	深見英一郎	早稲田大学教授
第3章-3	梅垣明美	同志社女子大学教授
第4章-1	笠次良爾	奈良教育大学教授、整形外科医師
第4章-2	森　浩寿	大東文化大学教授
第4章-3	竹村瑞穂	東洋大学准教授
第5章-1	杉田正明	日本体育大学教授
第5章-2	土屋裕睦	大阪体育大学教授
第5章-3	渋倉崇行	桐蔭横浜大学大学院教授
第6章-1	西原康行	新潟医療福祉大学教授、副学長
第6章-2	田島良輝	大阪経済大学教授
第6章-3	谷口勇一	大分大学教授
第7章-1	渡邊優子	ＮＰＯ法人希楽々理事長、ゼネラルマネジャー
第7章-2	石塚大輔	スポーツデータバンク株式会社代表取締役
第7章-3	豊岡弘敏	一般社団法人渋谷ユナイテッド代理理事、東京女子体育大学・東京女子体育短期大学教授
第7章-4	藤本淳也	大阪体育大学教授

(所属と役職は2023年7月時点の情報)

[編著者紹介]

友添秀則（ともぞえ　ひでのり）

環太平洋大学教授、元早稲田大学教授。1956年大阪市生まれ。筑波大学大学院修了。(公財)日本学校体育研究連合会会長、日本スポーツ教育学会会長、スポーツ庁スポーツ審議会委員、(一社)大学スポーツ協会執行理事、(一財)日本スポーツ政策推進機構常任理事。専門はスポーツ教育学・スポーツ倫理学。博士（人間科学）。香川大学教授、ニューヨーク州立大学客員教授、早稲田大学スポーツ科学学術院長、早稲田大学理事、日本オリンピック委員会常務理事、日本スポーツ協会理事などを歴任。

部活関係では座長として、「コーチング推進コンソーシアム」（文部科学省、2015）、「総合型地域スポーツクラブの在り方に関する検討会議」（スポーツ庁、2016）、「運動部活動の在り方に関する総合的なガイドライン」（スポーツ庁，2018）、「運動部活動の地域移行に関する検討会議」（スポーツ庁2022年）などの提言を取りまとめた。

主な著書に『体育科教育学の探求』『スポーツ倫理を問う』『21世紀スポーツ大事典』『現代スポーツの論点』『スポーツ・インテグリティの探求』『体育科教育学研究ハンドブック』『わが国の体育・スポーツの系譜と課題』(以上、大修館書店)、『戦後体育実践論（全4巻）』『スポーツのいまを考える』『体育科教育学の現在』(以上、創文企画)、『よくわかるスポーツ倫理学』（ミネルヴァ書房）などがある。

(＊所属と役職は2023年7月時点の情報)

運動部活動から地域スポーツクラブ活動へ
——新しいブカツのビジョンとミッション

©Hidenori Tomozoe, 2023　　　　　　　　　NDC375／xiv, 322p／21cm

初版第1刷── 2023年9月10日

編著者─────友添秀則
　　　　　　（ともぞえひでのり）

発行者─────鈴木一行

発行所─────株式会社　大修館書店
　　　　　　〒113-8541 東京都文京区湯島 2-1-1
　　　　　　電話 03-3868-2651（販売部）　03-3868-2299（編集部）
　　　　　　振替 00190-7-40504
　　　　　　[出版情報] https://www.taishukan.co.jp/

装　丁─────石山智博
組　版─────有限会社秋葉正紀事務所
印刷所─────三松堂
製本所─────難波製本

ISBN 978-4-469-26965-9　Printed in Japan